企业管理会计实务丛书

管理会计工具与案例
投融资与风险管理

李守武　主编

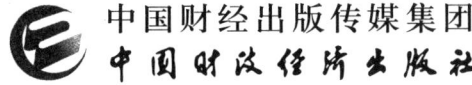

中国财经出版传媒集团
中国财政经济出版社

图书在版编目（CIP）数据

管理会计工具与案例．投融资与风险管理／李守武主编．—北京：中国财政经济出版社，2018.5

（企业管理会计实务丛书）

ISBN 978-7-5095-8160-5

Ⅰ．①管… Ⅱ．①李… Ⅲ．①企业-投资风险-风险管理-研究②企业-融资风险-风险管理-研究 Ⅳ．①F234.3 ②F279.23

中国版本图书馆 CIP 数据核字（2018）第 080427 号

责任编辑：胡　懿　　　　封面设计：陈宇琰

中国财政经济出版社出版

URL：http：//www.cfeph.cn

E-mail：cfeph@cfeph.cn

社址：北京市海淀区阜成路甲 28 号　邮政编码：100142

营销中心电话：010-88191537　北京财经书店电话：64033436　84041336

北京富生印刷厂印刷　各地新华书店经销

787×1092 毫米　16 开　13.5 印张　300 000 字

2018 年 5 月第 1 版　2018 年 5 月北京第 1 次印刷

定价：50.00 元

ISBN 978-7-5095-8160-5

（图书出现印装问题，本社负责调换）

本社质量投诉电话：010-88190744

打击盗版举报热线：010-88191661　QQ：2242791300

序 言

Preface

于增彪序

2014 年，财政部发布《关于全面推进管理会计体系建设的指导意见》（以下简称“指导意见”），在我国管理会计发展中，这是一份具有里程碑意义的纲领性文件，推动着我国管理会计的发展进入新的战略机遇期。

2016 年，兵器装备集团副总经理、总会计师李守武与财政部的指导意见相呼应，主持编写了《管理会计工具手册》（第一册、第二册），《管理会计案例（第二版）》3 部著作，其中包括 7 个大类 15 个管理会计工具和 31 个案例，系统总结了兵器装备集团在过去若干年间创造性引进和开发的管理会计工具及其应用案例，其影响重大，不仅将兵器装备集团自身的管理会计创新引向深入，而且为财政部制定管理会计应用指引提供了参考，为其他企业应用管理会计树立了标杆，受到普遍的欢迎。

现在摆在我们面前的著作为李总新作，是在“2016 年 3 部版本”的基础上，根据财政部《管理会计基本指引》和诸项管理会计应用指引的内容，结合兵器装备集团最新的管理会计实践和经验，重新编排、重新提炼的升级版，其理论性、系统性和可操作性更加显著。这也表明，兵器装备集团在探索如何落实管理会计应用指引方面又走在了全国企业的前列。

大家知道，我国管理会计体系由理论体系、指引体系、人才培养和信息化 4 项内容构成，但未包括企业管理会计运行系统。这并不是缺陷，它意味着企业管理会计运行体系应该与此 4 项内容特别是其中的指引体系相互衔接。唯有如此，才能使各项管理会计应用指引得以落地，才能使企业管理会计运行体系更加有效，更能达成创造企业价值的目的。新编丛书分为战略与预算管理，成本管理，营运管理，绩效管理，投融资与风险管理，报告、信息化与其他 6 个领域，这实际上是兵器装备集团管理会计运行系统的 6 个子系统，不仅具有兵器装备集团的情景特色，植入了兵器装备集团的 DNA，而且与财政部已发布的 22 项管理会计应用指引基本上衔接起来。因此，该书对兵器装备集团自身的指导意义不言而喻，仅对其他同类企业理解和落实财政部发布的管理会计应用指引，提升管理会计应用与创新能力，亦将大有裨益。

我以为，李总新书内容编排更为精细，形式对读者更为友好。其中选用的 23 个管理会计工具，全部经过兵器装备集团实践检验且行之有效，在借鉴财政部管理会计应用指引编写方法的基础上，将每个工具的介绍模板化，使得各个工具更易于理解和应用。选用的案例，都是兵器装备集团成员企业在充分消化吸收财政部各项管理会计应用指引的基础上，结合本企业实际情况，经过实践迭代，总结提炼出来的，可谓“个个精彩，真的精彩，真的让读者受益”，也是本套丛书最宝贵的部分。在我看来，这“宝中之宝”则是案例的架构。各个案例都包括 5 个部分，其中，描述部分事实完整、条理清晰、逻辑严谨，达到了“比着可做”的地步；多数案例所包括的解决方案、取得成效和经验总结 3 个部分更有启发性。因为“解决方案”就是决策支持，“取得成效”就是管理会计工具应用的目的，“经验总结”则意在举一反三，扩大战果。值得注意的是，如果我们从这些方面来衡量管理会计应用和创新是否成功，来评价管理会计理论、方法和系统是否可行，就不用担心理论脱离实践或者实践缺乏理论的状况发生，不用担心那些对管理会计坐山论道、夸夸其谈、蓄意忽悠以博取名利的人，把我们带到沟儿里去，更不用担心没有像李总新著这样的扎扎实实的研究成果不断地问世。

我以为，李总新编丛书有两点值得充分肯定。一是应用创新，在贯彻财政部管理会计应用指引的过程中不是教条主义、形式主义地照搬照抄，而是在“应用指引”的指引下，根据自身的特点、实际情况和实际需要，选择工具，制定和实施能够解决问题、见到效果的管理会计行动方案。应该说，管理会计应用本身就包含着创新。二是案例创新，管理会计案例的内容是管理会计实践的反映，做得不好，就无法指望案例好，但有些企业做得不错，编写的案例却“很糟糕”，这与案例编写者对管理会计实务的领悟能力有关，也与写作思路和方法有关，前面我们提到的案例编写框架，应该是一个尝试的途径。因此，本人向企业的财务经理、总会计师或财务总监，甚至全部企业高管推荐此书，作为应用管理会计的范本；向大学和科研机构的专家、教授推荐此书，作为教学和科研的参考；向咨询公司和软件公司的专家推荐此书，作为设计企业管理会计解决方案的依据之一。

党的十九大提出“我国经济已由高速增长阶段转向高质量发展阶段”。经济高质量发展的一个重要方面是高质量的企业经营，而企业经营高质量的衡量指标之一就是可持续的价值创造能力。兵器装备集团的经验提示我们，管理会计作为企业价值创造的信息系统，其未来挥洒的空间和潜力将是巨大的。很显然，应用和创新管理会计的意义决不限于企业本身，对整个经济发展也是不可或缺的。

清华大学教授、博士生导师

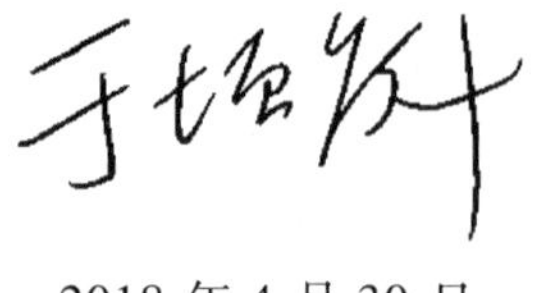

2018 年 4 月 30 日

王立彦序

《管理会计工具与案例》系列图书翻开来阅读，耳目一新。近几年管理会计很热，管理会计案例集也出版不少，弥补了以前的缺书少文困境（相对于财务会计及审计而言）。

这套丛书是对2016年兵器装备集团副总经理、总会计师李守武编著的《管理会计工具手册》（第一册、第二册）、《管理会计案例（第二版）》的修订，特点非常突出。

第一，体系逻辑清晰，内容系统完整。23项管理会计工具，63个配套应用案例，基于近年来兵器装备集团的最新管理会计实践编写，是提升管理会计工作质量的坚实基础。

第二，配合财政部《管理会计基本指引》和各项《管理会计应用指引》，按照应用指引的编排方式，对管理会计工具进行编排和分册，具体分为：《战略与预算管理》《成本管理》《营运管理》《绩效管理》《投融资与风险管理》《报告、信息化与其他》。

第三，每一管理会计工具后附对应的管理会计案例。编者充分考虑到学习和使用的便捷性，在每一管理会计工具后直接附2~5个对应工具的管理会计案例。这些案例是在充分消化吸收财政部各项《管理会计应用指引》核心内容的基础上，经过实践迭代总结提炼出来的，包含很多实践应用的图例、流程表单，具有很强的操作性、针对性和借鉴性。

第四，从主编到案例写作，出自一家大型制造业企业集团的多个成员企业，基于实战，紧扣实践，便于借鉴采用。

伴随着改革开放深入，中国经济社会发展日趋成熟，法律、税务等政策环境日益走向稳定。当外部环境规范化，企业家经营企业的最大注意力就不再聚焦于批文、税收优惠、法规漏洞，企业管理重心从“不得不”到“必然”、由外部而内部。内部管理重心在于“节流增效”，就是要强化预算规划、成本管控、运营效率，实现资源合理配置。

管理会计服务于组织内部的决策者和管理者，具有显著的“国情特色”。当前中国大型企业集团的管理会计正处于势头良好的发展阶段，实践中已经具有自己的鲜明特点。中国的产业模式和运营管理决定了我们应该、能够，也有担当责任，总结自己的管理会计理论体系，支持实体产业的发展。

北京大学教授、博士生导师

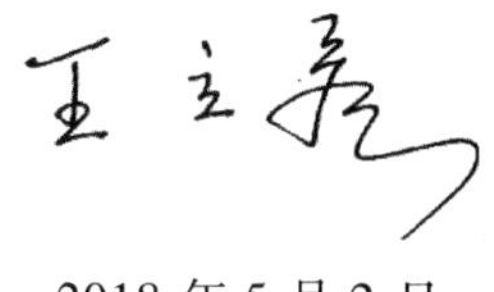

2018年5月2日

傅元略序

自从财政部2017年10月19日重磅发布《管理会计应用指引第100号——战略管理》等22项管理会计应用指引（以下简称《应用指引》）以来，兵器装备集团财务团队在李守武副总经理、总会计师的带领下，将他们拥有20多年的管理会计应用经验和案例与《应用指引》对照总结形成了这套丛书，展现了兵器装备集团的管理会计应用研究团队对应用理论和案例研究的独特贡献，尤其是关于兵器装备集团在管理会计应用方面宝贵经验的系统性总结和阐述。这套丛书的特色和应用价值如下：

第一，遵循财政部发布的《应用指引》，总结管理会计应用的规律并形成制度化的示范。兵器装备集团十多年坚持应用理论研究和案例研究相结合，近3年承担财政部管理会计专项课题两项，每年组织1～2次全集团管理会计应用交流活动，收集到成员单位提交的100多个管理会计应用案例，从中精选出6大类、63个应用案例与丛书对应，为读者提供丰富的管理会计应用实战模拟范例，为财政部发布的《应用指引》的深度推广提供现实的应用案例支持。

第二，流程化、表单化和信息化集成一体。这套丛书的每一种管理会计工具的应用都遵循着“三化”（流程化、表单化和信息化）原则。书中每一种工具应用的案例都充分展示流程、表单和信息化的经验。兵器装备集团的管理会计研究团队认为“管理会计工具”是从管理会计实践出发，基于某一核心概念并加以延伸而构建的，它能够帮助管理会计人员提升绩效、促进决策、支持战略目标以及增创价值。实际上，管理会计工具应用过程就是其应用过程的流程化、表单化和信息化。因此，本套丛书的特色是从兵器装备集团应用的实例中提取大量的表单、流程图、分析模板来充实工具的内容，可以给读者的应用提供许多实战模式。

第三，每一种工具的应用过程既有简明性和可操作性，又富有哲理性。每一工具的应用都清楚地阐明了涉及部门及相关人员，而且需要考虑其应用的环境、资源和信息化的要求。尤其是，在本套丛书中的每一个工具应用案例在阐述应用模式和流程时，都能用表单和流程图来概括其应用过程，并适度地用文字阐述其理论和创新的内容。

第四，精选案例的经验颇为珍贵，具有应用价值。依照《应用指引》的分类，将兵器装备集团的管理会计实践案例归并为6类（战略与预算管理，成本管理，营运管理，绩效管理，投融资与风险管理，报告、信息化与其他）。这些精选案例与财政部的《应用指引》建立了对应关系，充分展示了这套丛书与财政部已发布的《应用指引》相呼应，为读者和企业深度学习和理解《应用指引》提供了现实的标杆性范例。此外，这套丛书还能引导企业将《应用指引》更好地运用到企业管理全过程，并能发挥其提升竞争能力和增创价值的作用。

第五，每一案例都能发现工具应用的创新。书中每一种工具的应用过程都在应用其计量模型和计量分析方法，创新之处就是指定工具应用的经验总结，通常表现为具体工具与案例企业实际应用的内部环境（制度、员工、内部治理、商业模式等）和外部环境（市场因素、政治环境、绿色发展要求、竞争对手、宏观经济政策和金融政策等）相结合所形成的创新举措。

总而言之，本套丛书的出版为企业运用《应用指引》提供了许多可借鉴的宝贵经验，同时为高校的管理会计教学提供实战型的丰富案例，而且为会计学术界开展管理会计理论研究提供中国案例的最新素材。因此，本套丛书不仅对实务界具有很高的应用价值，而且对学术界和高校教学的理论研究也具有丰富的论据题材价值。

厦门大学教授、博士生导师

2018 年 4 月 20 日

潘飞序

又一次看到这套丛书，我非常敬佩兵器装备集团副总经理、总会计师李守武带领的团队所付出的艰辛与获得的成果。自2014年财政部发布《关于全面推进管理会计体系建设的指导意见》以来，兵器装备集团积极探索中国企业管理会计应用的研究与实践，大力推广运用管理会计并取得实效，为我国企业管理者、相关政府部门、学术界、行业协会等各方面的管理会计工作做出了杰出的贡献。

李总的新作凝结了兵器装备集团财务团队多年管理会计实践的精华，是兵器装备集团成功的推进方法和经验的深刻总结。这套丛书按照管理会计的战略与预算管理，成本管理，营运管理，绩效管理，投融资与风险管理，报告、信息化和其他6个大类编排管理会计工具及其配套案例，已经按照管理会计应用指引全面覆盖企业管理会计应用的不同方面，读者可以依据分类“照单抓药”，找到适合自己企业的管理会计工具与案例示范，而且这些案例方法是兵器装备集团经过实践检验行之有效的实践经验总结，对制造业企业有较高的推广价值，其中的部分案例入选了财政部《管理会计案例索引》。我坚信这套丛书的出版对我国管理会计实务发展将会起到以下作用。

第一，对我国企业管理会计推进的示范作用。前段时间全国已经征集了许多管理会计案例，并从中挑选优秀案例作为全国示范，而管理会计案例库建设是管理会计体系建设的关键环节之一。管理会计案例库是对国内外管理会计经验的总结提炼，是对运用管理会计应用指引的实例示范。案例库建设是财政部推进管理会计应用的有效方式之一。兵器装备集团从系统梳理适合自身企业应用的管理会计工具开始，建立与企业组织架构、业务流程、发展阶段相适应的管理会计工具体系，其总结推出的管理会计案例把握住了案例库建设这个关键环节，通过每年的管理会计交流活动，总结、提炼出成员企业的优秀案例，既起到标杆示范作用，又有利于其他成员企业的学习和推广。

第二，对加快我国企业管理会计实践推进具有重要的意义。兵器装备集团通过多年的实践积累与探索，初步建成了完整的管理会计指引体系所含的6大类工具及其案例。这套丛书是兵器装备集团管理会计工具方法的经验沉淀。书中大量使用了企业推进管理会计时的表单和流程图，主要按照企业实际推进管理会计工具时的制度文件操作步骤编排，与财政部发布的管理会计案例编写的范式完全一致，兵器装备集团的这种推进管理会计实践应用的务实做法是值得借鉴和推广的。本套丛书为学术界研究中国企业管理会计实务以及后续大量企业进行管理会计案例的经验总结与编写提供了丰富的素材。

盛情邀请，乐为序！

上海财经大学教授、博士生导师

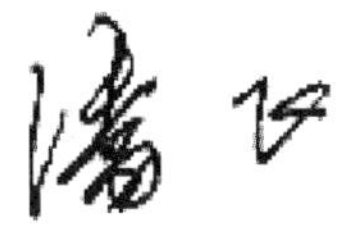

2018 年 4 月 25 日

谢志华序

会计的目标经历了报告受托责任、决策有用和投资者保护的历史变迁。管理会计提供决策有用信息，这种信息不是报告过去而是披露未来，决策从来都是面向未来的，决策有用的信息也只能如此。

管理会计的目标要求如此并不是会计理论研究所致，而是企业实践的内在需求。在长期的企业经营实践中，决策者需要提供决策支持的信息，它是面向未来的。财务会计提供的信息却是面向过去的，财务会计的信息不能充分满足决策者的需要。管理会计自产生之日起就是为了弥补这一缺陷。

伴随着市场竞争环境日趋激烈、企业规模不断扩大和经营复杂程度不断增加，企业面临的风险越来越大，如何及时有效地预测和发现风险、控制风险以实现企业价值最大化，越来越成为企业必须面对的现实问题。管理会计既应运而生，又生而有责，如何为企业可能面对的风险提供预期、规避的信息成为风险决策和控制的前提。

中国管理会计的理论最早是从西方输入的，即便是简单概念也无不来自西方的约定，但这不否定中国企业管理会计实践的历史——只要有管理就必然有决策，只要有决策就不能没有管理会计；决策是面对风险的，预期和控制风险也就不能离开管理会计。

管理会计在西方的实践可以追溯到泰罗的科学管理时代，经历了如此漫长的实践和理论总结，已经形成了较为完整的管理会计学科。在我国，管理会计的实践也有了很长的历史，即便在中华人民共和国成立初期，工厂就采用“民主管理”“群众管理”和“两参一改三结合”等做法。在改革开放后，我国实行市场经济体制，经济得到前所未有的发展，企业面临的经济社会环境发生了巨大变化。企业不仅要面对国内竞争，更需要参与国际市场竞争，企业的规模和经营的复杂程度都是前所未有的，这些都给企业带来巨大的风险压力，决策正确与否对企业的可持续发展甚至生存都会带来决定性的影响。正是由于企业面临这种状况，为企业整个管理活动过程提供决策有用信息就变得十分重要或迫在眉睫。

兵器装备集团是一个传统上高度计划的企业，市场经济的春风使企业沐浴在史无前例的变革之中，市场经济的竞争压力使企业处在变革的风口浪尖上。企业既不可回去，也不可回避。它面临的竞争风险既是国内的，也是国际的，既是现实的，也是未来的。企业的领导者砥砺前行、迎难而上。本质上竞争而胜之必须知己知彼，必须未雨绸缪。这一切离不开用于决策的管理会计所提供的信息，从管理活动的预测、规划、控制到考核，没有哪一环节可以缺少它。兵器装备集团正是看到了这一点，率先垂范，亲历管理会计的伟大实践，并结出让国人让西方刮目相看的实践之果。

更难能可贵的是，兵器装备集团不仅是管理会计实践的先行者，更是其实践的理论总结者。最有效的实践一定能上升为最好理论，最有用的理论也一定能指导实践。兵器装备集团在进行实践总结形成初步理论范式的基础上，并不满足于此，遵循再实践再总结的创新模式，马不停蹄，一路前行，又形成了更新、更完善的理论体系。中国正处在一个飞速变化的时代，中国也正在成为世界上有影响力的大国，中国的伟大实践和所产生的不朽成果必将成为整个世界宝贵财富的重要部分。我深信兵器装备集团组织的《管理会计工具与案例》系列图书的出版必将对我国乃至世界的管理会计理论和实践的发展产生重要的作用。

北京工商大学教授、博士生导师

2018 年 4 月 26 日

汤谷良序

前几天收到一份快递，是守武总会计师主编的最新版《管理会计工具与案例》系列图书样书！这套丛书就是现在展现在我们读者面前的《战略与预算管理》《成本管理》《营运管理》《绩效管理》《投融资与风险管理》《报告、信息化与其他》6本新作！

两年前，我曾为守武总编著的《管理会计工具手册》（第一册、第二册）、《管理会计案例（第二版）》3本著作写过序言，至今记忆犹新。作为央企高管的守武总在间隔不到两年的时间里又有这6本管理会计大作出版面世，可喜可贺！我由衷佩服，也特别惭愧。作为一名学者教授的我，过去5年时间里也仅仅有些论文发表，未有新的著作出版。我坚信守武总的这些持续、高产著作的写作与出版无疑是他对管理会计的激情澎湃使然！因为“管理会计”的缘故，这些年我与守武总有较为频繁的沟通与交流，他对管理会计的满腔热情总是特别感染我！

读毕守武总的这6本新作，我觉得“激情”二字不仅可以用于概括守武总的个人品行与职业特征，还完全可以显现这套新作的内容要点与质量特征。我为什么如此认定呢？

首先，了解与熟悉这些年以财政部主导的中国管理会计制度体系建设的人士应该知晓，我国管理会计指引体系包括基本指引、应用指引和案例库3大部分内容。但是，至今我们只是在学习、宣贯这些指引与案例。守武总这6本新著的内容设计基本上就是财政部发布的管理会计应用指引中的项目与工具。这些年，我和守武总都是财政部管理会计咨询专家团队成员，一直参与这些指引体系与案例库的建设与评审。这些基本指引与应用指引的设计与建设只能比较原则与概括，宜粗不宜细。较为详实的理论解读与具体实操手册，这并非“指引体系”的内容，而应该是与此匹配的管理会计著作的任务。可以肯定，守武总的6本大作一定是我国第一套专门针对中国管理会计指引体系的详实解读与使用说明。这“第一套”必定是守武总葆有“敢为天下先”的激情的又一证据。

其次，和企业创新创业类似，管理会计理论研究与实践拓展，仅仅怀抱敢为天下先的理想与热情是不够的。成功与成就，还需要设计框架别具一格、实操路径可行可靠、内容体系独具匠心，等等。这些年我比较反感两类财会类书籍与文章：一类沉迷、纠缠于会计名词概念术语的解释。一些作者力图通过眼花缭乱的概念堆积来证明其理论“创新发展”。另一类纠缠过于琐碎的会计处理与特别细微的流程规范。作者试图证明其如何“独具匠心”。其实，这些书籍与文章很容易把读者带入“深井”，无法“观天”，也很难自拔！阅读守武总的这6本新作，特别赏心悦目。这套丛书的各个章节都是围绕各种管理会计工具展开的，每个工具的体例基本都是按照“总则、应用环境、应用程序、方法评价与配套案例”写作的。这种架构与内容设计实现了管理会计理论与实践的完美结合，既能让读者领略到管理会计的理论前沿，也能引领读者实操这些管理会计工具。这种品质的管理会计大作一定是守武总拥有顶天立地、开卷有益的治学激情的标志。

另外，这些年我对管理案例情有独钟，包括案例研究和案例教学。管理案例的重要特征就在于其鲜活新颖，其价值不仅是对本企业管理实践的总结升华，更重要的是能够直接给其他企业管理制度建设以启示、借鉴与指导。守武总的这套新书很吸引我的内容是每个管理会计工具都配有 2 ~5 个案例。我发现这些案例都是守武总所在的兵器装备集团管理会计实操的经验总结，而且所有案例都由集团下属企业新近提炼，决非守武总两年前写作《管理会计案例（第二版)》内容的简单复制。阅读守武总这套丛书的案例，我们不仅能“身临其境”地感悟到兵器装备集团在守武总的直接领导下管理会计工具如何创新性嵌入企业的战略管理与业务经营，更能感悟到一个特别的专业问题，即管理会计工具的导入必须着眼于整个企业的管理控制系统，不可以只见树木不见森林。管理会计工具的导入过程必须持续拥有制度建设与变革的激情，这种激情决不能立足财会部门或人员单打独斗与孤军奋战，必须谋求在企业文化与管理制度上永不停息的、深度的业财融合。

中国社会已经迈入新时代！我们必须坚守道路自信、理论自信、制度自信和文化自信！我相信守武总这套新书出版一定有助于中国管理会计建设的新时代，也必将推进基于中国本土的管理会计创新发展的“四个自信”！

对外经济贸易大学教授、博士生导师

2018 年 4 月 27 日

前言

Foreword

管理会计是会计的重要分支，主要服务于单位内部管理需要，是通过利用相关信息，有机融合财务与业务活动，在单位规划、决策、控制和评价等方面发挥重要作用的管理活动。世界各国的经济发展历程表明，市场化经济越发展，管理会计作用越明显。习近平总书记在党的十九大报告中指出，我国经济已由高速增长阶段转向高质量发展阶段，正处在转变发展方式、优化经济结构、转换增长动力的攻关期。必须坚持质量第一、效益优先，以供给侧结构性改革为主线，推动经济发展质量变革、效率变革、动力变革。同时，企业发展从追求规模、追求速度转为追求质量、追求效益，更加注重创新能力的培育和核心竞争力的提升。在宏观经济和微观企业转型升级的重要战略机遇期，企业对管理会计的需求日趋强烈。

一、对管理会计本质属性和应用边界的认识

西方国家研究和应用管理会计有近百年的历史，我国虽然起步较晚，但越来越多理论界与实务界的有识之士开始加强了对源于西方的现代管理会计思想和方法的研究与应用。中外学者或权威机构对管理会计的定义不尽相同，但又无法摆脱一些特定的内容，在充分吸收借鉴国内外先进理论的基础上，我们认为管理会计的本质属性和应用边界应该包括以下内容：

管理会计的本质属性至少应包括：第一，战略属性。管理会计作为企业战略管理的重要手段和工具，其宗旨和核心目标是为实现企业战略服务。第二，会计属性。管理会计作为会计的一个分支，其源头和本质属于会计。管理会计是对决策相关的财务和非财务信息进行搜集、整理，形成报告、支持决策的管理活动。第三，财务与非财务信息结合属性。管理会计突破了传统会计学中以货币计量，即仅提供财务数据的限制，将涉及企业战略和经营的非财务信息纳入，拓展了信息渠道、信息内容和获取信息的途径，使企业依据管理会计信息做出的决策更加全面、有效，适应性强。

管理会计的应用边界至少应体现以下三方面的拓展：第一，管理会计工作范围拓展到企业管理流程的各个环节。第二，管理会计信息客体拓展到与决策相关的财务和非财务信息。第三，管理会计信息收集主体拓展到管理会计人员和其他专业管理人员。

管理会计在促进组织目标实现过程中，其职能和作用范围并非无所不能、无所不包、毫无边界。只有认清管理会计在企业价值创造中的功能，明确界定其定位，才能从理论上明晰其与企业管理、财务管理等相近学科间的内在区别，在实务上确定其应有的边界，从而更加

聚焦性地发挥其应有的作用。管理会计与主要相近学科的关系可以概括为：第一，管理会计在企业管理中发挥独特作用。管理会计属于“价值管理”，它区别于企业其他的专业管理，价值管理不再是企业的某种职能管理，而是企业经营管理的全部，是一种以价值视角看待企业的管理，是一种战略意义的管理理念。第二，管理会计服务于企业的战略管理。管理会计是支持企业战略规划和战略实施的信息系统，其通过提供战略决策规划、战略实施、绩效计量及评价等管理信息，满足企业战略实施与经营管理的需要。第三，管理会计与财务会计表现出分化与融合的辩证统一。管理会计与财务会计是会计的两大分支，无论从逻辑层次还是从内容来看，二者都是会计管理系统的一个重要组成部分。从本质上说，财务会计与管理会计自始至终“你中有我，我中有你，相辅相成”，但二者在服务对象、内容范围、工作重点、方法步骤、信息质量要求以及对人员素质要求等方面存在较为明显的区别。第四，管理会计是成本会计的发展方向。管理会计自产生之日起就与成本会计存在天然的“血缘”关系，其发展的过程也标志着成本会计的发展。管理会计需利用成本会计所提供的信息进行分析、决策和规划，如果缺乏成本会计做基础，管理会计将成为无源之水，无本之木，变为空中楼阁而无法存在。第五，管理会计和财务管理研究视角不同。管理会计着眼于企业的日常经营管理活动，而财务管理为企业提供保持良好财务状况的手段和措施，着眼于资本经营和资金活动本身，侧重于融资和投资活动。第六，管理会计以管理控制系统为理论基础。管理控制系统包括：战略计划、预算编制、资源配置、业绩计量、评价和奖励、责任中心以及转移定价等内容，它从系统角度和理论高度对管理会计知识体系的建立提供重要支撑。

二、管理会计工具方法的特点与一般应用步骤

管理会计工具方法是从管理会计实践出发，基于某一核心概念并加以延伸而构建的，能够帮助管理会计人员提升绩效、促进决策、支持战略目标以及增加价值的框架、模型、技术或流程。管理会计理论与实践都需要通过具体的工具方法得以应用和落实。管理会计工具方法是管理会计理论的具体化、模型化，管理会计理论使管理会计工具方法具备逻辑严密性。通过文献检索，我们对管理会计工具方法系统梳理后发现，国内外管理会计工具方法有100多种。众多的管理会计工具方法，从实践角度分析，主要有3个方面的特点：源于实践、易于操作、相对独立。

第一，管理会计工具方法源于实践。虽然大多管理会计工具方法以某一核心理论为出发点，但都需要经过实践的检验，在实践中持续改进。比如丰田汽车以准时化发展方式实现精益制造管理；又如卡普兰和诺顿在20世纪90年代提出的平衡计分卡，也是在总结大量企业实践应用后，上升为工具方法，具备推广性。

第二，管理会计工具方法易于操作。管理会计工具方法的产生，直接作用是使管理会计理论更具操作性，主要表现在：一是模型化的工具方法易于收集和传递信息，易于信息化。二是有针对性地解决管理问题。由于工具方法本身是问题导向的，其使用的效果也具有明显的问题导向。三是与管理流程和业务流程融合。

第三，管理会计工具方法相对独立。目前主流的管理会计工具方法往往以某一选定的因

素为核心作为理论起点，用选定的分析性工具展开其理论架构，在达到工具本身逻辑严密的同时，也带来与其他管理工具相容性不高的问题。

另外，每种管理会计工具方法都具有个性化的特点，强调适用性，只有与企业组织架构、管理特点相适应的管理会计工具方法才能在企业中得到有效应用。管理会计工具方法选择与使用的步骤一般包括：识别应用环境、选择工具方法、适应性改良与整合应用。

第一步：识别应用环境。企业应结合每种管理会计工具方法的特点，对内外部应用环境进行分析。比如作业成本管理和标准成本管理的应用环境明显不同：标准成本管理一般适用于产品及其生产条件相对稳定，或生产流程与工艺标准化程度较高的企业。作业成本管理则主要适用于作业类型较多且作业链较长，产品、顾客和生产过程多样化程度较高以及间接或辅助资源费用所占比重较大的企业。

第二步：选择管理会计工具方法。各企业应根据管理特点和实践需要选择相应的工具方法。财政部《管理会计基本指引》中提出管理会计应用需考虑适应性原则，即“管理会计的应用应与企业内外部环境和性质、行业、规模、发展阶段等自身特征相适应，并随内外部环境和自身特征的变化及时进行相应调整”。企业在选择管理会计工具方法时也要遵循适应性原则。一是需要坚持从企业经营管理实际需求出发，广泛查阅相关文献、理论著作、核心期刊等资料，搜索国内外理论研究、运用实践、经验总结中的管理会计工具方法。二是确定与本企业治理结构、组织架构、行业性质、管理方式相适应的管理会计工具方法。三是应结合企业所处发展阶段的管理重点和需提升的管理短板，遵循问题导向原则，以及本企业推进管理会计体系建设的整体目标，确定应用管理会计工具方法的节奏和顺序。

第三步：适应性改良与整合应用。实践中，管理会计各种工具方法通过“交叉”应用实现了融合发展。一是战略管理、绩效管理、营运管理领域的管理会计工具方法创新速度明显加快，实践热度显著提升。二是战略地图、平衡计分卡、战略中心型组织、绩效计划、战略成本管理、EVA 管理等“交叉型”工具方法在国内企业中大量应用。三是供应链成本管理等工具跨越单体企业边界，在产业链角度寻求价值创造的空间和潜力。

三、国内外管理会计发展的最新趋势

近年来，国内外管理会计呈现以下发展趋势。

从国际上看，第一，管理会计处于创造价值、培育企业核心竞争力的战略管理会计阶段。西方国家管理会计经过近百年的发展，先后经历了以成本控制为特征的阶段、以预测决策为特征的阶段、以消除商业流程中资源浪费为重点的阶段，目前处于以重视创造价值、培育企业核心竞争力为特征的战略管理会计阶段。这一阶段，管理会计主要功能是服务战略落地，通过合理配置企业内部资源、识别企业的价值创造模式和路径，最终为企业价值创造和培育核心竞争力服务。第二，管理会计规范化、体系化取得突破进展。西方国家管理会计规范化历程与管理会计理论和实务的发展同步，主要依靠行业协会进行规范化和体系化。近年来规范化体系化进程加速并取得一定突破。比如，截至 2018 年 5 月，美国管理会计师协会（IMA）陆续发布了 58 个管理会计公告，而且公告数量和内容还处于不断更新中；英国皇家特许管理会计师公会和美国注册会计师协会于2014年联合推出了《全球管理会计原则》（CGMA），2015年发布了《管理会计基本工具手册》，2016年发布了中文版《CGMA管理会计能力框架》。第三，理论和实践互相迭代、在实践中持续改进。西方国家的一部分管理会计工具方法从实践中产生，以典型企业应用典型工具为特色，比如丰田汽车以准时化生产方式实现精益制造管理；另一部分工具方法从理论出发，推广到实践领域，比如卡普兰和诺顿的平衡计分卡，在企业实际应用后，其理论体系又发展到战略地图、战略中心型组织等。无论工具方法最初是基于实践总结，还是源于理论创新，工具方法的应用都在不断改进和完善。第四，信息技术革命和快速发展推动管理会计变革。当前，互联网、物联网、云计算、大数据、人工智能、量子计算等新一代信息技术迅猛发展，企业管理面临海量数据、极速处理、实时报告的需求。同时，各种复杂管理会计工具方法的应用及融合应用成为可能，且更加便捷高效。比如大数据技术将使滚动预算的情景模拟更加符合实际；利用设备传感技术产生的物联网数据将为作业成本法的推广和应用奠定基础；实时订单成本核算将满足个性化定制的报价与成本预估需求。在新一代信息技术的快速发展下，企业管理的决策流程、方法和模式等必将发生变革，管理会计的理论、工具方法、实践应用也会随着发生巨大改变。

从国内来看，第一，财政部积极主导全面推进管理会计建设。2014年10月，财政部发布《关于全面推进管理会计体系建设的指导意见》（以下简称《指导意见》）；2016年6月发布《管理会计基本指引》，2017年10月发布《管理会计应用指引第100号——战略管理》等22项管理会计应用指引。2016年10月8日，财政部发布《会计改革与发展“十三五”规划纲要》，提出“2018年前基本形成以管理会计基本指引为统领、以管理会计应用指引为技术支持、以管理会计案例示范为补充的管理会计指引体系”，明确了我国管理会计指引体系建设的时间表。《指导意见》发布以来，特别是《管理会计基本指引》发布后，在财政部大力推动下，我国各团体、高校、企业都在不同程度地开展管理会计的研究和应用，管理会计发展进入新的阶段。各专业协会、主流媒体、咨询公司和培训机构等组织了形式多样的管理会计研讨会及论坛，推动管理会计理论探讨和实践交流；各大中央企业和民营企业根据《指导意见》和《管理会计基本指引》，结合自身实际，已经开展或准备启动管理会计体系建设，比较领先的企业已经建立了基于自身特色的管理会计应用体系。第二，从单一工具方法模仿导入向个性化、体系化运用转变。中国企业应用的管理会计工具方法大多源于西方，在工具方法导入的初期，企业主要是针对某个工具进行研究，为弥补企业的某项管理短板而导入应用，但近几年，企业对多个工具方法的整合应用趋势明显，部分企业通过分析本企业业务模式、行业特点、发展阶段，对多个工具方法进行梳理选择，建立个性化、体系化的工具方法体系。第三，从促进财务转型向推动组织变革转变。目前企业通过对管理会计工具方法的应用，将其融入业务流程，逐步探索从核算型财务向决策型财务的转型，在融合业务的过程中，为实现资源优化配置、将更多财会人员从核算工作中解脱出来，部分企业大胆开展了业务流程再造和组织变革。这种变革可能发生在企业的财务组织内部，也可能涉及企业整体的组织架构变革。

四、中国兵器装备集团有限公司管理会计应用实践

中国兵器装备集团有限公司（以下简称“兵器装备集团”或“兵装集团”）是国有大型企业集团，成立于1999年7月，是国防科技工业的核心力量，肩负着“保军报国、强企富民”的神圣使命，其前身可以追溯到第五机械工业部、兵器工业部、国家机械工业委员会。兵器装备集团自1999年成立以来共经历了4个发展阶段：一是扭亏为盈求生存阶段（1999~2003年），二是以提升发展规模速度为主要特征的“622”战略阶段（2004~2009年），三是以提升发展质量效益为核心的“211”战略阶段（2010~2015年），四是“十三五”领先发展战略阶段（2016年以来）。从2010年开始，兵器装备集团从主要追求速度规模向主要追求质量效益转变，提出“211”发展战略，即六年两步走，利润翻两番，营业收入翻一番，人均收入翻一番。这一时期，财务工作的重点是提升集团的价值创造能力。基于管理会计服务战略落地、提高经营质量效益和助力价值创造的功能，兵器装备集团从战略需求出发，通过认真调查研究，决定开展管理会计体系建设。因此，兵器装备集团管理会计体系建设源于提升发展质量效益的需求。

在系统性总结兵器装备集团前期管理会计实践的基础上，我们按照“服务战略、融合业务、支持决策、管控风险”4个导向，采用“选工具、定方案、编手册、树典型、渐推广”的一套做法，经过导入准备期、试点推广期、分类实施期、完善提升期4个阶段的建设，到2015年初步建成了体系完善、内容丰富的集团管理会计体系，其特点包括：

第一，集团整体布局实施管理会计体系建设。管理会计个性化特征突出，兵器装备集团是多产业大型国有集团，如何从集团层面推进，兼顾成员企业的个性和整体推进的共性，是关键问题。我们在集团层面开展的主要工作包括：制定集团管理会计体系实施的整体方案；成立“价值创造型财务管理体系推进办公室”，配备管理会计专业人员；根据兵器装备集团下属成员企业所属行业、管理基础等因素选择适应的管理会计工具方法，编制《管理会计工具指导手册》，有步骤、分节点推进管理会计工具应用等。

第二，因地制宜地选择工具方法。管理会计工具方法具有个性化特点，强调适用性，只有与企业组织架构、管理特点等内部环境相适应的管理会计工具方法才能在企业中得到有效应用。兵器装备集团在选择全集团推广的管理会计工具方法时，根据应用环境和需求采用四步走的策略：第一步，坚持从企业经营实际需求出发，检索国内外理论研究文献，运用实践、经验总结中的工具方法，共研究收集管理会计工具方法102个。第二步，确定15个与兵器装备集团治理结构、组织架构、行业性质、管理方式相适应的管理会计工具方法。第三步，结合兵器装备集团管理特点、集团化财务管控体系以及集团战略目标，确定首先推广的10个管理会计工具方法。第四步，采取“7+3”的模式，全面预算、标准成本、全价值链成本管理等7个工具方法，要求在成员企业都有应用，平衡计分卡、客户盈利能力管理、作业成本管理3个选推工具方法，鼓励管理基础好、有条件的企业选择应用。

第三，成员企业“标杆示范”和“整体达标”相结合。集团成员企业所属行业、经营规模、管理基础、管理需求不同，管理会计应用的侧重点和进度也不一样。我们把管理会计

应用优秀的企业实践形成案例，在全集团宣传推广。这一时期成员企业应用管理会计形成142个案例，其中6个优秀案例入选第一批财政部《管理会计案例索引》，2个案例入选首批财政部管理会计案例库，有效地牵引了集团成员企业的管理会计实践。在经历前期建设后，我们提出对成员企业进行达标评级，对企业管理会计工具方法的应用效果进行评价，以评促建，从而实现成员企业管理会计应用水平的整体提升。因此，管理会计探索形成兵器装备集团特色的财务转型之路。

建设面向经营层、支持决策的管理会计体系是兵器装备集团价值创造型财务管理体系建设的核心任务，也是"SRRV"集团化财务管控模式的升华和深化，是兵器装备集团构建先进军工和现代产业体系，实施转型升级在财务管理方面的具体要求。经过6年的探索和实践，兵器装备集团管理会计体系初步建立。这一时期应用和推广管理会计取得的主要收获包括：通过应用管理会计工具方法，发现浪费、消灭浪费、发现价值、创造价值，集团发展的质量和效益显著提升，管理会计对价值创造的作用显著增强。截至2017年底，兵器装备集团连续11年被评为"央企负责人经营业绩考核A级"，位列"世界500强"第101位，主要经济指标列国防科技工业前列。组织成员企业开展管理会计体系建设，累计为集团创造价值181亿元，管理会计体系的建设有力地支撑了集团发展战略目标的实现。同时，兵器装备集团也形成了一批理论探索和实践应用成果，财会队伍素质大幅提升。兵器装备集团财务工作转型的同时，财会人员也成功实现转型，在价值创造型财务管理体系建设过程中，已承担财政部《中国企业管理会计指引体系研究》和《集团企业管理会计体系研究》课题两项，在核心期刊发表各类论文80余篇，编辑出版专著5册。截至2017年底，兵器装备集团拥有10名全国会计税务领军人才，通过CMA（美国注册管理会计师）考试的人数达到134人，企业财务人员从事管理会计工作的比重达到70%以上。

五、集团企业管理会计体系建设最新探索

从单一管理会计工具应用，到搭建管理会计体系，再到最终实现业财融合，是伴随企业机制创新、财务转型的一个管理变革过程。不同发展环境、不同发展阶段，企业对管理会计的需求和管理会计建设的侧重点不同。自2014年10月财政部发布《指导意见》以来，企业、高校、中介机构等研究和应用管理会计的中坚力量都积极投入管理会计体系建设。2015年和2016年，我们积极响应财政部全面建设管理会计体系的要求，结合前期在管理会计推进方面的实践经验，开展了中国企业管理会计体系建设和集团企业管理会计体系建设两个项目的相关研究工作。

在充分借鉴国内外管理会计理论、西方国家管理会计规范化历程、全球管理会计原则、美国管理会计公告、我国内部控制体系和财务会计准则体系的基础上，《中国企业管理会计指引体系研究》课题主要在以下几个方面进行有益探索，并取得突破和创新：第一，界定管理会计应用的边界、促进管理会计学科体系完善。通过比较管理会计与企业管理、战略管理、财务管理、财务会计、成本会计、管理控制系统等相关学科的关系，管理会计应用的边界得以明确，为后续管理会计应用的范围以及管理会计工具方法选择的范围提供判断依据，

促进管理会计学科体系的完善。该项研究认为，管理会计的本质属性和应用边界可以概括为：管理会计是从传统会计中分离出来与财务会计并列、以管理控制系统为理论基础之一、以会计核算信息为基础、对财务和非财务信息进行深加工、服务战略管理、在企业管理流程各环节发挥价值管理作用的一门会计学科。第二，形成企业管理会计应用的逻辑框架、为实践提供方法论。结合国内外相关研究成果，我们建立了目标、原则、要素的3层次管理会计应用的“1+4+4+3”逻辑框架，为管理会计应用研究和实务工作奠定理论基础、提供方法论指导。逻辑框架中“1”代表1个目标，即企业管理会计应用的总目标是“基于战略的可持续价值创造”。“4”代表4大原则和4个要素。4大原则包括：适用性、有效性、相关性、价值导向；4个要素包括：应用环境、管理活动、沟通反馈、决策与服务。第三，形成基于企业战略流程和价值链流程的管理会计工具方法体系的排布方式。该项研究以企业战略管理流程为纵轴、以价值链流程为横轴形成管理会计工具的二维排布框架，将实践成熟、易于推广的管理会计工具纳入二维排布框架，形成基于战略流程和价值链流程的管理会计工具排布方式，为企业实务中应用推广管理会计提供系统性建议。

《集团企业管理会计体系研究》课题主要聚焦集团企业管理会计体系。通过对国内外管理会计体系的文献进行全面回顾，重点对管理控制系统的不同流派进行对比分析，结合当前我国集团企业管理会计应用环境的最新变化，在管理控制系统理论框架的基础上，该项研究引入机制设计理论、网络治理理论、熊彼特创新理论和协同理论四大理论，搭建了中国集团企业管理会计体系的理论框架。作为该项研究的理论基础，该框架将为管理会计体系的研究和应用提供理论支撑。该项研究认为，集团企业管理会计体系应包括自主适应系统、运营管理系统、边界控制系统和信念系统四部分。其中，基于利益相关者价值创造的运营管理系统是该框架的核心，通过运营管理系统将集团企业的自主适应系统、边界控制系统和信念系统有效整合，可以更好地实现目标。自主适应系统、边界控制系统和信念系统都用来支持集团企业实现利益相关者可持续价值创造。其中，自主适应系统有利于促进集团企业自主适应环境变化和动态创新，实现持续创造价值；边界控制系统有利于促进集团总部及成员企业在设计、执行战略以及开发市场机会的过程中有效控制风险，实现合规创造价值；信念系统有利于促进集团企业的不同利益相关者统一目标和价值观，实现共同创造价值。

六、本次修订丛书的新特点和主要内容

为进一步完善集团管理会计体系，提升管理会计工作的质量，根据财政部《管理会计基本指引》和各项《管理会计应用指引》，结合近年来兵器装备集团的最新管理会计实践，我们对2016年版的《管理会计工具》（第一册、第二册）、《管理会计案例（第二版）》进行修订，选择兵器装备集团成员企业广泛使用的23个管理会计工具和总结提炼、补充更新的63个管理会计应用案例，形成企业管理会计实务丛书《管理会计工具与案例》系列图书。相较2016年版本，修订后丛书的特点包括：

第一，统一管理会计工具和管理会计案例的体例。本套丛书在2016年5月出版《管理会计工具》（第一册、第二册）、《管理会计案例（第二版）》的基础上，按照财政部《管理

会计应用指引》的应用领域及工具体例编排，形成23个体例统一的管理会计工具，参照财政部管理会计案例库的案例标准体例对兵器装备集团总结提炼的63个案例进行标准化，使其相对统一。

第二，按照《管理会计应用指引》的编排方式对管理会计工具进行编排和分册。我们将兵器装备集团成员企业广泛使用的23个管理会计工具，按照财政部应用指引的编排顺序进行排序，同时按照《管理会计基本指引》的应用领域对管理会计工具进行分册，具体分为《战略与预算管理》《成本管理》《营运管理》《绩效管理》《投融资与风险管理》《报告、信息化与其他》，共6册。综合考虑篇幅长短，不同于《管理会计基本指引》的8大类应用领域，本套丛书将战略管理和预算管理合并为1册，将投融资管理和风险管理合并为1册。

第三，每一个管理会计工具后附对应的管理会计案例。兵器装备集团管理会计案例库与集团推进管理会计同步进行，既是管理会计体系建设的基本内容之一，又对各成员企业管理会计的应用起到示范和推广作用。本套丛书的63个管理会计案例是兵器装备集团成员企业在充分消化、吸收财政部各项《管理会计应用指引》核心内容的基础上，经过实践迭代，总结提炼出来的。其中6个经典案例入选财政部《管理会计案例索引》，两个案例入选财政部国家首批管理会计案例库。

《管理会计工具与案例》系列图书共6册，其中：

《战略与预算管理》分册包括战略管理类的战略地图工具和预算管理类的全面预算、滚动预算工具。

“1 战略地图”：以财务、客户、内部业务流程、学习与成长4个维度为主要内容，通过分析各维度的相互关系，绘制战略因果关系图。战略地图工具是以财政部《管理会计应用指引第100号——战略管理》和《管理会计应用指引第101号——战略地图》为基础和依据编制的。该工具旨在描绘战略地图在企业战略管理实战应用的操作，为企业战略制定、分解、监控、评估等战略管理提供一套方法、模板。战略地图工具后附长安汽车“深化运用管理会计工具，全面提升战略管理能力”和青山公司“增强战略指导，确保战略落地”两个案例。

“2 全面预算”：全面预算是指企业以战略目标为导向，通过对未来一定期间内的经营活动和相应的财务结果进行全面预测和筹划，科学、合理配置企业各项财务和非财务资源，并对执行过程进行监督和分析，对执行结果进行评价和反馈，指导经营活动的改善和调整，进而推动实现企业战略目标的管理活动。全面预算工具是以财政部《管理会计应用指引第200号——预算管理》为基础和依据编制的，重点总结了兵器装备集团在全面预算管理实践中的典型做法、图表等，为企业实施全面预算管理提供参考。全面预算工具后附长江电工“运用五步法推进全面预算”和东安汽发“战略导向、基于作业、面向价值链的全面预算管理”两个案例。

“3 滚动预算”：企业根据上一期预算执行情况和新的预测结果，按既定的预算编制周期和滚动频率，对原有的预算方案进行调整和补充，逐期滚动，持续推进地编制预算。滚动预算工具是以财政部下发的《管理会计应用指引第201号——滚动预算》为基础和依据编制的，旨在与实践相结合，进一步阐述滚动预算在实践中的注意事项和执行步骤，以便企业各自参考、借鉴和运用。滚动预算工具后附建设工业“月度滚动预算及弹性预算在企业管理提升中的应用”、东安汽发“以经营预测为起点的月度滚动预算”、南方天合“做好以经营预测为基础的滚动预算，助力企业运营管理”和南方佛吉亚“滚动预算保障经营目标实现”4个案例。

《成本管理》分册包括成本管理类的目标成本法、标准成本管理、变动成本法、作业成本管理工具。

“4 目标成本法”：企业以市场为导向，以目标售价和目标利润为基础确定产品的目标成本，从产品设计阶段开始，通过各部门、各环节乃至与供应商的通力合作，共同实现目标成本的成本管理方法。目标成本法工具是以财政部下发的《管理会计应用指引第301号——目标成本法》为基础和依据编制的。内容以目标价格为主导，以客户为核心，以产品设计为主线，以价值链为导向，以流程设计为手段，参与企业成本管理、新产品竞价，为管理层决策提供可靠的支撑。目标成本法工具后附长安汽车“面向成本设计的成本管理工具的实践和推广”、长江电工“目标成本法助建企业竞价体系”和嘉陵股份“目标成本法在新品开发上的运用与拓展”3个案例。

“5 标准成本管理”：企业以预先制定的标准成本为基础，通过比较标准成本与实际成本，计算和分析成本差异，揭示成本差异动因，进而实施成本控制、评价经营业绩。标准成本管理工具是以财政部下发的《管理会计应用指引第302号——标准成本法》为基础和依据编制的。标准成本管理工具后附长安工业“特种产品制造业标准成本体系的建立及运用”、长江电工“机械加工企业的标准成本体系建设”、云箭公司“复杂装备系统标准成本体系的构建尝试”、华庆公司“标准成本法在华庆公司的应用”和长江化工“推行标准成本助力企业精细化管理”5个案例。

“6 变动成本法”：企业以成本性态分析为前提条件，将生产过程中消耗的变动成本作为产品成本的构成内容，固定生产成本和非生产成本作为期间成本，直接由当期收益予以补偿。变动成本法工具是以财政部下发的《管理会计应用指引第303号——变动成本法》为基础和依据编制的。变动成本法工具后附长安工业“基于变动成本法在企业经营决策中的运用”和长江电工“变动成本法服务于企业短期决策”两个案例。

“7 作业成本管理”：以成本精细化管理、提高客户价值、增加企业利润为目的，基于作业成本法的成本管理系统。作业成本管理工具是以财政部下发的《管理会计应用指引第304号——作业成本法》为基础和依据编制的。该工具以作业成本法为基础和前提，围绕作业成本管理展开，重点总结了应用于实践的典型做法、图表等，帮助企业更好地实施作业成本管理。作业成本管理工具后附长安汽车“作业成本法在长安汽车的实践与运用”、建设空调“基于价值链成本管理，推行企业班组精益化改善提升”和万友汽车“作业成本法在汽车服务业的应用”3个案例。

《营运管理》分册包括营运管理类的经营预测、本量利分析、敏感性分析、边际分析、现金流管理、客户盈利能力管理工具。

"8 经营预测"：通过收集整理过去和现在发生的信息，运用一些科学的预测手段，对未来可能产生的经济效益以及发展趋势做出合理预判和推测。经营预测工具是以财政部下发的《管理会计应用指引第 400 号——营运管理》为基础和依据编制的。经营预测工具后附云箭公司"构建以战略为导向的经营预测模型"和长江化工"全面开展经营预测，促进企业健康发展"两个案例。

"9 本量利分析"：在成本按其性态划分的基础上，运用数学模型及图表形式，对成本、利润、业务量与单价等因素之间的依存关系进行分析，发现变动的规律性，为企业进行预测、决策、计划和控制等活动提供支持。本量利分析工具是以财政部下发的《管理会计应用指引第 401 号——本量利分析》为基础和依据编制的。该工具重点叙述了本量利分析模型的搭建及本量利分析的内容，帮助企业更好地运用本量利分析方法，为企业决策提供支撑。本量利分析工具后附大江工业"本量利分析的应用"和华中药业"运用本量利工具支撑企业经营决策"两个案例。

"10 敏感性分析"：对影响目标实现的因素变化进行量化分析，以确定各因素变化对实现目标的影响及其敏感程度。敏感性分析工具是以财政部下发的《管理会计应用指引第 402 号——敏感性分析》为基础和依据编制的。该工具重点总结了应用于短期营运决策和长期投资决策中的典型做法、图表等，帮助企业更好地运用敏感性分析方法。敏感性分析工具后附建设工业"敏感性分析在投资决策中的应用"和万友汽车"敏感性分析在汽车服务业利润预测中的应用研究"两个案例。

"11 边际分析"：分析某可变因素的变动引起其他相关可变因素变动的程度。边际分析工具是以财政部下发的《管理会计应用指引第 403 号——边际分析》为基础和依据编制的。该工具为帮助企业评价产品的盈利能力，支撑管理者做出正确的决策，促进企业提高经济效益提供方法指导。边际分析工具后附望江工业"基于价格决策和产品结构调整的边际分析应用"和建设工业"边际贡献在企业经营决策中的分析与应用"两个案例。

"12 现金流管理"：企业在一定会计期间按照现金收付实现制，通过一定的经济活动（包括经营活动、投资活动和筹资活动），对产生的现金流入和流出进行制定、执行、调整、监控与分析、应用效果评价的全过程管理，是确保企业的生存与发展、提高企业市场竞争力的重要保障。企业在应用现金流管理工具时，应建立健全现金流管理制度，帮助企业开展日常经营合理安排资金，提高资金的周转及使用效率，助推企业持续、健康、快速发展。现金流管理工具后附望江工业"构建动态资金管控体系，提升企业资金抗压能力"和嘉陵股份"完善企业现金流管理"两个案例。

"13 客户盈利能力管理"：企业通过研究客户希望拥有某种产品的意愿、支付能力以及购买机会，吸引新客户、保留老客户以及将已有客户转为忠实客户，最终实现客户对产品的购买以及售后服务，增加市场份额，从而实现客户持续为企业创造价值。客户盈利能力管理工具主要应用于经销商、供应商以及终端客户，以满足企业经营发展需求，实现多方共赢的生态运营体系。客户盈利能力管理工具后附长安汽车"基于共赢理念的客户盈利能力管理"、南山公司"客户盈利能力管理提升公司营运质量"、长江化工"运用客户盈利能力分析，精耕客户差异化管理”和财务公司“利率市场化推动下财务公司盈利能力分析工具的应用探索”4 个案例。

《绩效管理》分册包括绩效管理类的企业绩效管理、关键绩效指标法、EVA 提升、平衡计分卡工具。

“14 企业绩效管理”：企业与所属单位（部门）、员工之间为了达到共同的企业绩效目标，共同参与绩效计划制定、计划执行、考核评价、结果运用及改进的管理全过程。企业绩效管理工具是以财政部下发的《管理会计应用指引第 600 号——绩效管理》为基础和依据编制的。该工具旨在促进企业加强绩效管理，激发和调动员工积极性，增强价值创造力。企业绩效管理工具后附长安工业“变革基于 BSC 的绩效管理体系”、建设工业“应用管理会计工具实施‘建设特色’经营绩效管理”、成都光明“基于管理标准、价值创造的绩效管理变革”和北方工具“资产经营绩效考评体系的构建与应用”4 个案例。

“15 关键绩效指标法”：基于企业战略规划，通过建立关键绩效指标（KPI）体系，将价值创造活动与战略规划目标有效联系，并据此进行绩效管理的方法。关键绩效指标法工具是以财政部下发的《管理会计应用指引第 601 号——关键绩效指标法》为基础和依据编制的。关键绩效指标法工具后附嘉陵特装“关键绩效指标在企业的应用”和青山公司“切实运用关键绩效指标，提高管理针对性、有效性，保障战略落地”两个案例。

“16 EVA 提升”：以经济增加值（EVA）为核心，建立绩效指标体系，引导企业注重价值创造，并据此进行绩效管理的方法。EVA 提升工具是以财政部下发的《管理会计应用指引第 602 号——经济增加值法》为基础和依据编制的。该工具定位于经济增加值法的提升管理，内容包括经济增加值法的概念及核心思想、经济增加值法计算方法，重点讲述 EVA 中心管理、EVA 价值诊断流程、EVA 提升管理步骤等。EVA 提升工具后附望江工业“风电齿轮箱 EVA 中心建设与探索”和长江特装“EVA 提升引领企业价值创造方向”两个案例。

“17 平衡计分卡”：基于企业战略，从财务、客户、内部业务流程、学习与成长 4 个维度，将战略目标逐层分解转化为具体的、相互平衡的绩效指标体系，并据此进行绩效管理的方法。平衡计分卡工具是以财政部下发的《管理会计应用指引第 603 号——平衡计分卡》为基础和依据编制的。该工具旨在描绘平衡计分卡在企业实践应用中的操作，为企业推进平衡计分卡提供一套方法、模板，为企业战略管理和绩效管理服务。平衡计分卡工具后附长安汽车“深化运用管理会计工具，全面提升价值创造能力”和青山公司“深入推进平衡计分卡，确保战略执行落地”两个案例。

《投融资与风险管理》分册包括投融资管理类的项目财务管理、贴现现金流法工具和风险管理类的企业风险管理工具。

“18 项目财务管理”：基于项目全生命周期的项目财务活动的归口管理工作，是项目营运过程中财务资源使用的全流程管理的方法。项目财务管理工具是以财政部下发的《管理会计应用指引第 502 号——项目管理》为基础和依据编制的。该工具内容包括项目投资基础管理、固定资产项目财务决策评价、研发项目财务决策评价、项目财务预算管理、项目财务挣值法管理。项目财务管理工具后附秦变公司“±1 100 千伏特高压变压器基地建设项目投资决策分析”、昆仑公司“强化项目财务管理，提升项目管控水平”、云箭公司“特种产品生产线综合技术改造项目管理”和光明派特“TFT加工制作技术项目财务管理”4个案例。

“19 贴现现金流法”：又称现金流折现法，是以资金的时间价值为理论基础，并基于一定的前提假设条件，选择恰当的贴现率对企业预期的各期现金流入、流出进行贴现，最终计算得出企业当前的价值，为经济行为提供价值参考依据。贴现现金流法工具是兵器装备集团以财政部下发的《管理会计应用指引第501号——贴现现金流法》为基础和依据编制的。该工具重点描述了运用贴现现金流法的步骤和具体模型，并结合应用过程中可能遇到的问题进行了分析与探讨，提出了应用贴现现金流模型需要注意的问题。贴现现金流法工具后附B公司“贴现现金流法在企业价值评估中的运用”和成都光明“贴现现金流法在非球面项目投资中的运用”两个案例。

“20 企业风险管理”：企业对风险进行有效评估、预警、应对，为企业风险管理目标的实现提供合理保证的过程和方法。企业风险管理工具是兵器装备集团以国资委下发的《中央企业全面风险管理指引》为基础和依据编制的。该工具包括总则、应用环境、应用程序、工具方法评价，重点总结应用于实践的典型做法、图表等，帮助企业更好地进行企业风险管理。企业风险管理工具后附红宇公司“推进内控体系建设，提升全面风险管控能力”和建设空调“空调器基于全面风险管理的履约监督体系建设”两个案例。

《报告、信息化与其他》分册包括企业管理会计报告、管理会计信息化、价值链成本管理工具。

“21 企业管理会计报告”：企业运用管理会计方法，根据财务和业务的基础信息加工整理形成的，满足企业价值管理和决策支持需要的内部报告。企业管理会计报告工具是以财政部下发的《管理会计应用指引第801号——企业管理会计报告》为基础和依据编制的。该工具对兵器装备集团以及其下属成员企业的管理会计报告的实践经验与案例进行总结，按照可推广的原则，对其通用性内容进行提炼。企业管理会计报告工具后附望江工业“基于精益化决策的管理会计报告体系建设”和兵器装备集团摩托车部“管理会计报告的深度应用与实践”两个案例。

“22 管理会计信息化”：企业财务核算、业务处理和相关管理模块集成的信息化平台，系统涵盖企业主要经营管理信息，包括采购、库存、销售、生产制造、维修、财务核算等。管理会计信息化工具是以财政部下发的《管理会计应用指引第802号——管理会计信息系统》为基础和依据编制的。该工具结合兵器装备集团多年来管理会计信息化应用实践的成果，将价值创造的理念与其他管理会计工具的运用有机结合，为企业提供可借鉴的经验总结。管理会计信息化工具后附长江电工“信息化系统助推管理会计落地”、建设工业“管理会计信息系统建设实践”和华川工业“管理系统建设实践”3个案例。

“23 价值链成本管理”：以价值链管理和战略成本管理等理念为先导，以价值链分析和成本动因分析为手段，全面收集、分析和利用价值链上各环节的成本信息，通过推行和实施全价值链成本管理工具和方法，优化企业价值链，降低企业价值链上各环节成本，实现总成本最优，提升企业长期竞争优势。价值链成本管理工具内容丰富，涉及范围广，对应多个指引。价值链分析、竞争战略分析和成本动因分析等内容是以财政部《管理会计应用指引第100号——战略管理》为基础和依据编制的，设计成本管理是以财政部《管理会计应用指引第301号——目标成本法》为基础和依据编制的，制造成本管理是以财政部《管理会计应用指引第300号——成本管理》为基础和依据编制的，采购成本管理是以财政部《管理会计应用指引第400号——营运管理》为基础和依据编制的。价值链成本管理工具后附长安汽车“基于平台建设的汽车全价值链精细化成本管理”、长安工业“基于精益生产方式的特种产品企业计划与物流管理变革”、青山公司“产品全生命周期的全价值链成本管理”和华川电装“基于信息化的质量成本推进探索”4个案例，以及1个涉及价值链不同环节的小微案例集。

后续兵器装备集团将根据财政部管理会计应用指引的发布节奏，及时丰富完善兵装集团应用的管理会计工具方法。

兵器装备集团的管理会计实践虽然在国内开展较早，但相比国外先进企业依然有差距。这次，我们将这些年实践中应用有效的一些管理会计工具和成功案例，结合财政部《管理会计应用指引》的编排方式编撰成册。希望在兵器装备集团内部能够进一步深入推广，也希望与各界相关人士分享我们的经验，为国内管理会计发展贡献一点自己的力量。本套丛书的基础都是兵器装备集团的具体实践，仅是一家之言，难免有不当之处，恳请读者批评指正。

中国兵器装备集团有限公司副总经理、总会计师

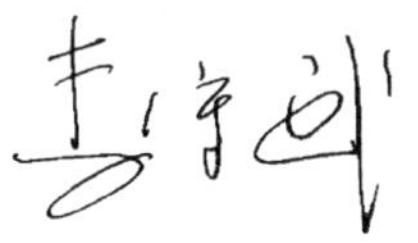

2018年5月

目　录

Contents

第六类

投融资管理类

第六类

投融资管理类

18

项目财务管理

第一章　管理会计工具——项目财务管理

为更好地应用财政部《管理会计应用指引第502号——项目管理》（以下简称“应用指引”），兵器装备集团结合最新的探索和实践，开发了项目财务管理工具，主要内容包括总则、应用环境、应用程序、工具方法评价等。

项目财务管理工具以应用指引为指导和依据。应用指引主要从总则、项目管理的基本程序、项目财务管理和项目管理的工具方法等方面进行规范和界定。项目财务管理工具主要介绍项目投资基础管理、固定资产项目财务决策评价、研发项目财务决策评价、项目财务预算管理和挣值法等。该工具主要应用于固定资产和研发投资的项目财务管理和以项目为生产组织模式的项目财务管理。

第一节　总　　则

企事业单位的项目投资具有投入资金多、投资周期长、经营风险大、外界不确定因素多和影响不可逆等特点。因此，在进行项目投资过程中要了解行业全生命周期，根据行业生命周期的不同特点选择合适的项目财务管理方法。

在新产品投入市场初期，创新企业拥有新技术的垄断优势，在行业中缺乏强有力的竞争对手，基本上可以控制产品市场，获得绝大部分市场份额，企业能轻松赚取高额利润。从第二阶段产品增长期开始，基于对高利润的追逐，具有较强技术研发能力的公司开始进行投资。新公司的生产投资必将引起市场产品供给的增加，产品边际利润便会减少。在第三阶段产品成熟期，越来越多的企业投资于相同产业，所有企业都只得到行业的平均利润，市场格局由寡头竞争转为完全竞争，产品边际利润进一步降低。到了第四阶段产品衰退期，创新企业早已不能满足于市场平均利润，便会开始新一轮的产品研发，以期继续保持其在行业的技术垄断优势。全生命周期如图 18 －1 －1 －1 所示。

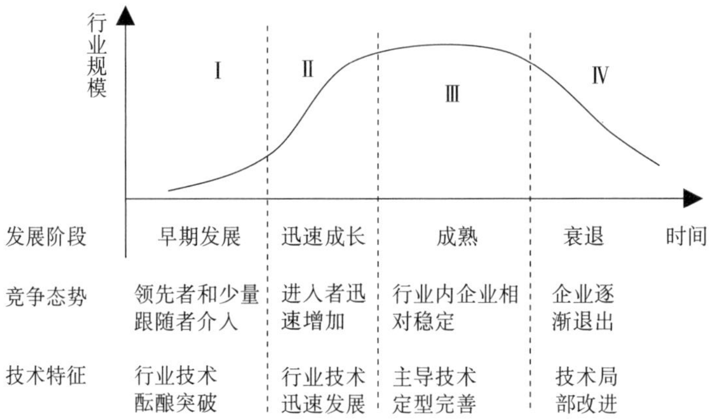

图 18 －1 －1 －1　全生命周期示意

一、定义

项目财务管理，是指基于项目全生命周期的项目财务活动的归口管理工作，是对项目营运过程中财务资源使用的全流程管理活动[①]。在项目营运过程中，企业应当重视并严格执行投资决策管理、项目预算管理、项目执行成本控制、项目会计核算、资金管理与项目结算等。企业可根据项目规模、周期、经费额度等指定专人负责上述工作，并参与项目论证与评估等工作。

二、功能目标

项目财务管理是否成功直接关系着企业的短期经济效益和未来长远发展，是企业基业长青最为重要的基础和前提之一。项目财务管理的失误可能会使一个企业陷入困境，甚至破产。因此，企事业单位特别是相关项目管理部门和主管领导应提高对项目财务管理重要性的认识，恰当把握项目投资时机，开展科学规范的项目财务决策评价，当好项目财务管理参谋，把好项目投资决策关，做好项目的财务预算和执行管理，提高项目效益，减少项目风险。

三、适用范围与注意事项

项目财务管理适用于兵装集团各企事业单位，要认识到项目财务管理的重要性，建立健全项目财务管理的决策机制，掌握固定资产投资决策和研发投资决策的关键决策环节，加强项目的预算和执行管理。企业投资管理部门，财务部、研发部等部门应阅读手册，清楚自身

① 财政部：《管理会计应用指引第 502 号——项目管理》。

在投资决策过程中应承担的职责，并掌握各项项目财务管理方法、工具和技术。

企业进行项目财务管理应着重做到以下几个方面：

第一，提高认识，建立健全决策机制。各企业特别是决策层应充分认识项目财务管理的重要性，把握投资时机，审慎投资，提高投资效益，控制投资风险，规范项目财务管理决策流程，明确项目财务管理权责，增加投资项目退出机制，及时应对环境变化，强化项目后评价和过程管理。

第二，协同配合，各部门共同参与。项目财务管理不是一个部门能够完成的，而是涉及工艺路线、技术标准、设备功耗、生产配置等多方面的系统工程，需要项目管理部门、财务部门、生产部门和其他相关部门协同配合。

第三，夯实基础，确保基础数据真实准确。项目财务管理决策基础数据的真实准确至关重要，某个数据的虚假或差错可能会影响财务决策评价结果，导致做出错误判断和决策，给企业造成无法挽回的损失。企业各部门在提供决策基础数据时要切合实际、客观谨慎，切忌“拍脑袋”，避免为了项目审批通过而主观捏造数据，保证项目财务决策的客观性和科学性。

第四，融会贯通，全面运用项目财务决策方法。项目财务管理的种类很多，项目财务管理工具仅对固定资产投资决策和研发投资项目财务管理进行较为详细的阐述，其他项目财务管理的评价原理基本相同，企业可触类旁通、借鉴应用。例如，在进行小型技改或工艺改进等项目财务管理时，可以参照固定资产项目财务管理评价方法，估算未来增量现金流，与投资总额进行比较，选取最优方案。

第二节 应用环境

一、组织架构

为了确保项目财务管理有序开展，企业在各职能部门建立健全项目财务管理的组织架构，明确各管理层级或管理部门在项目财务管理中的职责，组织有效开展项目前期调研、经济分析、投资决策、项目预算管理、项目管理和项目后评价等工作的职责划分和绩效管理工作。董事会和经理层一般是项目财务管理最高决策机构，财务部门是财务项目管理的预算、核算、评价和监督机构，计划部门和项目管理部门是项目财务管理的执行机构。

二、管理制度

企业应建立健全项目财务管理的制度体系，根据组织架构特点，设置能够满足项目财务管理活动所需的，由业务、财务、法律及审计等相关人员组成的项目财务管理委员会或类似决策机构，对重大项目财务管理事项和投资制度建设等进行审核，有条件的企业可以设置项目管理机构，组织开展项目管理工作。

三、信息化

在进行项目财务管理过程中要将信息化手段运用到项目预算和执行、项目财务决策、项目预算管理和执行、项目管理授权审批和项目后评价管理，建立投资决策评价模型开展项目投资决策评价，建立项目管理信息化系统开展项目预算管理、物流管理、项目进度管理、项目合同和项目审批管理，通过信息化管理确保项目管理按计划有序开展。

四、应用基础

企业要开展好投资决策应正确认识和处理投资决策与其他管理会计工具之间的关系。投资决策对企业成本的影响很大，且往往对结构性成本影响比较深远，一经形成很难改变。企业在开展投资决策时应充分评价其对成本的影响，提高投入产出比。此外，研发设计投资阶段决定了产品70%以上的成本，企业在此阶段应加大对产品目标成本的设计和控制。投资决策是企业资本性支出的重要来源，资本预算是全面预算管理的重点内容，企业应将投资决策作为全面预算管理的一项重要前提，确保资本预算项目有科学的投资决策作为依据和支撑。此外，企业还应深刻认识投资决策对 EVA 的双重影响，应以 EVA 能否提升为主要依据开展投资决策，多开展价值增值型投资。

第三节 应用程序

项目财务管理的应用程序主要包括项目投资决策基础管理、项目财务决策评价（含固定资产投资评价和研发项目投资评价）、项目财务预算管理以及项目财务管理的方法，项目管理的方法主要介绍挣值法的运用。项目投资管理是在内外部环境分析的基础上识别项目投资机会，经过项目财务决策评价确定投资项目，项目管理过程须做好项目财务预算管理和项目动态风险评估，确保项目投资实现预期效益。项目财务管理全过程如图 18-1-3-1 所示。

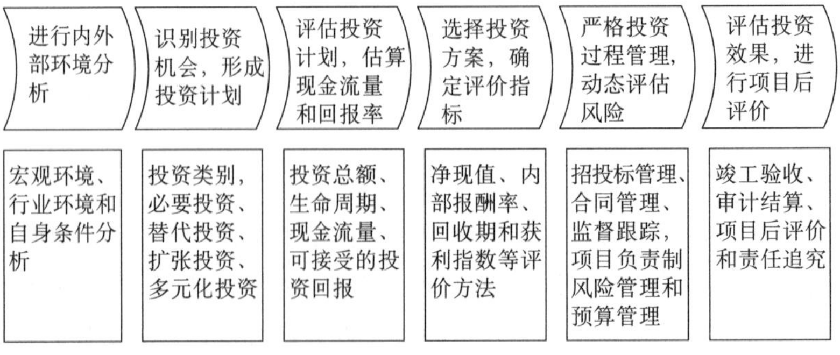

图 18-1-3-1 项目财务管理全过程

一、项目投资决策基础管理

（一）投资决策外部环境

企业所处的外部环境及其变化与企业的生存发展密切相关。企业外部环境主要是经济宏观环境和行业环境，分析外部环境可以使企业在项目投资过程中趋利避害，把握投资时机，减少投资风险。

1. 宏观环境分析。良好的宏观环境可以为企业注入强劲的政策动力和经济增长能量，为企业提供广阔的市场空间和众多的潜在投资机会，促进企业长远发展。

（1）政治环境。稳定、和平、自由市场经济的政治环境是投资的基础。进行投资时选择国家大力支持和重点扶持的行业和享受国家政策优先发展的区域，规避投资国家产业政策限制和重点调整的行业。

（2）经济环境。持续、稳定、快速的经济增长必将扩展市场空间，提高投资利润，增加投资机会。通过经济景气指数、国内生产总值（GDP）、采购经理指数（PMI）、居民消费价格指数 CPI 和失业率等经济指标判断经济处于繁荣期、衰退期、萧条期，还是复苏期。在复苏期和繁荣期，社会购买力强劲，技术革新加速，投资环境良好；衰退和萧条期要考虑延迟投资或退出投资。

（3）财政金融环境。存款准备金率保持较低水平和预期利率水平保持平稳或降低有利于减少资本成本和融资风险，增加投资收益；紧缩的货币政策将增加投资成本和财务风险。预期汇率水平保持平稳或适度贬值有利于增加出口，扩大市场需求，减少投资的经营风险。各种减税政策（所得税降低、增值税转型、出口退税降低、营业税改革等）能够拉动消费，扩大市场，减少投资成本、增加投资收益，降低投资风险。

2. 行业环境分析。行业环境分析，即通过分析所处行业环境，了解行业的生命周期、进入难易程度和行业调整等情况，发现行业的投资机会和投资风险。

（1）行业周期。通过行业的市场增长率、平均毛利率和竞争激烈程度，参考技术换代情况，可以识别出行业所处的生命周期阶段。当行业增长率和毛利率较高，竞争厂商不多时，行业处于成长期；当行业增长率保持平稳，毛利率下降和竞争激烈时，行业处于成熟期；当行业停止增长，利润微薄甚至亏损并且有新的替代技术或产品出现时，行业处于衰退期。企业在行业处于成长期和成熟期时介入或追加投资，追逐高增长、高利润带来的高投资回报。

（2）行业壁垒。行业壁垒是投资决策必须考虑的重要因素。行业壁垒一般可分为政策壁垒、技术壁垒、品牌壁垒、规模壁垒和资金壁垒等。企业在处于行业中时，要根据自身核心竞争力，结合所处行业的壁垒优势，加大投资，巩固行业地位，获取超额投资回报。企业要进入行业时，要充分评估自身实际情况和可以利用的外部资源，谨慎投资。

（3）产业结构和技术调整。企业要顺应产业结构调整和技术更新趋势，选择有潜力的产业和技术进行投资。随着世界经济的全球化、一体化，产业结构和技术更新表现为：产业结构由劳动密集型向资本密集型、技术知识密集型转变，由制造初级产品向制造中间产品、最终产品转变，由采用传统技术向采用智能自动化、生物工程、节能环保技术转变。

（二）投资决策内部环境

投资决策需要对企业内部的投资环境进行分析，包括企业的战略需求分析、SWOT 分析（优势 strengths、劣势 weaknesses、机会 opportunities、威胁 threats）、市场份额分析、自身盈利能力和筹集资金能力分析。

1. 战略需求。企业的总体战略明确了企业未来的发展方向、产品的市场定位和产品的盈利水平等，规划了企业投资项目决策的基调。企业的投资项目必须在总体战略指导下进行，投资既要符合企业未来的发展方向，又要体现企业在行业中的地位，更为重要的是在投资完成后，产品投入市场能够给企业带来预期收入，实现预期的利润目标。若投资与企业预期一致，可以在企业原有投资基础上追加投资，或在相关业务投资上实现资源共享，以实现企业产品和服务最优化，降低企业整体投资成本。

2. SWOT 分析。SWOT 分析可用矩阵表示，具体见图 18－1－3－2。

企业内部条件		企业外部环境	
优势	产权技术、成本优势、特殊能力、产品创新能力、规模经济、良好财务资源、高素质管理人员、行业领先者、良好客户关系、适应力强的经营战略	机会	纵向一体化、市场增长迅速、能争取新用户群、有进入新市场或市场面的可能、在同行业中竞争业绩优良、扩展产品线满足用户需要
劣势	战略方向不明、设备老化、竞争地位恶化、产品线范围太窄、技术开发滞后、营销水平低于同行、管理不善、战略实施历史记录不佳、不明原因导致利润率下降、资金紧张、相对高成本	威胁	市场增长较慢、竞争压力大、不利的政府政策、新的竞争者进入行业、替代产品销售额逐渐上升、用户需要转变、通货膨胀递增

图 18－1－3－2 SWOT 分析矩阵

3. 市场分析。市场分析是投资项目成功的关键，企业必须进行有效的市场分析。首先，企业需要通过网络查询、行业报刊和实地调查、潜在用户走访等方式，对商品的需求情况、流通渠道、经营形势、替代产品、竞争对手等方面进行详尽的市场调研，尽可能地取得完整、确切、及时的市场信息，以便获得正确的市场调研结论。其次，需要根据市场调研报告，正确运用科学的市场分析方法，对市场需求、市场供给、市场竞争、产品等内容进行分析，并对为实现产品生产、销售而开展的项目投资方案进行分析。

4. 筹资和盈利能力分析。企业筹措资金能力和盈利能力是进行投资的基础，过度投资会加重企业经营负担，导致资金链风险。企业要根据自身实际情况适度投资。在进行筹资和盈利能力分析时应考虑以下方面：

（1）销售净利率指标、权益报酬率指标，可以选取近 3 年的财务数据进行分析；一般要求 3 年盈利能力指标持续增长。

（2）资产负债率指标，资产负债率一般不宜超过80%，带息负债率不超过40%。

（3）现金支付能力指标：现金支付能力 = 上年末可动用的货币资金 + 上年末短期投资 - 上年末短期借款 + 本年度预算经营现金净流量 + 可随时使用的银行授信额度。现金支付能力一般要求不少于当年的应付投资额。

（4）投资项目资本金的出资比例一般不低于30%。

（三）投资机会把握

企业对投资机会的把握必须建立在对宏观环境分析的基础上，充分了解行业价值链和企业价值链形成的全过程，收集行业和产品信息，发现企业在价值链中的优势和劣势，结合企业的发展战略，挖掘投资机遇，通过对标管理和持续改进方法，实现资源配置的最优化与价值实现的最大化。投资机会分析见图18-1-3-3。

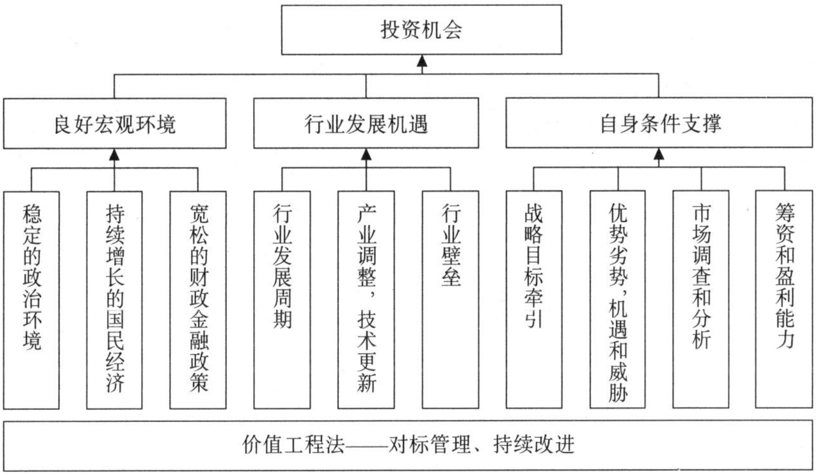

图18-1-3-3 投资机会分析

二、固定资产项目财务决策评价

投资项目假设基础数据是经济评价的依据，包括：生命周期、销量、价格、成本、投资总额等。基础数据根据项目实施内容和历史经验数值得出，分别由相关部门搜集整理。基础数据的真实、准确、可靠是经济评价有效的关键。

（一）投资项目经济评价部门职责

投资项目的经济评价要对投资总额、筹措资金、销售收入和成本费用进行预计，需要各个部门相互协助共同完成。各部门的职责如表18-1-3-1所示。

表 18－1－3－1　　各部门职责

部门	职责
销售部门	预测投资项目生命周期、销售价格、销售数量、应收账款周转率和销售费用
技术研发部门	预测产品的工艺流程、无形资产和材料消耗定额
人力资源部门	预测投资项目的人员配置、人工成本和工时定额
生产设备部门	预测项目建设和设备投资、低值易耗费、设备修理费用、安全消防环保费用和能源消耗
采购部门	预测材料采购价格、应付账款周转率和存货周转率
财务部门	预测项目的资金筹措、流动资金、财务费用、管理费用、折旧摊销、税金和生产成本，并负责项目经济评价

（二）投资项目经济评价体系

投资经济评价体系主要是在各种经济假设的基础上，对投资项目进行财务效益估算，并通过投资现金流量，得出各种贴现类和非贴现类经济评价指标。首先估算营业收入、建设投资和经营成本等，然后推算出流动资金、税金、折旧和变动固定成本，最后得出项目投资的财务报表和投资现金流量，以此为基础，计算投资内部收益率、净现值和会计报酬率等经济评价指标，分析投资项目的经济可行性。投资项目经济评价体系见图 18－1－3－4。

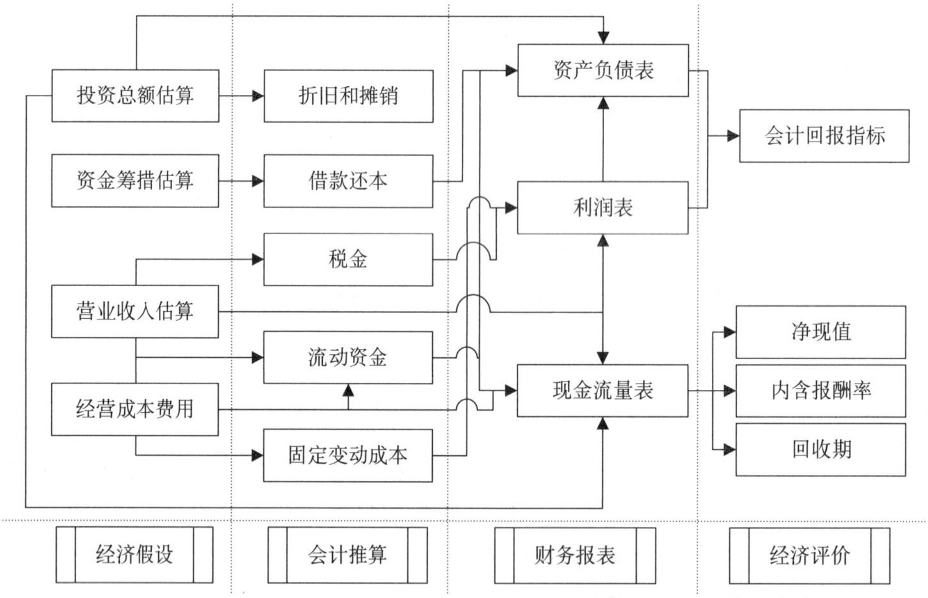

图 18－1－3－4　投资项目经济评价体系

1. 成本费用估算。成本费用的估算采用“成本要素法”，成本要素的内容同会计定义内涵一致。估算的基础是产品的消耗定额、设备的功率、人员的配置及同类型企业的经验数据等。

（1）估算成本费用时需要将基础数据与历史数据和经验数据进行比较，对于差异比较大的情况进行备注说明（见表 18－1－3－2 和表 18－1－3－3）。

表 18－1－3－2 直接成本要素估算对比

序号	成本要素	估算值	历史/经验值	差异（%）	说明	责任部门
1	材料消耗定额					
2	材料价格					
3	能源消耗定额					
4	能源价格					
5	人员配置					
6	人工成本					
7	利率					
8	……					

表 18－1－3－3 费用要素估算对比

序号	费用要素	估算值	历史/经验值	差异（%）	说明	责任部门
1	制造费用小计					
2	工资					
3	折旧费					
4	修理费					
5	物料消耗					
6	低值易耗品					
7	劳动保护费					
8	动力费					
9	其他					
10	销售费用小计					
11	工资					
12	差旅					
13	广告					
14	运输					
15	其他					
16	管理费用小计					
17	工资					
18	折旧					
19	办公费					
20	差旅费					
21	保险费					
22	运输费					
23	税金					
24	业务招待费					
25	会议会					
26	排污费					
27	其他					

（2）总成本费用估算过程。总成本费用的估算即在成本估算数据基础上计算出投资项目的直接材料费、直接燃动费、直接人工费、制造费用、销售费用、财务费用和管理费（见图 18－1－3－5 和表 18－1－3－4）。

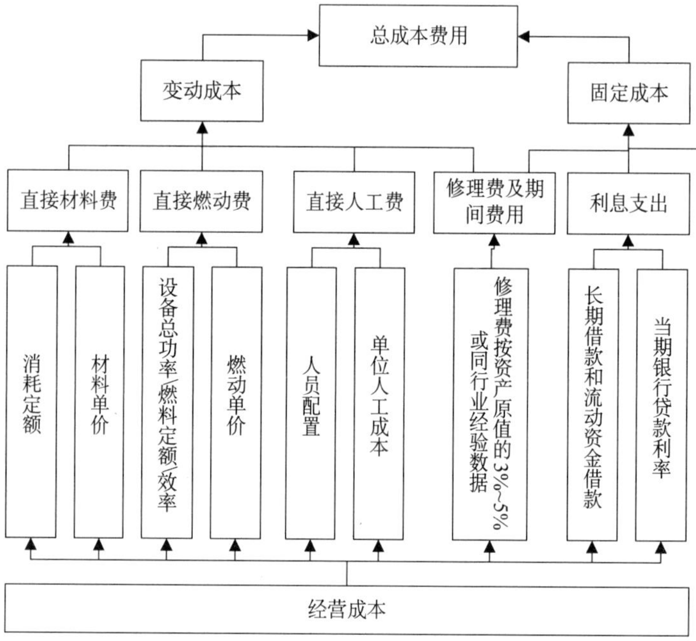

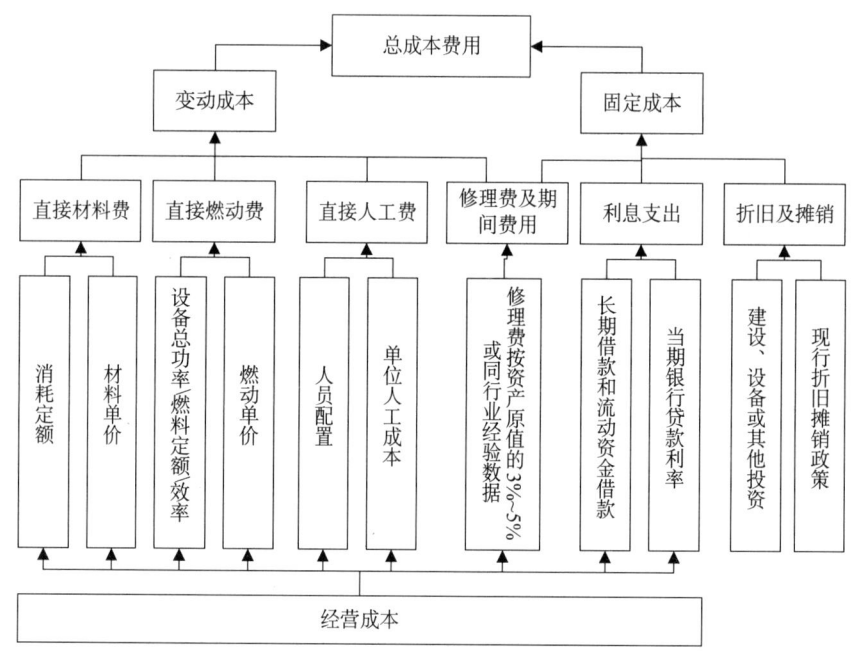

图 18－1－3－5 成本费用计算过程

表 18－1－3－4 成本费用估算

序号	项目	合计	计算期			
			××××年	××××+1 年	××××+2 年	××年
1	生产成本					
1.1	直接材料费					
1.2	直接燃料及动力费					
1.3	直接人工费					
1.4	制造费用					
1.4.1	折旧费					
1.4.2	修理费					
1.4.3	其他制造费					
2	管理费用					
2.1	无形资产摊销					
2.2	其他资产摊销					
2.3	其他管理费用					
3	财务费用					
3.1	利息支出					

续表

序号	项　　目	合计	计算期			
			××××年	××××+1年	××××+2年	××年
3.1.1	长期借款利息					
3.1.2	流动资金借款利息					
3.1.3	短期借款利息					
4	营业费用					
5	总成本费用合计(1+2+3+4)*					
5.1	其中：可变成本					
5.2	固定成本					
6	经营成本（5－1.4.1－2.1－2.2－3.1）*					

注：* 表示该项数据的计算方法为括号内各项数字序号对应的数值进行运算。

2. 营业收入及税金估算。进行营业收入预测时一般可以参考国际同类产品的进口价格和国内同类产品价格。为了简化计算，在不出现重大变化情况下，预测只进行到建设期初，以后采用不变价格，出于谨慎性考虑，一般销售收入按设计纲领的70%进行预测。

（1）基础数据的估算见表18－1－3－5。

表18－1－3－5　　　营业收入及税金基础数据估算

序号	项目	估算值	历史/经验值	差异（%）	说明	责任部门
1	销售数量					
2	销售价格					
3	各种税率					
4	……					

（2）营业收入及税金估算过程见图18－1－3－6和表18－1－3－6。

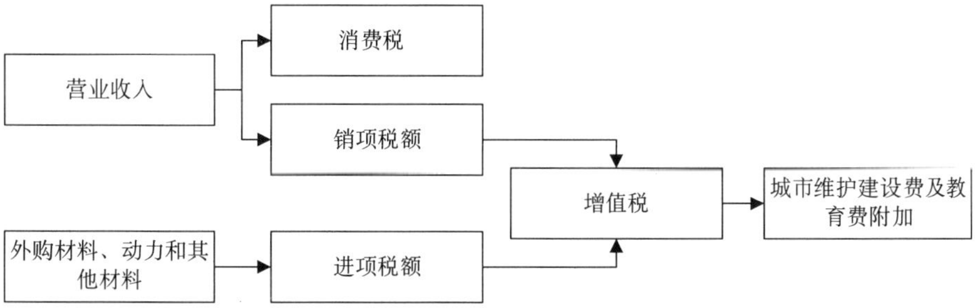

图18－1－3－6　营业收入及税金估算过程

表 18-1-3-6　　营业收入、税金及附加、增值税的估算表

序号	项目名称	合计	计算期（年）			
			××××年	××××+1年	××××+2年	××年
1	营业收入					
2	税金及附加					
2.1	消费税					
2.2	城市维护建设费					
2.3	教育费附加					
3	增值税					
3.1	销项税					
3.2	进项税					

3. 流动资金估算。建设项目投资时要对铺底流动资金进行估算，主要是对项目的流动资产和流动负债进行预计。预计的方法是参考同行业平均周转率或按部门（行业）规定。在确定最低周转天数时，应考虑储存天数、在途天数，并考虑适当的保险系数。

（1）基础数据的估算情况见表 18-1-3-7。

表 18-1-3-7　　流动资金基础数据估算表

序号	项目	估算值	历史/经验值	差异（%）	说明	责任部门
1	应收账款周转率					
2	存货周转率					
3	现金周转率					
4	应付账款周转率					
5	……					

（2）流动资金估算过程见图 18-1-3-7 和表 18-1-3-8。

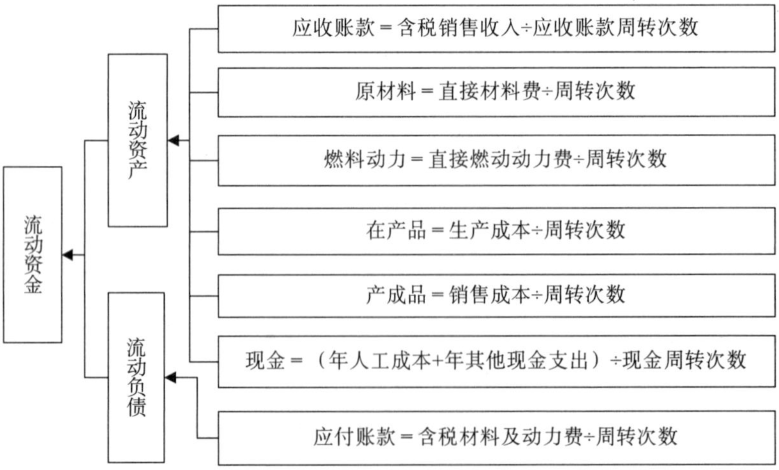

图 18-1-3-7　流动资金计算过程

表 18－1－3－8　　流动资金估算表

序号	项　目	周转次数	计算期			
			××××年	××××+1年	××××+2年	……
1	流动资产					
1.1	应收账款					
1.2	存货					
1.2.1	原材料					
1.2.2	燃料动力					
1.2.3	在产品					
1.2.4	产成品					
1.3	现金					
2	流动负债					
2.1	应付账款					
3	流动资金（1－2）*					
3.1	其中：铺底流动资金					
3.2	流动资金贷款					
4	流动资金当期增加额					

注：* 表示该项数据的计算方法为括号内数字序号对应的各项数值进行运算。

铺底流动资金是指在项目启动的全部流动资金中企业应当自筹的最少流动资金，按照国家有关规定要求不低于全部流动资金的30%。

4. 项目现金流量估算。现金流量指投资项目在各个时间点上实际发生的资金流入和流出。根据流动资金估算、营业收入估算、成本费用估算和会计利润计算的基础数据可以得出各期的现金流入和流出金额。现金流量估算按照融资前分析和融资后分析可分为3类。

（1）项目投资现金流量估算，包含全部投资（资本金和借款）所产生的净现值、内涵报酬率和回收期，是对项目融资前盈利能力和整个投资的可行性评价。

在估算时要注意：第一，"调整所得税"为以息税前利润为基数计算的所得税，区别于"利润与利润分配表""项目资本金现金流量表"和"财务计划现金流量表"中的所得税。第二，"建设投资"不含建设期利息（见表18－1－3－9）。

表 18－1－3－9　　项目投资现金流量表

序号	项　目	合计	计算期			
			××××年	××××+1年	××××+2年	……
1	现金流入					
1.1	营业收入					
1.2	回收固定资产余值					
1.3	回收流动资金					
2	现金流出					
2.1	建设投资					

续表

序号	项　　目	合计	计算期			
			××××年	××××+1年	××××+2年	……
2.2	流动资金					
2.3	经营成本					
2.4	税金及附加					
2.5	维持运营投资					
3	所得税前净现金流量（1－2）*					
4	累计所得税前净现金流量					
5	调整所得税					
6	所得税后净现金流量（3－5）*					
7	累计所得税后净现金流量					
计算指标：						
项目投资财务内部收益率（%）（所得税前）						
项目投资财务内部收益率（%）（所得税后）						
项目投资财务净现值（所得税前）（i_c =　%）						
项目投资财务净现值（所得税后）（i_c =　%）						
项目投资回收期（年）（所得税前）						
项目投资回收期（年）（所得税后）						

注：* 表示该项数据的计算方法为括号内数字序号对应的各项数值进行运算。

计算财务内部收益率和财务净现值时可以通过 EXCEL 表中的 IRR 和 NPV 两个函数得出。计算 NPV 时需要给出可接受的回报率 i 的值。投资回收期可以根据内插法得出。

（2）项目资本金现金流量估算，包含项目的资本金投入带来的净现值、内涵报酬率和回收期，是对项目融资后盈利能力的评价。与融资前财务效果评价不同的是，这项指标考虑了包括融资结构、借贷资金的偿还方式和利率等对资本金收益的不同影响。

在项目投资现金流估算中不需要考虑借款流入的现金，同时在建设投资时只考虑项目资本金。所得税为会计所得税，不进行调整（见表 18－1－3－10）。

表 18－1－3－10　　　　项目资本金现金流量表

序号	项　　目	合计	计算期			
			××××年	××××+1年	××××+2年	……
1	现金流入					
1.1	营业收入					
1.2	补贴收入					
1.3	回收固定资产余值					

续表

序号	项　目	合计	计算期			
			××××年	××××+1年	××××+2年	……
1.4	回收流动资金					
2	现金流出					
2.1	项目资本金					
2.2	借款本金偿还					
2.3	借款利息支付					
2.4	经营成本					
2.5	税金及附加					
2.6	所得税					
2.7	维持运营投资					
3	净现金流量（1－2）*					
计算指标：						
资本金财务内部收益率（%）						

注：* 表示该项数据的计算方法为括号内数字序号对应的各项数值进行运算。

（3）投资各方现金流量估算。投资各方的现金流量估算是以投资方投入的资本、分配的收益和其他的权益性流入流出现金评价投资收益（见表18－1－3－11）。

表18－1－3－11　　投资各方现金流量表

序号	项　目	合计	计算期			
			××××年	××××+1年	××××+2年	……
1	现金流入					
1.1	实分利润					
1.2	资产处置收益分配					
1.3	租赁费收入					
1.4	技术转让或适用收入					
1.5	其他现金流入					
2	现金流出					
2.1	实缴资本					
2.2	租赁资产支出					
2.3	其他现金流出					
3	净现金流量（1－2）*					
计算指标：						
投资各方财务内部收益率（%）						

注：* 表示该项数据的计算方法为括号内数字序号对应的各项数值进行运算。

该表可按不同投资方分别编制。实际利润是指投资者由项目实际获取的自身利润。资产处置收益分配是指在项目期满时对资产余值按股比或约定比例的分配金额。租赁费收入是指出资方将自己的资产租赁给项目使用所获得的收入，此时的资产价值作为现金流出，列为租赁资产支出科目。技术转让或适用收入是指出资方将专利或专有技术转让或允许该项目使用所获得的收入。

（三）投资决策经济评价指标

在进行投资决策评价时有非贴现类评价指标（静态评价）和贴现类评价指标（动态评价）。非贴现类评价指标有投资回收期和投资报酬率等，贴现类评价指标有净现值和内部收益率等。EVA 作为企业经济效益的评价指标，在投资决策中的分析评价作用也日趋被重视。各类评价指标的优缺点及评价标准见表 18－1－3－12。

表 18－1－3－12　　评价指标优缺点及评价标准

指标类别	评价指标	优缺点	评价标准
非贴现类指标	投资回收期	没有考虑时间价值，考虑了现金流量，简单易懂，便于理解，但未考虑整个生命周期的项目现金流量	PP≤要求回收期
	总投资收益率	没有考虑资金时间价值和现金流量，反映了投资项目的资金利用效率，有利于投资项目产业的横向比较	ROI≥行业平均收益率
	项目资本金净利润率	没有考虑资金时间价值，没有考虑现金流量，反映了资本金的投资报酬率，有利于评估投资结构对资本金的影响	ROE≥要求回报率
	利息备付率	没有考虑资金时间价值，没有考虑现金流量，反映了项目盈利对利息的保障能力	ICR≥1
	偿债备付率	没有考虑资金时间价值，没有考虑现金流量，反映了投资项目的还本付息保障能力	DSCR≥1
贴现类指标	净现值	考虑了时间价值，考虑了项目生命周期的整个现金流量，当出现互斥方案指标有差异时，以净现值为准	NPV≥0
	内含报酬率	考虑了时间价值，考虑了现金流量，能够反映项目生命周期内的项目收益率，仅有唯一数值，便于比较	IRR≥预期报酬率

1. 非贴现类指标。

（1）投资回收期（PP），指自投资方案实施起至收回初始投资所需的时间，也是能够使累计现金流入量等于累计现金流出量的时间。优点是计算简便、直观，回收期的长短也是风险大小的一种标志；缺点是没有考虑到时间价值，对于项目中后期有丰厚回报的项目无法判断。

计算方法：根据每年年末尚未收回的投资额来确定。假设初始投资在第 n 年和第 n＋1 年之间收回：

$$\text{投资回收期} = n + \frac{\text{第 n 年末尚未收回的初始投资额}}{\text{第 n+1 的 NCF}}$$

（2）总投资收益率（ROI），表示总投资的盈利水平，指项目达到设计能力后正常年份的年息前税前利润或运营期内年平均息税前利润（EBIT）与项目总投资（TI）的比率。总投资收益率的计算方法为：

$$ROI = \frac{EBIT}{TI} \times 100\%$$

总投资收益率高于同行业的收益率参考值，表明用总投资收益率表示的盈利能力满足要求。

（3）项目资本金净利润率（ROE），表示项目资本金的盈利水平，指项目达到设计能力后正常年份的年净利润或运营期内年平均净利润（NP）与项目资本金（EC）的比值。项目资本金净利润率的计算方法为：

$$ROE = \frac{NP}{EC} \times 100\%$$

项目资本金净利润率高于投资资本的要求回报率，表明用项目资本金净利润率表示的盈利能力满足要求。

（4）利息备付率（ICR），指在借款偿还期内的息税前利润与应付利息的比值。它从付息资金来源的充裕性角度反映项目偿付债务利息的保障程度，计算方法如下：

$$ECR = \frac{EBIT}{PI} \times 100\%$$

利息备付率应分年计算。利息备付率高表明利息偿付的保障程度高。利息备付率应当大于1。

（5）偿债备付率（DSCR），指在借款偿还期内用于计算还本付息的资金（EBITDA - TAX）与应还本息金额（PD）的比值。它表示可用于还本付息的资金偿还借款本息的保障程度，计算方法为：

$$DSCR = \frac{EBITDA - TAX}{PD} \times 100\%$$

式中，EBITDA 为息税前利润加折旧和摊销；TAX 为企业所得税。

偿债备付率应分年计算，偿债备付率高，表明可用于还本付息的资金保障程度高。偿债备付率应大于1。

2. 贴现类指标。

（1）净现值（NPV，Net Present Value），指在方案的整个实施运行过程中，所有现金净流入年份的现值之和与所有现金净流出年份的现值之和的差额。在计算净现值时需要设定一个预定的报酬率指标。优点是考虑项目整个生命期的经济数据，全面反映项目的经济效益。

预定的报酬率有以下确定方法：以投资项目的资本成本作为折现率，则净现值表示按现值计算的该项目的全部收益或损失；以投资项目的机会成本作为折现率，则净现值表示按现值计算的该项目比已放弃方案多或少获得的收益；以行业平均资金收益率作为折现率，则净现值表示按现值计算的该项目比行业平均收益水平多（或少）获得的收益。

计算公式为：

$$NPV = \sum_{t=1}^{n} \frac{NCF_t}{(1+k)^t} - C$$

其中，NCF 为年净现金流量，K 为预定的报酬率，T 为投资期，C 为初始投资。

（2）内部报酬率（IRR），反映方案本身实际达到的报酬率，是整个方案的实施运行过程中，当所有现金净流入年份的现值之和与所有现金净流出年份的现值之和相等时的报酬率。计算公式为：

$$\sum_{t=1}^{n} \frac{NCF}{(1+r)^t} - C = 0$$

3. 经济增加值评价指标（EVA），是由美国斯特思·斯图尔特咨询公司提出的一种业绩评价与激励系统，便于经营者指导公司的资源配置。EVA 是税后经营利润减去债务成本和股本成本后的剩余收入，在对投资项目进行评价时有条件的企业可以通过计算项目的 EVA 值对项目的可行性进行分析评价。计算公式为：

EVA ＝税后营业利润－资本成本

$$= \sum_{n=1}^{n}（税后净利润 + 利息支出）- 投资总额 \times 资本成本率$$

资本成本率的确定可以是兵装集团的分类资本成本率，也可以是项目的资金成本。项目 EVA 值反映的是项目本身除去资金成本给投资者带来的回报，该值大于零是项目最低的要求报酬。

【例】 企业经常会遇到旧设备价值低、生产效率低、维护成本高、能耗高，新设备投资成本高、生产效率高、能耗低的情况。用新设备替换旧设备需要一笔很大的开支，难以决策。在设备带来的收入能够准确估计的情况下，可以通过计算年净现金流量进行比较分析；若不能准确预估收入，可以比较年均成本，选择年成本最低的项目。下面进行具体分析（见表 18－1－3－13、表 18－1－3－14）：

表 18－1－3－13　　某公司新旧设备主要经济技术参数

经济技术指标	初始投资（元）	可使用年限（年）	年产量（米）	价格（元/米）	单位材料成本（元/米）	单位废品损失（元/米）	单位能源消耗（元/米）	单位人工费用（元/米）	年设备维护费（元）
旧设备	30 000	5	200 000	6.3	3	0.6	1	0.9	5 000
新设备	230 000	10	220 000	6.3	2.9	0.55	0.9	0.8	3 000
提高率	—	—	10.00%	—	－3.33%	－8.33%	－10.00%	－11.11%	－40.00%

注；折旧按使用期内直线折旧法，设备无残值。

表 18-1-3-14　　净现金流量计算　　单位：元

比较项目		投资	第 1~5 年	第 7~10 年
新设备	销售收入		1 386 000	1 386 000
	付现成本		1 136 000	1 136 000
	折旧		23 000	23 000
	利润总额		227 000	227 000
	所得税（25%）		56 750	56 750
	净利润		170 250	170 250
	净现金流量	-230 000	193 250	193 250
旧设备	销售收入		1 260 000	
	付现成本		1 105 000	
	折旧		5 000	
	利润总额		150 000	
	所得税（25%）		37 500	
	净利润		112 500	
	净现金流量	-30 000	117 500	

由于新旧设备的使用年限不同，可以通过计算年均现值来对两个项目进行比较（可接受回报率 10%）。

第一步，先计算新旧设备的净现值：

$NPV_{旧} = -23\ 000 + 117\ 500 \times PVIFA_{10\%,5} = 377\ 652.22$（元）；

$NPV_{新} = -30\ 000 + 193\ 250 \times PVIFA_{10\%,10} = 870\ 397.81$（元）。

第二步，计算年均净现值：

旧设备年净现值 $= NPV_{旧} \div PVIFA_{10\%,5} = 99\ 618.10$（元）；

新设备年净现值 $= NPV_{新} \div PVIFA_{10\%,10} = 141\ 643.26$（元）。

结论：新设备的年均净现值高于旧设备的净现值，用新设备替换旧设备可产生更多现金流，方案可行。

（四）投资决策评价风险分析

投资决策所利用评价的基础数据出现预测误差时，即存在着不确定性，这就使投资评价会偏离预期目标。因此，需要对项目进行不确定性分析和风险分析，发现潜在的不确定性因素和风险因素，以加强风险控制，提高项目的经济效益。

集团公司对于不确定性和敏感性分析的要求：一是盈亏平衡点一般不高于 80%，市场需求波动比较大的投资项目应要求这一指标低于 60%。二是敏感性分析一般选取销售价格、经营成本、销售数量 3 个单因素变化对项目财务内部收益率的影响。选取的因素变动范围通常为 ±5%、±10%、±15%、±20%，当单个因素变动幅度超过 20%，财务内部收益率低于同期贷款一年期基准利率，则抗风险能力弱。三是要求企业对项目进行动态风险分析，在项目建设前和建设中要充分评价内外部环境变化对项目经济评价的影响，判断项目是否正常建设、抓紧建设、扩大缩小建设或放弃建设。

1. 投资项目盈亏平衡分析。盈亏平衡分析是指通过计算项目达产年的盈亏平衡点，分析项目成本和收入的平衡关系，从而判断项目的保本产出数量的抗风险能力。

【例】 盈亏平衡分析以项目达产期数据为基础进行，该年总成本费用 6 676 万元，可变成本 5 111 万元，固定成本 1 565 万元，年营业收入 8 550 万元，年税金及附加为 62 万元。根据上述数据计算项目盈亏平衡点如下：

$$\text{BEP(利用率)} = \frac{\text{年固定总成本}}{\text{年营业收入} - \text{年可变成本} - \text{营业税金及附加}} \times 100\%$$

$$= 46.34\%$$

根据计算数据绘制的盈亏平衡分析情况见图 18－1－3－8。

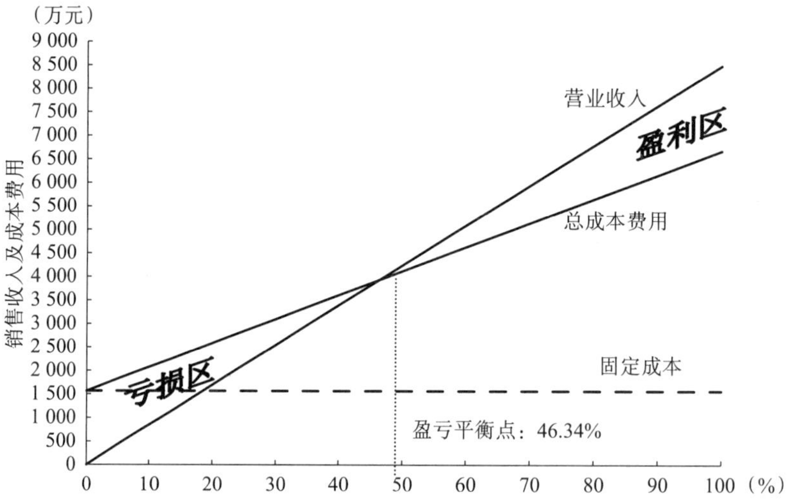

图 18－1－3－8　盈亏平衡分析

盈亏平衡分析表明，该项目生产能力只需达到设计规模的 46.34%，企业就可以保本，说明项目具有一定的抗风险能力。

2. 投资项目敏感性分析。敏感性分析旨在考察项目不确定因素的变化对项目评价指标的影响程度，是初步识别风险因素的手段。通常分析全部投资的内部收益率指标对产品产量、产品价格、主要原材料或动力价格、固定资产投资、建设工期等影响因素的敏感程度。

【例】 某项目在计算期内可能发生变化的因素有销售数量、经营成本、产品价格。上述各单因素变化 ±5%、±10%、±15%、±20% 时对项目财务内部收益率的影响程度见表18－1－3－15。

$$\text{其中：敏感度系数} = \frac{\Delta\text{内部收益率} \div \text{内部收益率}}{\Delta\text{不确定因素} \div \text{不确定因素}}$$

根据敏感性分析表所示数据绘制敏感性分析图，如图 18－1－3－9 所示。

从敏感性分析表和分析图可以看出，项目对上述各单因素变化的敏感程度从高到低依次为产品价格、经营成本和销售数量。

表 18－1－3－15　　　　敏感性分析表

序号	项　目	不确定因素变化率（%）	项目财务内部收益率（%）	敏感度系数
	基准收益	—	6. 5	—
	基本方案	—	30. 40	—
1	销售数量	－20	21. 89	1. 4
		－15	24. 15	1. 37
		－10	26. 42	1. 31
		－5	28. 67	1. 14
		5	33. 18	1. 83
		10	35. 45	1. 66
		15	37. 70	1. 6
		20	39. 95	1. 57
2	经营成本	－20	47. 97	－2. 89
		－15	44. 58	－3. 11
		－10	39. 92	－3. 13
		－5	35. 19	－3. 15
		5	25. 54	－3. 2
		10	20. 58	－3. 23
		15	15. 49	－3. 27
		20	10. 28	－3. 31
3	产品价格	－20	3. 53	4. 42
		－15	10. 38	4. 39
		－10	17. 30	4. 31
		－5	23. 96	4. 24
		5	36. 68	4. 13
		10	42. 83	4. 09
		15	48. 87	4. 05
		20	54. 11	3. 9

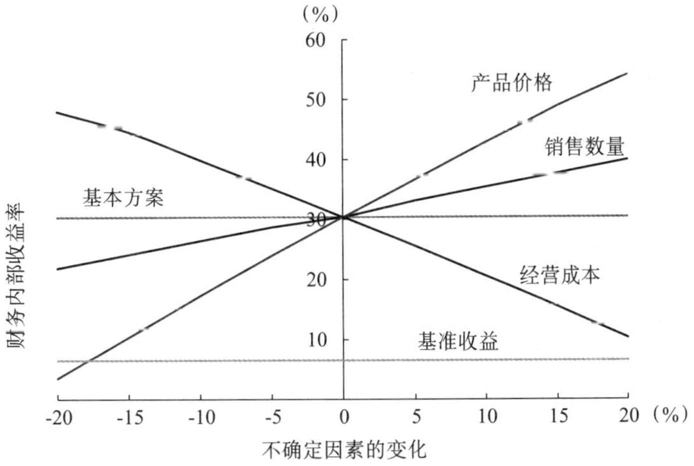

图 18－1－3－9　财务敏感性分析图

在项目可行区域内，允许经营成本增加幅度为 31. 36%，产品价格下降幅度为 23. 35%，表明产品价格和经营成本的变化对财务内部收益率的影响较大，销售数量的变化对该项目的财务内部收益率的影响不大。

敏感性分析表明产品价格是最敏感的因素，当售价降低 18.24% 时，项目内部收益率就降至设定的基准收益率。但分析发现，该产品市场正处于上升期，在相当长的时间内产品降价的可能性较小，而且产品降价，原材料价格也会下降，可抵消部分降价损失，因此可以做出虽然产品价格是较为敏感的因素，但该项目价格风险并不是很大的结论。上述敏感性分析表明，项目具有一定的抗风险能力。①

3. 投资项目建设动态风险评估。投资决策建立在一系列经济假设的基础上，具有典型的不确定性特点。政治、经济、技术、政策、市场等处于不断发展变化之中，企业应该动态评估，当项目在建设前或建设中某些基础假设偏离了原有弹性范围，发生重大变化，不足以支撑投资决策时，企业就应该重新进行投资评估并提出措施建议。

投资项目风险管理贯穿于项目整个生命周期。项目风险管理程序是：风险形势评估、风险识别、风险分析、风险控制（见图 18－1－3－10）。

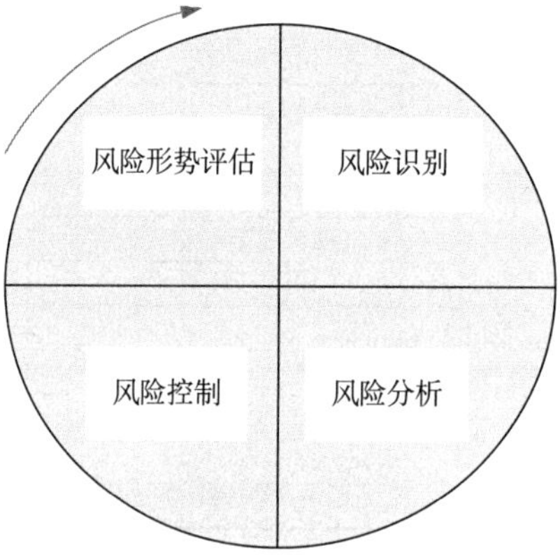

图 18－1－3－10 风险评估过程

投资项目在建设前和建设过程中，企业应该动态关注以下风险对投资项目的影响程度并做出判断分析（见表 18－1－3－16）。

表 18－1－3－16

类别	项目	发生概率	分析评价	措施建议
国内外政治风险	政权更迭、战争发生、恐怖活动、政局的不稳定			
政策风险	政府补贴政策取消、反倾销诉讼、产业政策限制、环保标准提高、产品材料进出口限制、税收负担上升			
经济风险	财政债务危机、经济衰退、通货膨胀严重、生产物资价格大幅上涨			

① 该分析是在回归分析基础上得出的数据。

续表

类别	项目	发生概率	分析评价	措施建议
金融风险	汇率持续上升、利率上涨、银根紧缩、担保贷款困难			
人文风险	民众反对、意识形态变化、错误纰漏严重			
技术风险	技术过于超前、替代品快速出现、技术落后、技术不成熟			
市场风险	需求萎缩、竞争者众多、产品价格下滑、原材料价格上涨、利润下降			
自身经营风险	发生亏损、项目自筹资金不到位、债务危机、经营风险			

注：①发生概率可以分为：较低、低度、中度、高度、肯定发生。

②分析评价是指事件的发生对投资项目影响程度的评估。

③措施建议可以分为按原计划建设、缩小或扩大建设、加紧建设、延迟建设、暂停建设和放弃建设。

三、研发项目财务决策评价

（一）研发项目财务评价概述

1. 研发投资的两个阶段：研究阶段和开发阶段。研究阶段发生的费用主要是进入当期的损益。开发阶段一般进行资本化处理。本工具指的研发项目投资主要是研究进入开发阶段的投资项目管理和经济评价。

研究阶段，指为获取新的技术和知识等进行有计划调查的阶段。研究阶段是探索性的，为进一步开发活动进行资料及相关方面的准备，已进行的研究活动将来是否会转入开发，开发后是否会形成无形资产等均具有较大的不确定性。比如，意欲获取知识而进行的活动，研究成果或其他知识的应用研究、评价和最终选择，材料、设备、产品、工序、系统或服务替代品的研究，新的或经改进的材料、设备、产品、工序、系统或服务的可能替代品的配制、设计、评价和最终选择等，均属于研究活动。

开发阶段。相对于研究阶段而言，开发阶段应当完成研究阶段的工作，在很大程度上已具备形成一项新产品或新技术的基本条件。比如，生产前或使用前的原型和模型的设计、建造和测试，含新技术的工具、夹具、模具和冲模的设计，不具有商业性生产经济规模的试生产设施的设计、建造和运营，新的或经改造的材料、设备、产品、工序、系统或服务所选定的替代品的设计、建造和测试等，均属于开发活动。

2. 经济分析方法。研究开发是企业在激烈的市场竞争中求得生存和发展的重要手段，研究开发费用在企业的销售收入中所占比例逐年提高。研究开发具有较大的不确定性，企业仅在研究开发获得成功的时候进行下一步的商业化投资，故研发投资的财务决策分析显得尤为重要。企业应当结合采用预算控制分析法、目标成本分析法、市场预测分析法、预期收益分析法、现金流量折现法和实物期权法来加强研发成本管理和研发投资经济性评价。

（二）研发项目成本管理

1. 研发项目组。企业开展研发工作要成立研发项目组，负责研发项目的技术可行性和经济可行性分析，并组织开展研究开发工作、项目预算管理和目标成本管理。研发项目组应该包括市场、采购、工艺、技术、质量和财务等人员（见图18－1－3－11）。市场负责人主要负责研发项目产品细分市场定位、市场预测、价格目标制定和市场开拓；采购负责人主要负责材料询价、委外联系以及研发过程中与供应商的同步开发协调工作；研发工艺负责人主要负责研发项目的总体设计、技术选型、工艺方案、试验试制等项目研发工作；财务负责人主要负责研发项目投资的经济评价和总预算审核，以及费用报销、归集管理工作，同时负责项目的目标成本管理，确保产品成本占比的合理性。

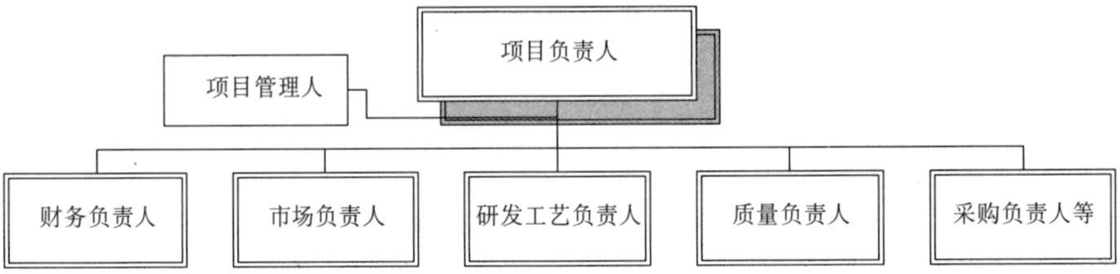

图18－3－11　研发项目人员组成情况

2. 研发项目成本控制流程（见图18－1－3－12）。

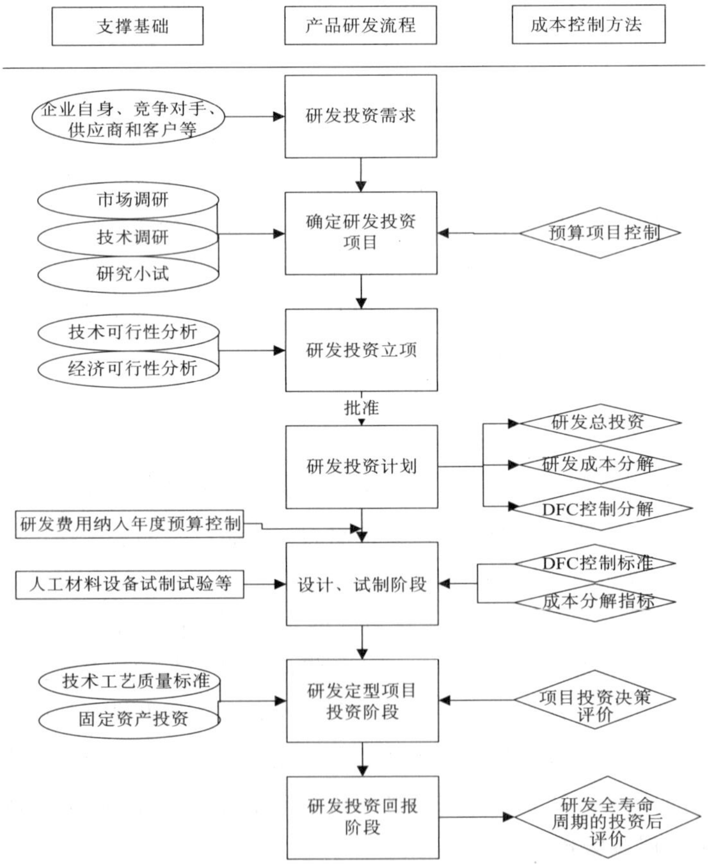

图18－1－3－12　研发项目成本控制关键节点

3. 研发项目财务投资成本管理。进行研发投资成本管理要做好研发投资成本控制和单位产品的目标成本控制，在研发计划确定的研发投资总额和目标成本的基础上，通过预算控制和目标成本控制方法进行成本管理。

（1）研发投资，主要指企业为提高产品质量、性能，降低产品成本，开发新产品等研究开发项目所投入的工资、水电、差旅、材料、折旧、委外研究和工装模具等成本费用。对于研发投资要进行预算管理，将研发总投资分解到项目的构成部分，形成分部件、分成本项目的研发投资预算控制表。

经批准立项的研发投资纳入全面预算管理，将研发总投资进行分解确定各部分的研发投资成本（见表 18－1－3－17，表 18－1－3－18）。

表 18－1－3－17　研发投资项目明细

研发项目名称：

序号	构成部件	研发投入成本	单位材料目标成本控制指标	责任人
1	部件 1			
2	部件 2			
3	……			
	合计			

表 18－1－3－18　研发投资项目部件明细

构成部件：部件 1

序号	研发部件明细项目	工资	办公费	调研费	委外研究	差旅费	试验费				
							人工成本	材料	动力	工装	制造费用
1											
2											
3											
4											
5											
	部件小计										

（2）研发产品目标成本，指根据成本效益原则，确定研发产品制造成本。在研制阶段要考虑到成本因素选择材料、工艺和质量等。在进行研发过程中应注意：一是产品易于制造，研发的生产工艺技术流程在保证预期功能和特性的基础上，尽可能减少材料的消耗和生产制造成本，材料尽量选用通用的，或模块化的零部件。二是设计阶段要求供应商广泛参与，与供应商结成战略联盟；在采购上，改变过去的采购成本最低的观念，应考虑整个生产成本过程成本最低和产品的整个生命周期内的成本最低。三是运用价值工程的方法。价值工程的核心是：性价比 = 价值/成本。需要设计人员对所有功能进行分解，并了解支持功能的材料和生产活动，以产品功能为核心，进行成本分析，降低生产制造成本。

（三）研发投资决策经济评价

1. 概述。研发投资经济评价是研发立项前一项必不可少的工作，主要由项目负责人组织市场、技术研发和财务等部门共同完成。

研发项目投资的经济评价主要是从未来获取会计利润和未来产生现金流量的净现值两个角度进行分析。在分析前应进行研发项目的经济效益预测。经济效益预测包含了成本降低、质量提升、性能提高、新产品销售等带来的增量利润和增量现金流量。

2. 指标预测、职责及计算步骤。

（1）研发投资经济评价指标见表 18 – 1 – 3 – 19。

表 18 – 1 – 3 – 19 研发投资经济评价指标

序号	经济评价基础指标	责任人	说明
1	研发投资总额	研发负责人	细分到构成部件研发明细项
2	研发产品的经济寿命周期	研发负责人	产品生命周期（不超过 10 年）
3	研发成功后的项目投资	研发负责人	研发形成生产力的投入成本
4	产品价格	市场负责人	参考同类产品预计
5	所占市场规模	市场负责人	按项目生产能力的 70% 预计
6	产品目标成本	财务负责人	参考同类产品毛利率预计
7	成本降低、质量提升、性能提高增加的经济效益	财务负责人	参考相应技术和同类产品预计
8	寿合周期内的现金流量	财务负责人	由净利润加折旧预计
9	风险折现率	财务负责人	根据研发风险大小确定
	……	……	……

（2）研发投资的现金流量涉及研发项目全生命周期，见图 18 – 1 – 3 – 13。

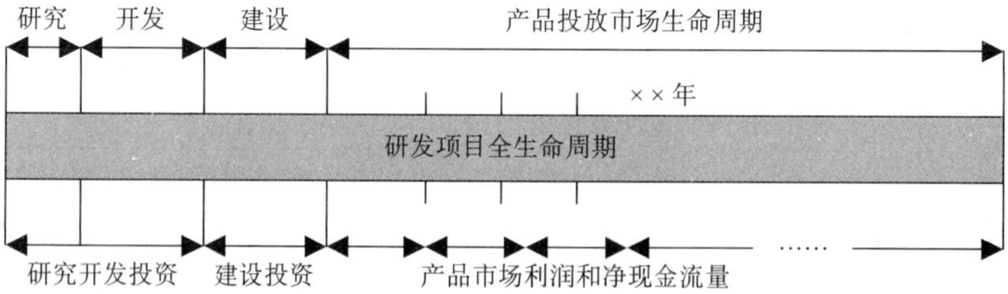

图 18 – 1 – 3 – 13 研发项目全生命周期

（3）研发项目财务净现值计算步骤。第一步，估算所有经济评价基础指标，并计算产品从成功上市开始的全生命周期的价值。首先预测产品上市直至整个生命周期的现金流，其次确定折现率，最后计算产品成功上市时的净现值。第二步，将计算得到的净现值与研发投资和研发成功后的建设投资净现值进行比较，当净现值大于零，研发项目可行。

（4）研发投资决策输出的经济评价指标如表 18 – 1 – 3 – 20 所示。

表 18－1－3－20 研发投资决策经济评价指标

序号	经济评价输出指标	说明
1	研发投资总额	细分到构成部件研发明细项
2	研发产品的经济寿命周期	产品生命周期（不超过10年）
3	产品价格	预计的售价
4	所占市场规模	市场需求和占有率分析
5	产品目标成本	研发过程中制造成本控制指标
6	研发投资产生的经济效益	毛利率、年利润总额，投资报酬率
7	净现值	整个生命周期的净现值
8	年新增收入	按预计价格计算的营业收入
……	……	……

四、项目财务预算管理

项目财务预算管理，也称项目预算管理，是企业整个项目财务管理的重要方法，有利于企业进一步开展项目财务管理有关工作。项目预算是项目财务管理的重要组成部分，将会作为项目未来运营情况的目标和参照。

由于项目以一次性活动为主要特征，与其他支出相比，项目支出具有金额较大、跨度时间长、费用构成复杂、项目间差异大等特点。项目预算管理执行过程中往往会暴露一些问题，存在许多需要完善的方面。例如，项目预算编制不准确、项目预算分配不匹配、项目预算执行进度不均衡、项目预算更新不及时等。企业需要一定的规范和方法，科学合理地制定和执行项目预算管理的有关内容，保证项目预算管理部门各级协调工作、提高项目各阶段的资金配置效率、确保项目管理工作有效进行。

企业进行项目预算管理，一般应从项目预算编制、预算执行控制、项目预算调整等方面开展。

（一）项目预算编制

1. 企业应基于项目的重要性和成本效益考虑，制定项目预算管理制度，可以指定项目预算管理分管领导、设置项目概预算专职人员。

2. 编制项目预算时应参照项目前期可行性经济评价的基础经济数据，通过项目预算控制达到预期的经济评价结果。

3. 企业应依据总量控制、分项预算的总体框架，按照需要与可能、局部与全局、重点与一般、当前与长远相结合的编制原则，编制项目预算。

4. 企业应在充分调研和论证的基础上，强调项目预算编制的明细化和标准化，明确预算的编制内容、编制依据和编制方法，实现项目预算与会计核算科目的配比。

（二）预算执行控制

1. 企业应分解落实项目实施各阶段的预算执行计划，明确项目各阶段的预算控制目标。

2. 在项目执行过程中，企业应以项目预算执行计划和目标为依据，定期对项目预算执行情况进行核查、比对、分析。

（三）项目预算调整

1. 企业应依据外部环境变化、项目实施进展和项目方案优化要求等，不断修正和完善项目各阶段的预算执行计划和预算控制目标。

2. 在项目预算管理中，企业可采用滚动预算方式，以项目执行前一阶段的预算调整作为下一阶段项目预算控制的目标，按照时间（如年、月、日）或项目单元编制，依次分解，滚动预算。

五、项目财务挣值法管理

《管理会计应用指引第502号——项目管理》中介绍，项目管理的工具方法一般包括挣值法、成本效益法、价值工程法等。本工具主要对挣值法进行应用介绍。

挣值法是一项在项目管理领域广泛运用的方法，适用于项目管理中的项目实施、项目后评价等阶段。利用挣值法中的成本基准和进度基准，能很好地识别和检测出实际绩效与评价基准之间的偏差。管理会计在项目流程进行中主要关注项目财务管理的过程。此时，挣值法能够很好地检测项目的成本和进度等多方面，这恰恰是我们在项目财务管理中需要衡量偏差和效果之处。

（一）挣值法的内涵及指标

挣值法是一种通过分析项目实施与项目目标期望值之间的差异而判断项目实施的成本、进度绩效的方法。挣值法主要包括挣值、计划成本、实际成本3个指标。

1. 挣值，可用BCWP或EV表示，指项目实施至评估月为止已完成工作的价值，即所挣得的价值用分配给实际已完成工作的预算来表示。

企业应用挣值法开展项目管理时，既要监测挣值的增量，以判断当前的绩效状态，又要监测挣值的累计值，以判断长期的绩效趋势。

2. 计划成本，可用BCWS或PV表示，指根据批准的进度计划或预算，到某一时点应当完成的工作所需投入资金的累计值。

为了更好地确定计划成本值，企业在应用挣值法进行项目管理时，把项目预算分配至项目计划的各个时点。

3. 实际成本，可用ACWP或AC表示，指按实际进度完成的成本支出量，即到评估日为止的实际费用开支。

企业应用挣值法开展项目管理时，实际成本的计算口径必须与计划成本和挣值的计算口径保持一致。

对3个指标的进一步说明见表18-1-3-21。

（二）挣值法的运用过程

挣值法关心项目进行过程中成本和进度两方面实际发生数与期望值的偏差。因而，挣值法评价基准包括成本基准和进度基准，通常可以用于检测这种实际绩效与评价基准之间的偏差。这种偏差可以用绝对数表示，也可以用相对数表示。

表 18－1－3－21 挣值法的 3 个指标

指标	代号	代号含义	概念说明
挣值	BCWP (EV)	已完成工作量的预算成本 Budgeted Cost of Work Performed (Earned Value)	按照预算价格计算的实际完成工作量的价值
计划成本	BCWS (PV)	计划完成工作量的预算成本 Budgeted Cost of Work Scheduled (Planned Value)	按照预算价格计算的计划工作量的价值
实际成本	ACWP (AC)	已完成工作量的实际成本 Actual Cost of Work Performed (Actual Cost)	按照实际发生价格计算的实际完成工作量的成本

1. 进度偏差。进度偏差是在某个给定时点上测量并反映项目提前或落后的进度绩效指标。该偏差有绝对数、相对数两种表示方法。用绝对数表示时，进度偏差表示为挣值与计划成本之差，可用如下公式表示：

进度偏差量（SV）＝挣值（BCWP）－计划成本（BCWS）

结果为正表示进度提前，结果为负表示进度延误。

用相对数表示时，进度偏差表示为挣值与计划成本之比，可用如下公式表示：

$$进度偏差率（SPI）=\frac{挣值（BCWP）}{计划成本（BCWS）}$$

结果大于 1 表示进度提前，结果小于 1 表示进度延误。

2. 成本偏差。成本偏差是在某个给定时点上，测量并反映项目预算亏空或预算盈余的成本绩效指标。该偏差有绝对数、相对数两种表示方式。用绝对数表示时，成本偏差表示为挣值与实际成本之差，可用如下公式表示：

成本偏差量（CV）＝挣值（BCWP）－实际成本（ACWP）

结果为正表示费用节约，结果为负表示费用超支。

用相对数表示时，成本偏差表示为挣值与实际成本的比值，可用如下公式表示：

$$进度偏差率（CPI）=\frac{挣值（BCWP）}{实际成本（ACWP）}$$

结果大于 1 表示费用节约，结果小于 1 表示费用超支。

运用这两大偏差，能很好地识别与分析一个项目进程中可能会遇到的以下 4 种情形（见图 18－1－3－14）。

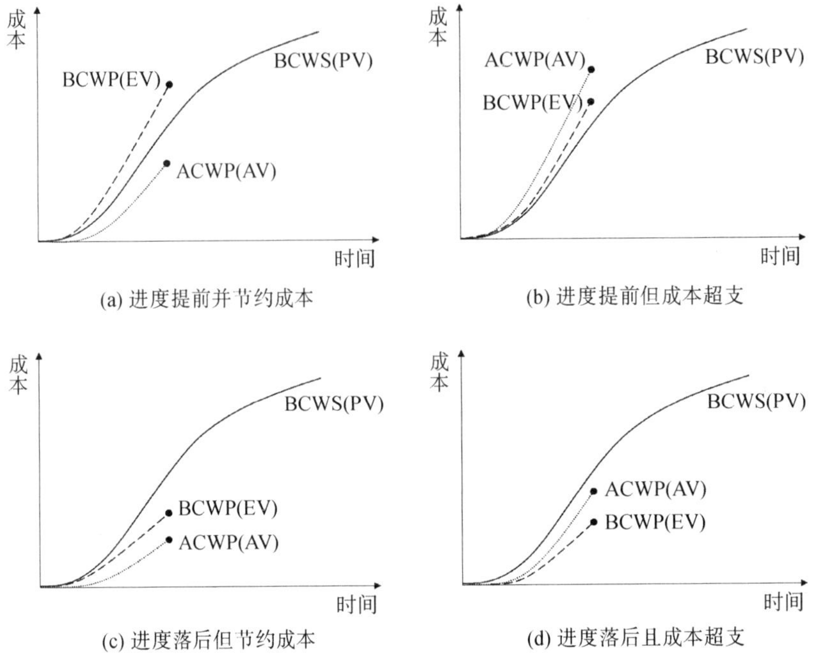

图 18-1-3-14 项目进程中的 4 种情形

第四节 工具方法评价

一、优点

运用项目财务管理工具的优点有：

第一，企业能够对投资的内外部环境进行正确分析，把握投资时机，提高投资效益，减少投资风险，投资过程中建立动态风险评估机制，及时应对环境变化。

第二，规范固定资产投资决策，提高基础数据的真实性和准确性，提高经济评价过程的科学性和效率，提高投资项目的抗风险能力。

第三，规范研发投资决策，合理控制研发投资费用，提高研发投资的经济效益，加强研发设计阶段对产品目标成本的设计和控制。

第四，通过对项目当前运行状态的分析，运用挣值法可以有效地预测出项目的未来发展趋势，严格控制项目进度和成本。

二、缺点

运用项目财务管理工具的缺点有：

第一，项目财务决策假设不确定性大，直接影响到经济评价结果。在进行投资时市场调查分析不充分，预测缺乏科学性，有可能跟风进行低水平重复投资；对外部经济形势和环境变化的应变能力较差，投资退出机制不完善。

第二，项目财务投资决策评价结果仍然存在人为调节的情况，由于对投资决策经济评价的科学性认识不够，进行经济评价时人为性较大，存在为了使项目审批通过而人为编造经济数据的情况，对项目盈利能力的评估与实际运营情况存在较大偏差，投资项目抗风险能力不足。

第三，研发项目投资财务管控不到位，企业对研发投资费用的管理、研发投资的经济评价和产品目标成本控制管理缺乏有力的方法和手段。

第四，运用挣值法时，可能会导致片面注重用财权的执行情况判断事权实施效益的情况。

第二章 管理会计案例——项目财务管理

案例一 秦变公司——±1 100 千伏特高压变压器基地建设项目投资决策分析

天威保变（秦皇岛）变压器有限公司（以下简称“秦变公司”）是中国变压器制造行业的重点生产型企业，由保定天威保变电气有限公司（以下简称“天威保变”）和河北省投资集团有限公司（以下简称“河北建设”）共同组建，是天威保变的控股子公司，主要生产220～1 000 千伏大容量交、直流变压器，电抗器等特大型输变电装备，绝大部分产品应用于国家重点工程或出口海外，已成为世界上拥有变压器行业核心技术最齐全、技术装备先进的知名输变电企业。

为提升公司技术能力和综合实力，秦变公司实施 ±1 100 千伏特高压变压器基地建设项目，同时为了使项目投资高效有序可行，公司借助项目财务管理，对企业内部条件和行业外部环境进行细致的可行性分析，并有效判断投资方案对不确定因素变化的承受能力及对经济效果指标的影响程度，为决策提供依据。

一、背景描述

（一）单位基本情况

1. 公司概况。天威保变是兵装集团的重点生产型企业，是由原甲市变压器厂国有股份制改制而成。天威保变秉承并发展了原甲市变压器厂主要优良资产和大型变压器科研成果及产品品牌，其生产的变压器电压等级涵盖 10～1 000 千伏，具有 1 000 千伏及以下芯式（壳式）电力变压器，1 000 千伏及以下芯式（壳式）电抗器，±800 千伏及以下直流换流变压器，500 千伏及以下互感器，110 千伏及以下各类特种变压器研发和制造能力，并依托设在甲市的国家级技术中心，现已成为世界上拥有变压器行业核心技术最齐全、电压等级覆盖面最宽、品种最多、技术装备先进的知名输变电产业集团。

秦变公司成立于 2006 年，是具有重要战略意义的（出海口）基地。公司建有“双百万”变压器装配厂房和超高压试验大厅，起吊能力 2×300 吨，专用码头吊装能力 1 200 吨，以生产制造为主，依托母公司制造技术，主要生产220～1 000千伏大容量交、直流变压器，电抗器等特大型输变电装备，绝大部分产品应用于国家重点工程或出口海外。秦变公司的建成投产±1 100千伏特高压变压器基地项目建设，是实现建设世界知名电气集团宏伟目标的重要举措。

2. 行业背景。随着我国国民经济的迅速发展，国家对电力系统的扶持，智能电网发展速度加快，西电东送、南北互供、跨区域联网等重大工程的建设，行业快速发展。市场数据显示，2014年变压器制造行业销量较2013年明显上浮15%。其行业规模特征主要有以下几点。

（1）行业规模庞大，集中度低，中小型企业居多，技术水平参差不齐。目前，我国有资质生产各种变压器的企业有2 000多家，中小型变压器生产制造企业占企业总数的80%以上，由于技术壁垒较低、生产厂家众多，且企业规模小，行业集中度低。

（2）行业产能过剩，市场无序竞争。低端变压器的生产由于门槛较低，近年来出现产能过剩的情况，频频出现企业间为争夺市场而竞相压价，甚至出现假冒伪劣、以次充好、以旧充新的现象，造成市场无序竞争。

（3）原材料价格波动较大，制约行业发展。变压器生产的主要原材料为矽钢片、铜、变压器油等。近年来这些原材料价格持续暴涨，导致产品成本激增。在产品售价受调控，不能合理提供的情况下，企业的生存、行业的发展必将受到严重威胁。

3. 宏观政策。为了鼓励新兴产业的发展，国家出台了相关扶持和鼓励政策，在产业政策方面，国家鼓励加快企业兼并重组促进产业结构优化升级，加大技术与研发投入力度，增强企业自主创新能力；在税收方面，充分利用增值税转型政策，鼓励企业提高技术实力，对部分确有必要进口的关键部件及原材料免征关税和进口环节增值税，鼓励开展引进消化吸收再创新；在财政政策方面，新增中央投资用于安排产业振兴和技术改造专项；依托国家重点建设工程实现重大技术装备国产化和自主化，夯实产业发展基础，提高基础配套件和基础工艺水平。

（二）单位管理状况分析和存在的主要问题

在实务操作层面，外部环境的不确定性和人为因素的影响使得管理过程中仍存在以下几个问题：

1. 可行性研究深度不够，质量有待提高，不能全面满足决策需要。

2. 缺少充足的可行性分析，导致项目建成后因出现风险或风险因素发生变化而使企业效益大幅下降。

3. 缺少对主要财务指标的货币时间价值分析，市场利率发生较大波动可能造成分析依据存在较大偏差。

4. 投资项目后评价不及时，后续过程未进行偏差分析。

（三）选用项目财务管理工具的主要原因

秦变公司成立于2006年，±1 100千伏特高压变压器基地建设项目是公司建成后的第一次重大投资决策。公司选用项目财务管理这一管理会计工具进行科学决策，主要原因：一是进行科学规划，避免盲目投资造成资源浪费；二是确定企业的所有权优势，明确投资方向；三是加强投资管理，促进风险防范。

二、项目财务管理的总体设计

（一）实施项目财务管理的工作目标

企业财务管理的目标是实现股东财富最大化，公司实施项目财务管理也是为这一最终目标服务的，即在现有资源条件下，如何以最合理的投资实现最大的收益。

为保证公司目标的实现，在实施项目财务管理的过程中，应致力于实现以下具体目标。

1. 加强企业内外部环境因素分析，充分发挥可行性研究的指导作用，为实现有效的科学决策做好支撑。

2. 立足企业自身优势，合理配置各项资源，明确投资方向，开展有序竞争，为实现最大化的投资效益打下坚实基础。

3. 在实施项目财务管理的过程中，强化事前、事中、事后各环节的把控，将财务管理融入项目运行，有效防范项目风险。

（二）实施项目财务管理的总体思路

秦变公司实施项目财务管理以搭建组织架构为保障，以充分分析企业情况和所处的内外部环境和自身情况为基础，开展可行性分析、事中监控、事后评价，确保项目及时达产达效，使资源得到最大化利用。

（三）项目财务管理工具内容

1. 相关概念。

（1）项目管理，指通过项目各参与方的合作，运用专门的知识、工具和方法，对各项资源进行计划、组织、协调、控制，使项目能够在规定时间、预算和质量范围内实现或超过既定目标的管理活动。

（2）项目投资决策，指为了实现预期的投资目标，运用一定的科学理论、方法和手段，通过一定的程序对投资的必要性、投资目标、投资规模、投资方向、投资结构、投资成本与收益等经济活动中的重大问题进行分析、判断和方案选择。

（3）可行性研究，指通过对项目在技术上是否可行、在经济上是否合理、对社会和环境影响是否积极等进行科学分析和论证，最终确定项目投资建设是否进入启动程序。

（4）项目财务管理，指基于项目全生命周期的项目财务活动的归口管理工作，是对项目营运过程中财务资源使用的全流程管理活动，主要包括：项目预算管理、项目执行成本控制、项目会计核算、资金管理与项目结算、项目决算和项目经济后评价等。

2. 评价指标。

（1）总投资收益率，指达产期正常年份的年息税前利润或运营期年均息税前利润占项目总投资的百分比。其计算公式为：

总投资收益率 = 年息税前利润/项目总投资 × 100%

（2）净现值，指按照行业基准收益率或设定折现率计算的项目投产后各年净现金流量的现值减去原始投资的现值，实际上就是现金流入的现值减去现金流出的现值。

（3）内部收益率，指项目在整个计算期内各年净现金流量现值累计等于零时的折现率。它的经济含义在于，项目终了时保证所有投资被完全收回的折现率，代表了项目占用资金预期可获得的收益率，可以用来衡量投资的回报水平。

（4）静态投资回收期，指收回全部投资需要的时间。其计算公式为：

静态投资回收期 = 原始投资合计/投产后前若干年每年相等的净现金流量

（四）应用项目财务管理工具方法创新

1. 实现业务与财务的融合。项目财务管理不只限于财务，还应将业务纳入管理的范畴，有效实现各个部门之间的协作以及各项技能和专门技术相互交融，促使财务与业务之间联系更加直接，避免相关部门和人员只关注自身业务范围，从而不断吸纳各专业人员的建议，为有效决策提供更高质量的依据。

2. 实现从宏观到微观的评价分析。改善原有分析只注重微观层面，而不注重宏观层面的分析模式。将评价分析定位于围绕项目从宏观到微观的主线上。宏观层面主要包括政治、法律和行业环境分析，微观层面包括主要竞争对手与企业自身能力分析。

3. 实现静态与动态指标的评价结合。相对于注重静态指标分析的原有评价，将动态指标纳入评价体系可以有效反映资金时间价值对指标评价的影响，更能帮助企业把控时间因素造成的指标偏差。

三、项目财务管理的应用过程

（一）建立组织机构

秦变公司成立了以总经理为组长，主管投资的副总经理为副组长，投资部、技术部等专业部门为成员的立项论证组，负责项目项需求分析和项目建设内容决策。主要部门分工如表 18－2－1－1 所示。

表 18－2－1－1　各主要专业部门分工

部门	职责
投资管理部	负责牵头项目方案编报，负责投资决策内外部环境分析
技术部	负责预测产品的工艺流程和材料消耗定额
运行保证部	负责预测设备投资、低值易耗、设备维修和能源消耗
财务部	负责预测项目的资金筹措、流动资金、财务费用、管理费用、折旧摊销、税金和生产成本，并负责项目经济评价
综合部	负责预测项目的人员配置、人工成本和工时定额
经营部	负责预测材料采购价格、应付账款周转率和存货周转率；预测项目生命周期、产品销售价格、销售数量、应收账款周转率和销售费用

（二）项目必要性分析

建设“±1 100 千伏特高压变压器基地建设项目”，是天威保变巩固输变电产业的行业地位、优化产业和产品结构、提高效率，实现战略目标的重要措施。该项目可以充分发挥出海口基地的沿江及沿海运输优势、存量土地优势，提高产业经济效益，有利于秦变公司的长远发展。项目建设的必要性主要有以下几方面原因：一是高端产品阶段性产能不足及产品集中交付能力不足的现状；二是掌握核心技术，从长远战略发展的要求出发，进一步加大在特高压交直流市场的份额对于公司的长远发展是很有必要的；三是行业紧迫性，目前具备生产特高压设备资质的厂家国内只有天威保变、T 集团、X 集团、山东 S 公司，其他 3 家均已开展并实施，天威保变若不及时实施“±1 100 千伏特高压变压器基地建设项目”，将会退出第一梯队，损失的市场份额不可估计。

综合以上原因，尽快实施“±1 100 千伏特高压变压器基地建设项目”对于天威保变至关重要，是占领高端市场保持第一梯队的需要，是抓住机遇、合理分配产能持续发展的需要，是生存的需要。

（三）SWOT 分析

SWOT 分析如矩阵图所示见图 18－2－1－1。

外部环境		内部环境	
机会	产业政策：国家针对装备制造企业，在技术研发、税收优惠和财政资金等方面给予大力扶持和鼓励； 发展规划：“十二五”期间，特高压投资进一步增加。在大范围缺电频发、国家支持自主技术的高端装备制造以及电网整体投资确定性较高等前提下，特高压进入建设高峰期	优势	依托设在保定的国家级技术中心，现已成为世界上拥有变压器行业核心技术最齐全、电压等级覆盖面最宽、品种最多、技术装备先进的知名输变电产业集团
威胁	T 集团、X 集团特高压市场份额逐年扩大，且受山东 S 公司、江苏 H 公司等企业抢占市场的双重影响，天威保变被挤出“三甲”的可能性在增加，竞争形势严峻	劣势	高端产品阶段性产能不足及产品集中交付能力不足

图 18－2－1－1 SWOT 分析

（四）财务分析

固定资产投资项目经济评价体系如图 18－2－1－2 所示。

1. 经济假设。

（1）生产纲领。项目新增年产值 90 600 万元（共计 2 007.5 万千伏安价格按 45.13 元/千伏安计算），本项目预测生产负荷从第 2 年至第 5 年依次为 25%（半年）、60%、80% 和 100%。

产品销售价格以 2014 年均价 45.13 元/千伏安为基础，稳妥起见，假定本项目第 3 年至第 5 年价格指数分别为 99%、98%、97%，以后各年价格指数维持在 97% 不变，计算达产年销售收入为 87 908 万元。产品价格采用市场现行价格。

（2）实施进度和项目计算期。项目计算期 15 年，其中建设期 1.5 年，投产期 1.5 年，

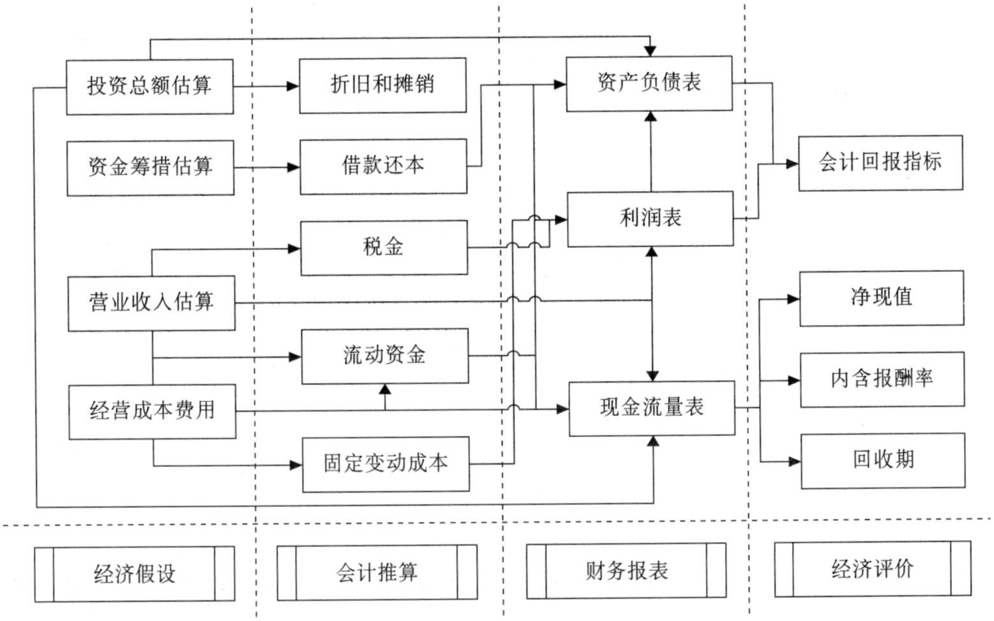

图 18-2-1-2 固定资产投资项目经济评价体系

第 4 年达到设计生产能力。

（3）投资总额及资金来源。项目总投资 67 737 万元，其中：报批总投资约 51 170 万元，含项目建设投资约 42 596 万元，铺底流动资金 7 100 万元，建设期利息 1 474 万元；流动资金借款 16 567 万元。

①项目建设投资 42 596 万元，其资金来源为：自筹资金 12 596 万元，申请银行中长期贷款 30 000 万元，贷款利率按最新的中国人民银行金融机构人民币贷款基准利率测算，根据 2012 年 7 月 6 日中国人民银行发布的金融机构人民币贷款基准利率调整表，5 年期以上贷款利率按 6.55% 考虑。

②项目铺底流动资金 7 100 万元，其资金来源为自筹资金。

③项目建设期利息 1 474 万元，其资金来源为自筹资金。

④项目建成投产后，除铺底流动资金外，尚需流动资金借款 16 567 万元，利率按 6% 考虑。

上述投资计划与资金筹措见表 18-2-1-2。

表 18-2-1-2 投资计划与资金筹措 单位：万元

序号	项目 \ 时间（年）	1	2	3	4	5	合计
1	总投资	29 194	21 291	8 581	4 382	4 289	67 737
1.1	建设投资	28 539	14 057				42 596
1.2	建设期利息	655	819				1 474
1.3	流动资金		6 415	8 581	4 382	4 289	23 667
2	资金筹措	29 194	21 291	8 581	4 382	4 289	67 737

续表

序号	时间（年） 项目	1	2	3	4	5	合计
2.1	项目资本金	9 194	6 800	2 575	1 314	1 287	21 170
2.1.1	用于建设投资	8 539	4 057				12 596
2.1.2	用于流动资金		1 924	2 575	1 314	1 287	7 100
2.1.3	用于建设期利息	655	819				1 474
2.2	债务资金	20 000	14 491	6 006	3 068	3 002	46 567
2.2.1	用于建设投资	20 000	10 000				30 000
	长期借款	20 000	10 000				30 000
2.2.2	用于流动资金		4 491	6 006	3 068	3 002	16 567
	流动资金借款		4 491	6 006	3 068	3 002	16 567

2. 会计推算。

（1）总成本费用估算。原材料及燃料动力根据2011～2013年企业实际数据选取最大者测算。

新增固定资产房屋及建筑物折旧率为3.17%（折旧年限30年，残值5%），机器设备折旧率为9.50%（折旧年限10年，残值5%），新增固定资产原值41 915万元，采用直线折旧法，每年计提折旧费用2 881万元。修理费按折旧的30%估算。

无形资产主要为土地费用，共计1 060万元，摊销年限50年，每年摊销费21万元。利息支出按当年累计贷款额及银行贷款利率计算。

其他资产为建设单位管理费、人员培训费、五矿公司固定资产赔偿费共计1 095万元，摊销年限按10年计算，每年摊销费110万元。

期间费用（指管理费用、营业费用等）根据企业实际情况，以2011年营业收入的6.2%为基础，放大至8%进行估算。

经测算，项目完成后正常年总成本费用80 368万元，经营成本75 000万元。总成本费用估算见表18－2－1－3、表18－2－1－4、表18－2－1－5。

（2）营业收入和税金及附加。根据各年产品销售计划和销售单价计算本项目各年营业收入。预计项目完成后达产年营业收入为87 908万元。

增值税税率为17%，税金及附加包括城市建设维护税，税率为增值税的7%，教育费附加，费率为增值税的5%（包括地方教育费附加2%）。经计算，项目完成后正常年增值税3 928万元，税金及附加471万元。营业收入、税金详见表18－2－1－6。

（3）利润及分配。营业收入扣除税金及附加和总成本费用后即为利润总额，该项目完成后年预计利润总额7 069万元，利润总额按15%税率缴纳所得税（高新技术企业优惠政策），税后利润提取盈余公积金及公益金（税后利润的10%），其余为未分配利润。

利润测算主要根据是天威保变近几年同类产品的平均销售利润率水平。利润及分配情况见表18－2－1－7。

表 18－2－1－3 固定资产折旧费估算表

序号	项目	合计（万元）	折旧率	建设期（万元）		生产期（万元）												
				1	2	3	4	5	6	7	8	9	10	11	12	13	14	15
	新增固定资产																	
1	房屋、建筑物																	
	原值	17 389	3.17		17 389	17 389	17 389	17 389	17 389	17 389	17 389	17 389	17 389	17 389	17 389	17 389	17 389	17 389
	当期折旧费				275	551	551	551	551	551	551	551	551	551	551	551	551	551
	净值				17 114	16 563	16 012	15 461	14 910	14 359	13 808	13 257	12 706	12 155	11 604	11 053	10 502	9 951
2	机器设备																	
	原值	24 526	9.50		24 526	24 526	24 526	24 526	24 526	24 526	24 526	24 526	24 526	24 526	24 526	24 526	24 526	24 526
	当期折旧费				1 165	2 330	2 330	2 330	2 330	2 330	2 330	2 330	2 330	2 330	1 165			
	净值				23 361	21 031	18 701	16 371	14 041	11 711	9 381	7 051	4 721	2 391	1 226	1 226	1 226	1 226
3	合计（1＋2）*																	
	原值	41 915			41 915	41 915	41 915	41 915	41 915	41 915	41 915	41 915	41 915	41 915	41 915	41 915	41 915	41 915
	当期折旧费				1 440	2 881	2 881	2 881	2 881	2 881	2 881	2 881	2 881	2 881	1 716	551	551	551
	净值				40 475	37 594	34 713	31 832	28 951	26 070	23 189	20 308	17 427	14 546	12 830	12 279	11 728	11 177

注：* 表示合计值为本表序号中的第 1 项和第 2 项之和。

表 18－2－1－4 无形资产和其他资产摊销估算表

序号	项目	合计（万元）	折旧率（%）	建设期（万元）		生产期（万元）												
				1	2	3	4	5	6	7	8	9	10	11	12	13	14	15
1	土地使用费																	
	原值	1 060	50		1 060	1 060	1 060	1 060	1 060	1 060	1 060	1 060	1 060	1 060	1 060	1 060	1 060	1 060
	当期摊销值				11	21	21	21	21	21	21	21	21	21	21	21	21	21
	净值				1 049	1 028	1 007	986	965	944	923	902	881	860	839	818	797	776
2	其他递延资产																	

续表

序号	项目	合计（万元）	折旧率（%）	建设期（万元）		生产期（万元）												
				1	2	3	4	5	6	7	8	9	10	11	12	13	14	15
	原值	1 095	10		1 095	1 095	1 095	1 095	1 095	1 095	1 095	1 095	1 095	1 095	1 095	1 095	1 095	1 095
	当期摊销值				55	110	110	110	110	110	110	110	110	110	50			
	净值				1 040	930	820	710	600	490	380	270	160	50				
3	合计（1+2）*																	
	原值	2 155			2 155	2 155	2 155	2 155	2 155	2 155	2 155	2 155	2 155	2 155	2 155	2 155	2 155	2 155
	当期摊销值				66	131	131	131	131	131	131	131	131	131	71	21	21	21
	净值				2 089	1 958	1 827	1 696	1 565	1 434	1 303	1 172	1 041	910	839	818	797	776

注：* 表示合计数为本表序号中的第 1 项和第 2 项之和。

表 18-2-1-5 **总成本费用估算表** 单位：万元

序号	时间 项目	建设期		生产期												
		1	2	3	4	5	6	7	8	9	10	11	12	13	14	15
1	外购原材料		16 418	39 010	51 494	63 723	63 723	63 723	63 723	63 723	63 723	63 723	63 723	63 723	63 723	63 723
2	燃料动力费		278	661	872	1 080	1 080	1 080	1 080	1 080	1 080	1 080	1 080	1 080	1 080	1 080
3	工资及福利费		1 150	2 300	2 300	2 300	2 300	2 300	2 300	2 300	2 300	2 300	2 300	2 300	2 300	2 300
4	修理费		432	864	864	864	864	864	864	864	864	864	864	864	864	864
5	其他费用		1 812	4 305	5 683	7 033	7 033	7 033	7 033	7 033	7 033	7 033	7 033	7 033	7 033	7 033
6	**经营成本**		20 090	47 141	61 213	75 000	75 000	75 000	75 000	75 000	75 000	75 000	75 000	75 000	75 000	75 000
7	折旧费		1 440	2 881	2 881	2 881	2 881	2 881	2 881	2 881	2 881	2 881	1 716	551	551	551
8	摊销费		66	131	131	131	131	131	131	131	131	131	71	21	21	21
9	利息支出		1 088	2 514	2 499	2 356	1 904	1 433	994	994	994	994	994	994	994	994
10	**总成本费用**		22 684	52 667	66 724	80 368	79 916	79 445	79 006	79 006	79 006	79 006	77 781	76 566	76 566	76 566
11	其中：可变成本		16 696	39 671	52 366	64 803	64 803	64 803	64 803	64 803	64 803	64 803	64 803	64 803	64 803	64 803
12	固定成本		5 988	12 996	14 358	15 565	15 113	14 642	14 203	14 203	14 203	14 203	12 978	11 763	11 763	11 763
13	盈亏平衡点		103%	94%	79%	69%	67%	65%	63%	63%	63%	63%	57%	52%	52%	52%

表 18－2－1－6 营业收入、税金及附加估算表

单位：万元

序号	时间 项目	建设期		生产期												
		1	2	3	4	5	6	7	8	9	10	11	12	13	14	15
	生产负荷（%）		25	60	80	100	100	100	100	100	100	100	100	100	100	100
1	产销量（万千伏安）		—	—	—	—	—	—	—	—	—	—	—	—	—	—
1.1	电力变压器及换流变压器（万元）		501.9	1 204.5	1 606.0	2 007.5	2 007.5	2 007.5	2 007.5	2 007.5	2 007.5	2 007.5	2 007.5	2 007.5	2 007.5	2 007.5
2	营业收入（万元）		22 650	53 815	71 036	87 908	87 908	87 908	87 908	87 908	87 908	87 908	87 908	87 908	87 908	87 908
2.1	生产纲领所列单价（元/千伏安）		45.13	45.13	45.13	45.13	45.13	45.13	45.13	45.13	45.13	45.13	45.13	45.13	45.13	45.13
2.2	价格指数（%）		100	99	98	97	97	97	97	97	97	97	97	97	97	97
2.3	测算所用单价（元/千伏安）		45.13	44.68	44.23	43.79	43.79	43.79	43.79	43.79	43.79	43.79	43.79	43.79	43.79	43.79
2.4	产品销售收入（万元）		22 650	53 815	71 036	87 908	87 908	87 908	87 908	87 908	87 908	87 908	87 908	87 908	87 908	87 908
3	税金与附加（万元）		1 134	2 693	3 555	4 399	4 399	4 399	4 399	4 399	4 399	4 399	4 399	4 399	4 399	4 399
3.1	增值税（万元）		1 012	2 405	3 174	3 928	3 928	3 928	3 928	3 928	3 928	3 928	3 928	3 928	3 928	3 928
3.2	水利基金(万元)		—	—	—	—	—	—	—	—	—	—	—	—	—	—
3.3	城市维护建设税（万元）		71	168	222	275	275	275	275	275	275	275	275	275	275	275
3.4	教育费附加（万元）		51	120	159	196	196	196	196	196	196	196	196	196	196	196

表 18－2－1－7　利润与利润分配情况　单位：万元

序号	项目＼时间	建设期		生产期												
		1	2	3	4	5	6	7	8	9	10	11	12	13	14	15
1	营业收入		22 650	53 815	71 036	87 908	87 908	87 908	87 908	87 908	87 908	87 908	87 908	87 908	87 908	87 908
2	税金及附加		121	289	381	471	471	471	471	471	471	471	471	471	471	471
3	总成本费用		22 684	52 667	66 724	80 368	79 916	79 445	79 006	79 006	79 006	79 006	77 781	76 566	76 566	76 566
3	利润总额（1－2－3）*		－155	859	3 931	7 069	7 521	7 992	8 431	8 431	8 431	8 431	9 656	10 871	10 871	10 871
4	弥补以前年度亏损			155												
5	应纳税所得额（3－4）		－155	704	3 931	7 069	7 521	7 992	8 431	8 431	8 431	8 431	9 656	10 871	10 871	10 871
5	所得税（15%）			106	590	1 060	1 128	1 199	1 265	1 265	1 265	1 265	1 448	1 631	1 631	1 631
6	净利润		－155	753	3 341	6 009	6 393	6 793	7 166	7 166	7 166	7 166	8 208	9 240	9 240	9 240
7	可供分配利润		－155	753	3 341	6 009	6 393	6 793	7 166	7 166	7 166	7 166	8 208	9 240	9 240	9 240
7	盈余公积金			60	334	601	639	679	717	717	717	717	821	924	924	924
8	应付利润															
9	未分配利润		－155	693	3 007	5 408	5 754	6 114	6 449	6 449	6 449	6 449	7 387	8 316	8 316	8 316
9	息税前利润		933	3 373	6 430	9 425	9 425	9 425	9 425	9 425	9 425	9 425	10 650	11 865	11 865	11 865
10	息税折旧摊销前利润		2 439	6 385	9 442	12 437	12 437	12 437	12 437	12 437	12 437	12 437	12 437	12 437	12 437	12 437

注：* 表示所得数据为本表序号对应的各项数据的运算结果。

3. 财务分析评价。

（1）总投资收益率和项目资本金净利润率。

总投资收益率 = 年息税前利润/总投资 ×100% =13.91%

项目资本金净利润率 = 年净利润/项目资本金 ×100% =28.38%

（2）现金流量。现金流量分析的结果如表 18 –2 –1 –8 和表 18 –2 –1 –9：

项目投资财务内部收益率为：所得税后 13.86%，所得税前 15.86%。

项目投资财务净现值（i =12%）为：所得税后 5 965 万元，所得税前 12 659 万元。

项目投资回收期为：所得税后 8.50 年，所得税前 7.86 年。

（3）财务清偿能力。项目长期借款总额 30 000 万元。根据中国人民银行公布的最新银行贷款利率表，5 年期以上借款年利率 6.55%，经过分析计算，借款偿还期 6.7 年。还款资金来源为企业未分配利润、折旧、摊销费。

通过财务计划现金流量表可以看出，计算期各年均能实现收支平衡并有盈余，财务净现金流量为正值，财务清偿能力较强。

通过资产负债表可以看出，各项比率均在比较合理范围内，资产负债率达产年后均在 60%以下（见表 18 –2 –1 –10 和表 18 –2 –1 –11）。

4. 风险分析。

（1）盈亏平衡分析。当以生产能力利用率表示该项目的盈亏平衡点 BEP 时，BEP = 固定成本/（营业收入 – 可变成本 – 税金及附加）×100% =69%。测算说明，该项目只要达到设计生产能力的 69%即可保本。

（2）敏感性分析。当营业收入降低 5%时，财务内部收益率（所得税前）降到 9.14%；当经营成本增加 5%时，财务内部收益率（所得税前）降到 10.13%；当投资增加 5%时，财务内部收益率（所得税前）降到 15.21%。这说明价格因素最敏感，然后依次是成本、投资因素。

（五）项目实施

1. 坚持“三个一致”。

（1）招标与批复一致。招议标时，公司严格按照批复的招标方式和技术指标要求制定招标方案和招标技术文件。

（2）合同与招标一致。签订合同时，技术合同条款必须与招标技术方案保持一致，商务合同条款不能低于招标方案要求。

（3）实物与合同一致。设备验收时，必须组织试运行，检测技术指标，满足合同约定要求。

2. 做到“五个规范”。

（1）制度规范。为规范和加强固定资产投资管理工作，确保国有资本金依法合规使用，控制项目质量及进度，提高投资收益，使项目更加规范有序，修订下发《±1100 千伏特高压变压器基地建设项目管理规定》《资本金项目文件归档整理办法》《国有资本金项目招投标管理办法》《项目筹建部项目管理细则》《施工现场管理办法》《编制各岗位人员职责》

表 18-2-1-8　**项目投资现金流量表**　单位：万元

序号	项目＼时间	建设期		生产期												
		1	2	3	4	5	6	7	8	9	10	11	12	13	14	15
1	现金流入		22 650	53 815	71 036	87 908	87 908	87 908	87 908	87 908	87 908	87 908	87 908	87 908	87 908	122 752
1.1	产品营业收入		22 650	53 815	71 036	87 908	87 908	87 908	87 908	87 908	87 908	87 908	87 908	87 908	87 908	87 908
1.2	回收固定资产余值															11 177
1.3	回收流动资金															23 667
1.4	其他收入															
2	现金流出	28 539	40 683	56 011	65 976	79 760	75 471	75 471	75 471	75 471	75 471	75 471	75 471	75 471	75 471	75 471
2.1	建设投资	28 539	14 057													
2.2	流动资金		6 415	8 581	4 382	4 289										
2.3	经营成本		20 090	47 141	61 213	75 000	75 000	75 000	75 000	75 000	75 000	75 000	75 000	75 000	75 000	75 000
2.4	税金及附加		121	289	381	471	471	471	471	471	471	471	471	471	471	471
3	所得税前净现金流量	-28 539	-18 033	-2 195	5 060	8 148	12 437	12 437	12 437	12 437	12 437	12 437	12 437	12 437	12 437	47 281
4	累计所得税前净现金流量	-28 539	-46 572	-48 768	-43 707	-35 559	-23 123	-10 686	1 751	14 188	26 624	39 061	51 498	63 935	76 372	123 652
5	调整所得税		140	506	965	1 414	1 414	1 414	1 414	1 414	1 414	1 414	1 598	1 780	1 780	1 780
6	所得税后净现金流量	-28 539	-18 173	-2 701	4 095	6 734	11 023	11 023	11 023	11 023	11 023	11 023	10 839	10 657	10 657	45 501
7	累计所得税后净现金流量	-28 539	-46 712	-49 414	-45 318	-38 584	-27 562	-16 539	-5 516	5 507	16 529	27 552	38 391	49 048	59 705	105 205

表 18－2－1－9　　项目资本金现金流量表　　单位:万元

序号	项目＼时间	建设期		生产期												
		1	2	3	4	5	6	7	8	9	10	11	12	13	14	15
1	现金流入		22 650	53 815	71 036	87 908	87 908	87 908	87 908	87 908	87 908	87 908	87 908	87 908	87 908	122 752
1.1	产品营业收入		22 650	53 815	71 036	87 908	87 908	87 908	87 908	87 908	87 908	87 908	87 908	87 908	87 908	87 908
1.2	回收固定资产余值															11 177
1.3	回收流动资金															23 667
1.4	其他收入															
2	现金流出	9 194	29 333	55 663	70 933	87 078	85 691	84 802	77 730	77 730	77 730	77 730	77 913	78 096	78 096	94 663
2.1	项目资本金	9 194	6 800	2 575	1 314	1 287										
2.2	借款本金偿还		1 235	3 038	4 936	6 904	7 188	6 699								16 567
2.3	借款利息支付		1 088	2 514	2 499	2 356	1 904	1 433	994	994	994	994	994	994	994	994
2.4	经营成本		20 090	47 141	61 213	75 000	75 000	75 000	75 000	75 000	75 000	75 000	75 000	75 000	75 000	75 000
2.5	税金及附加		121	289	381	471	471	471	471	471	471	471	471	471	471	471
2.6	所得税			106	590	1 060	1 128	1 199	1 265	1 265	1 265	1 265	1 448	1 631	1 631	1 631
3	净现金流量(1－2)	－9 194	－6 684	－1 847	104	830	2 217	3 106	10 178	10 178	10 178	10 178	9 995	9 812	9 812	28 089
4	累计净现金流量	－9 194	－15 878	－17 725	－17 622	－16 792	－14 575	－11 469	－1 291	8 886	19 064	29 242	39 237	49 049	58 860	86 949

表 18-2-1-10 财务计划现金流量表

单位：万元

序号	项目 \ 时间	建设期		生产期												
		1	2	3	4	5	6	7	8	9	10	11	12	13	14	15
1	经营活动净现金流量		2 439	6 280	8 852	11 377	11 309	11 238	11 172	11 172	11 172	11 172	10 989	10 806	10 806	10 806
1.1	现金流入		22 650	53 815	71 036	87 908	87 908	87 908	87 908	87 908	87 908	87 908	87 908	87 908	87 908	87 908
1.1.1	营业收入		22 650	53 815	71 036	87 908	87 908	87 908	87 908	87 908	87 908	87 908	87 908	87 908	87 908	87 908
1.2	现金流出		20 211	47 536	62 184	76 531	76 599	76 670	76 736	76 736	76 736	76 736	76 919	77 102	77 102	77 102
1.2.1	经营成本		20 090	47 141	61 213	75 000	75 000	75 000	75 000	75 000	75 000	75 000	75 000	75 000	75 000	75 000
1.2.2	税金及附加		121	289	381	471	471	471	471	471	471	471	471	471	471	471
1.2.3	所得税			106	590	1 060	1 128	1 199	1 265	1 265	1 265	1 265	1 448	1 631	1 631	1 631
2	投资活动净现金流量	-28 539	-20 472	-8 581	-4 382	-4 289										
2.1	现金流入															
2.2	现金流出	28 539	20 472	8 581	4 382	4 289										
2.2.1	建设投资	28 539	14 057													
2.2.2	流动资金		6 415	8 581	4 382	4 289										
3	筹资活动净现金流量	28 539	18 150	3 029	-3 053	-4 971	-9 092	-8 132	-994	-994	-994	-994	-994	-994	-994	-994
3.1	现金流入	29 194	21 291	8 581	4 382	4 289										
3.1.1	项目资本金投入	9 194	6 800	2 575	1 314	1 287										
3.1.2	建设投资借款	20 000	10 000													
3.1.3	流动资金借款		4 491	6 006	3 068	3 002										
3.2	现金流出	655	3 141	5 552	7 435	9 260	9 092	8 132	994	994	994	994	994	994	994	994
3.2.1	各种利息支出	655	1 907	2 514	2 499	2 356	1 904	1 433	994	994	994	994	994	994	994	994
3.2.2	偿还借款本金		1 235	3 038	4 936	6 904	7 188	6 699								
4	净现金流量		116	727	1 417	2 117	2 217	3 106	10 178	10 178	10 178	10 178	9 995	9 812	9 812	9 812
5	累计盈余资金		116	843	2 260	4 377	6 594	9 700	19 878	30 056	40 234	50 412	60 407	70 219	80 031	89 843

表 18－2－1－11 资产负债表 单位：万元

序号	项目 \ 时间	建设期		生产期												
		1	2	3	4	5	6	7	8	9	10	11	12	13	14	15
1	资产	29 194	51 831	61 893	66 761	72 193	71 398	71 492	78 658	85 824	92 990	100 156	108 364	117 604	126 844	136 084
1.1	流动资产总额		9 267	22 341	30 220	38 665	40 882	43 988	54 166	64 344	74 522	84 700	94 695	104 507	114 319	124 131
1.1.1	应收账款		2 511	5 893	7 652	9 375	9 375	9 375	9 375	9 375	9 375	9 375	9 375	9 375	9 375	9 375
1.1.2	存货		6 393	15 055	19 643	24 135	24 135	24 135	24 135	24 135	24 135	24 135	24 135	24 135	24 135	24 135
1.1.3	现金		247	550	665	778	778	778	778	778	778	778	778	778	778	778
1.1.4	累计盈余资金		116	843	2 260	4 377	6 594	9 700	19 878	30 056	40 234	50 412	60 407	70 219	80 031	89 843
1.2	在建工程	29 194														
1.3	固定资产净值		49 475	37 594	34 713	31 832	28 951	26 070	23 189	20 308	17 427	14 546	12 830	12 279	11 728	11 177
1.4	无形及递延资产净值		2 089	1 958	1 827	1 696	1 565	1 434	1 303	1 172	1 041	910	839	818	797	776
2	负债及所有者权益	29 194	51 831	61 893	66 761	72 193	71 398	71 492	78 658	85 824	92 990	100 156	108 364	117 604	126 844	136 084
2.1	流动负债总额		7 227	16 999	22 147	27 188	27 188	27 188	27 188	27 188	27 188	27 188	27 188	27 188	27 188	27 188
2.1.1	应付账款		2 736	6 502	8 582	10 621	10 621	10 621	10 621	10 621	10 621	10 621	10 621	10 621	10 621	10 621
2.1.3	流动资金借款		4 491	10 497	13 565	16 567	16 567	16 567	16 567	16 567	16 567	16 567	16 567	16 567	16 567	16 567
2.1.4	其他短期借款															
2.2	长期借款	20 000	28 765	25 727	20 791	13 887	6 699									
	负债小计	20 000	35 992	42 726	42 938	41 075	33 887	27 188	27 188	27 188	27 188	27 188	27 188	27 188	27 188	27 188
2.3	所有者权益	9 194	15 839	19 167	23 822	31 118	37 511	44 304	51 470	58 636	65 802	72 968	81 176	90 416	99 656	108 896
2.3.1	资本金	9 194	15 994	13 569	19 883	21 170	21 170	21 170	21 170	21 170	21 170	21 170	21 170	21 170	21 170	21 170
2.3.2	资本公积金															
2.3.3	累计盈余公积金			60	394	995	1 634	2 313	3 030	3 747	4 464	5 181	6 002	6 926	7 850	8 774
2.3.4	累计未分配利润		－155	538	3 545	8 953	14 707	20 821	27 270	33 719	40 168	46 617	54 004	62 320	70 636	78 952

等18项管理规定，明确职责权限和管理程序，确保项目实施有章可循、有制可依。

（2）决策规范。定期召开投资例会，所有项目实施计划由投资例会集体决策，并形成会议纪要监督、推进项目实施。

（3）招标规范。成立由主管投资副总经理牵头的招标工作领导小组，严格按照批复的招投标方案，组织招议标工作。一是做好项目招标的报批工作和招标代理公司的选定工作，为后期工作开展打下基础。二是确定本项目工程类和部分设备采用设计施工总承包模式。根据设备制作周期、安装周期、工艺需要等因素制定设备招标采购计划，并按照招投标法及公司规定，有序组织公开招标工作。

（4）财务规范。一是设立项目专门账户、配备专职财务人员，在项目资本金的管理方面做好基础保障。二是严格按照投资计划、合同办理资金结算，对是否依据《国有资本金使用管理规定》履行了审批手续进行严格把关。三是聘请全过程跟踪审计机构，加强项目投资的阶段性审核工作及项目预决算工作。

（5）施工规范。一是编制项目实施总进度计划，用于指导项目工作有序进行，并根据总进度计划编制详细的设备采购计划；二是严格执行“先报建，后开工”，施工过程中做好安全管理、质量管理和进度管理。

（六）项目后评价

项目建成投产后，公司特高压产品装备保障能力显著增强，经济效益明显改善。2016年正式投产后，产能利用、收入和利润均好于预期（见表18－2－1－12）。

表18－2－1－12 产能利用、收入和利润表 单位：万元

序号	指标	预期（生产期第一年）	2017年
1	产量	1 205	1 293
2	收入	53 815	65 310
3	毛利	8 832	9 800

四、取得成效

（一）应用相关管理会计工具方法前后情况对比

1. 可行性研究。应用相关管理会计工具方法前，公司可行性研究深度不够，质量不高，不能完全满足决策需要；应用后，可行性研究的深度和质量得到了提升，决策质量进一步提高。同时，公司加强项目的实施管控，面对不断变化的内外环境，有效配置各项资源，根据公司生产经营，结合特高压项目实施情况，对项目调整方案进行必要性分析，适时调整建设方案。

（1）项目产能与市场的关系。投资方案原设计产能2 000万千伏安/年，对方案调整后，项目设计产能保持不变。项目建成后，秦变公司总产能达4 500万千伏安/年，结合当前市场形势及对未来市场预测，完全满足市场需求。

（2）既有资源的潜能发挥。通过合理安排原线圈车间的生产，增加线圈绕制班次，

使原线圈车间的生产能力增加 1 500 万千伏安/年，且原线圈车间至新建总装厂房的新建转运通道满足线圈的转运要求，并且约 500 万千伏安/年的线圈配套由天威保变提供。上述既有资源潜能的发挥可保证天威保变公司线圈整体供给满足总体产能要求。

（3）面临的资金压力。当前天威保变及秦变公司资金压力较大，方案调整可部分缓解公司资金压力，对当前经营与保障后续发展均有利。

经过上述分析，初设方案调整是必要的。根据调整方案，调减线圈车间投资 6 402 万元，减少后期每年折旧费用 130 万元。

2. 项目抗风险能力。管理会计工具应用前，不注重对敏感性和风险因素的分析，未考虑时间价值，导致项目建成后经济环境或风险因素变化使企业效益大幅下降。通过应用该工具，将风险控制在企业可以接受的范围内，大大提升了项目的抗风险能力。

项目实施所需投资成本的高低，在很大程度上取决于材料价格的高低，而降低成本是提升项目抗风险能力的主要措施之一。在项目开始实施时，公司时刻关注所用材料的价格，在极不稳定的材料市场上，稳抓市场机会，加快了项目建设，降低了成本，提升了项目的抗风险能力。

2015 年 1 月，钢材平均价格为 2 930 元/吨，至 5 月，钢材价格下降到 2 220 元/吨，较年初下降了 24%。在 2015 年上半年钢材价格震荡下行、整体表现疲弱的情况下，公司决定立即实施项目总承包招标，以有力降低项目实施成本。公司于 2015 年 5 月基本完成项目总承包工程及自行采购设备招标工作。

2016 年 12 月，公司完成项目建设投资 30 294 万元，较调整后建设投资预算36 194 万元（初始建设投资 42 596 万元 - 项目调减线圈投资 6 402 万元）节约 5 900 万元。节约的金额较大部分是由于钢材市场价格下降引起厂房用中板价格及设备制造成本下降。按节约金额计算，项目投产后每年减少折旧费用 198 万元。

（二）对解决单位管理问题情况的评价

1. 助力投资决策参考，降低战略投资潜在决策失当风险。通过投资决策分析，全面预测内外部环境对整体项目实施的影响，为有效决策战略投资方向提供数据支持和参考，分析对不确定因素变化的承受能力和项目未来经济效益估算，尽可能降低甚至化解企业战略投资的潜在决策失当风险。

2. 提高企业资源利用效率。投资决策分析有利于企业围绕战略目标合理有效地调动资源配置，提高资源的利用效率。

3. 保障有效资本投入。针对投资战略决策，有效分析资本回报指标，从而围绕战略收益目标做到有步骤地可控投入，保障资产所有人利益。

五、经验总结

（一）项目财务管理方法的基本应用条件

1. 成立组织机构，落实管理责任，做好组织保障。投资决策分析涉及研发、生产、市场、人力等多方面，需要有完整的组织架构作为基础，明确各职能部门的职责，加强各部门各环节的协作，确保投资决策分析的科学性、完整性、严谨性和及时性。

2. 完善决策程序。注重对事前环境、可实施条件的可行性调研和分析，做到全面具体，真实有效。注重事中过程控制管理，逐级明确决策权限。注重对事后效果的采集分析，及时修正战略战术，避免决策失当。

3. 加强可行性分析。一个成功的投资决策分析必须对现阶段企业所处的内外环境、形成的经济效益、抗风险能力及相应的应对措施进行详尽的分析，以便项目的正确决策和顺利实施。

4. 加强全过程项目管控。投资决策分析要覆盖决策全过程，其中包括事前完整的市场分析、财务分析、风险分析等，也要对过程实时监控分析，做到招标、批复、合同、实物一致，制度、决策、招标、财务、施工、签证规范，运用动态、静态评价做好事后分析，总结经验教训，不断提高投资水平和投资收益能力。

（二）项目财务管理方法成功应用的关键因素

1. 内外部环境分析。内外部环境分析是进行科学决策的基础，其分析结果的好坏直接影响对企业自身所有权优势及投资方向的判断，是进行项目财务管理的核心基础。

2. 基础数据质量。投资项目假设的基础数据是经济评价的依据，因此基础数据的真实、准确、可靠性是经济评价有效的关键。

3. 项目财务管理过程控制。一个项目在前期评价及分析的过程中可能会是一个很好的项目，但如果在后期执行过程中不进行有效管理，其经济效益可能下降，项目甚至失败。如果一个项目在前期评价及分析过程中可能不是企业最好的选择，但企业别无他选，在后续管理过程中把控得很好，则该项目可能给企业带来超过最初预期的效益。因此，项目财务管理的全过程控制十分关键。

（三）项目财务管理方法在应用中的优缺点

1. 该工具的优点可以总结为“全面性”。从企业内部到外部，从现在到未来，从事前、事中到事后，从静态到动态，从财务到业务，都融入了项目财务管理方法，可以说该工具是管理会计方法中最具全面性的应用方法。

2. 该工具的主要缺点在于涉及面较宽，对单位各部门的协调配合和相关人员的专业性要求较高。

（四）对发展和完善项目财务管理工具方法的建议

投资项目财务管理是复杂的系统工程，充分利用信息化手段加强基础数据收集和建模分析，是提高投资决策水平、增强项目实施管控的有力工具。

现阶段项目财务管理相关理论与方法都趋于成熟，只是在基础数据收集和建模分析方面有待进一步提高。在大数据时代，将信息化纳入项目财务管理可以促使该工具进一步发展和完善。

（五）对推广应用项目财务管理工具与方法的建议

该工具本身具有的“全面性”特征使得其即可以应用于企业战略层面，也可以应用于战术层面。同时，该工具实操性很强，只要企业在运行过程中根据企业内外部环境进行有效把控，就可收到可观的效果。

案例二 昆仑公司——强化项目财务管理，提升项目管控水平

西安昆仑工业（集团）有限责任公司（以下简称“昆仑公司”）项目财务管理是在兵装集团战略目标的引导下，以构建“服务战略、配置资源、管理风险、价值创造”为主要内容，以价值创造为导向推动项目财务管理工具在项目管理中实践运用。本案例是昆仑公司在拟引入陕西省产业投资公司为第三方合作对象，以对KAE公司增资扩股方式，购买电枢产品生产线项目运用项目财务管理工具对项目实施全程管理的应用。案例阐述了在当时背景下公司项目管理状况和存在的问题，以及选择实施项目财务管理的原因。案例通过搭建项目财务管理模型，完善项目管理流程图，筛选财务评价指标，对项目申请单位近年来财务报表结构做静态趋势分析评价；对项目实施后销售、成本因素变动量运用敏感性分析测算出项目内在的抗风险能力；通过SWOT分析，综合得出项目的优势、劣势、机会、威胁；按风险因素对投资项目影响程度和风险发生的可能性大小，把风险分为市场风险、技术风险、资金风险、政策风险、外部协作条件风险、社会风险6个等级进行评估输出项目的风险管控点，运用财务工具、方法和手段对项目财务测算进行财务可行性评价分析。

项目财务管理工具在昆仑公司的应用实施改变了公司长期以来在项目管理方面沿用特品项目管理模式的情况，建立了以经济效益为主导的民品项目管理模式，完善了昆仑公司项目管理体系，有效规避了子企业为争取项目获得批准通过主观美化财务测算报告的现象。项目财务管理的实施为项目财务可行性提供了科学的决策依据，解决了微观项目管理问题。

一、背景描述

（一）单位基本情况

昆仑公司始建于1953年，是国家“一五”期间156项重点建设项目之一，是我国唯一、亚洲最大的航炮科研生产基地，是兵装集团所属的国家重点特品企业。KAE公司是昆仑公司控股经营的合资公司，2002年10月25日注册成立，公司注册资金1 360万元。

KAE公司主营业务是汽车发动机燃油系统的零部件研发、生产，是中德合资的上海联合汽车电子公司（以下简称UAES）的优秀供应商。KAE公司成立以来，伴随着中国汽车工业快速增长，截至2014年末，KAE公司销售收入占昆仑公司民品收入的60%以上，占昆仑公司总收入的10%。公司一直保持稳步增长的盈利态势，发展前景乐观。

为深化改革，进一步推动昆仑公司多产业融合发展，扩大企业汽车零部件配套产业规模，转型升级，做大做强做优，并融入兵装集团民品主业，昆仑公司经多方寻求与洽谈，拟引入陕西省产业投资公司为第三方合作对象，以对KAE公司增资扩股的方式购买电枢产品

生产线。为此，昆仑公司要求根据项目申请书，财务部门运用项目财务管理方法对此项目做可行性评价。

（二）公司项目财务管理状况及存在的问题

昆仑公司属于特品企业，长期以来在项目财务管理方面一直沿用特品项目管理模式，重点突出特品地位，兼顾经济效益为辅的管理理念。项目管理从申请、立项、方案制定、项目审核批准、组织实施到验收，由发展计划部门牵头其他部门配合完成。财务部门仅对项目的可行性做简单的财务评价，不涉及项目财务管理，出现公司民品项目管理照搬特品的现象，导致民品项目管理可行性分析简单化、项目实施后经济效益不佳，暴露了项目财务管理——可行性评价方面不专业、不全面、不规范的问题。

（三）选择实行项目财务管理的主要原因

昆仑公司以往投资项目主要是国拨特品延保项目和生产能力项目，延保项目国家预算内资金支持，项目立项、计划、实施、验收、后评都是按照国家相关规定管理，项目注重时间节点进度，注重按预算实施，不涉及可行性财务评价。特品生产能力项目实施虽涉及可行性财务评价，但在财务手段、财务工具运用方面比较简单，形成不了专业、系统的分析评价报告。民品项目投资追求经济效益最大化，项目财务管理的重点是项目可行性财务评价。如何评判 KAE 公司的增资扩股方式、购买电枢产品生产线项目的可行性；如何完善公司特、民分项项目财务管理体系，使可行性财务分析在项目财务管理中占有举足轻重的地位？昆仑公司树立了“财务管理创造价值”这一理念，运用项目财务管理工具加强公司的项目管理。

二、总体设计

（一）应用项目财务管理的目标

昆仑公司应用项目财务管理的目标是：运用项目财务管理工具对 KAE 公司增资扩股项目进行可行性分析，为投资决策提供依据，完善昆仑公司项目管理体系，实现财务在项目管理中的价值创造。

（二）应用项目财务管理的总体思路

昆仑公司在继承特品项目管理优点的基础上，完善项目管理制度，优化了项目管理流程，实施了对项目全过程的财务管控，通过筛选可行性财务评价指标，运用财务手段编制财务评价报告，为项目可行性做出财务评价。

（三）应用项目财务管理方法的内容

1. 应用管理工具方法对项目申请单位近年来的财务报表结构做静态趋势分析评价。

2. 对项目实施后销售、成本因素变动量运用敏感性分析测算出项目内在的抗风险能力。

3. 通过 SWOT 分析，综合得出项目的优势、劣势、机会、威胁。

4. 按对投资项目的影响程度和风险发生的可能性，把风险分为市场风险、技术风险、资金风险、政策风险、外部协作条件风险、社会风险 6 个等级进行评估，输出项目的风险管控点。

（四）应用项目财务管理方法的创新

1. 在应用项目财务管理方法时，引入对项目申请单位近几年财务状况的分析，通过分析评估项目申请单位财务结构的合理性，判别项目单位盈利能力、发展能力、偿债能力及单位投资能力与风险匹配度，避免盲目投资带来的风险。

2. 依托项目实施结果——产品这条主线，通过计算、分析获得项目可行性财务依据，改变了以往项目财务可行性分析的侧重点和分析理念，真正体现了“项目财务管理的价值创造”。

三、应用过程

（一）搭建项目财务管理模型

1. 组织机构及方式。

（1）成立可行性财务评审委员会。昆仑公司设立可行性财务评审委员会，下设财务评价组和综合评价组，由总会计师任组长，财务部、审计部、计划与发展部领导任副组长。财务评价组由财务部、审计部各室主任担任成员。

（2）其他参与部门。为确保项目顺利实施成立综合评价小组。综合评价小组由公司人力、技术、销售、计划、法律等部门组成，对各自分管业务进行评判。各主要专业部门分工如表18－2－2－1所示。

表18－2－2－1 部门分工

部门	职责
计划与发展处、法律办	负责牵头项目方案编报，负责牵头、组织项目实施及报备工作
技术部	负责评判产品的工艺流程和材料消耗定额
工程与运维部、技术环保部	负责评判设备投资、低值易耗费、设备维修费用、安全消防环保费用和能源消耗
财务部	负责编制项目财务测算报告
人力资源部	负责评判项目的人员配置、人工成本和工时定额
物资供应部	负责评判材料采购价格
销售部	负责评判项目生命周期、产品销售价格、销售数量、应收账款周转率和销售费用

2. 项目财务管理方法的筛选。可行性财务评价指标种类繁多，各有特点，选择评价指标必须在结合项目类别基础上紧紧围绕财务管理净现值理念和成本效益法主线。通过财务评价组投票筛选了动态趋势分析指标：年净现金流量、净现值（NPV）、内含报酬率（IRR）。从项目申请单位财务结构合理性出发筛选了静态的趋势分析资金筹集能力、盈利能力、发展能力3项指标。综合评价组推荐了SWOT分析和风险因素评级指标。

3. 完善项目财务管理制度。为了改进和完善项目财务管理制度，昆仑公司领导层多次召开项目管理专题会议，就公司财务在项目管理现状和运用方面存在缺陷和问题提出修改建议，将可行性财务评价报告写入项目管理办法，使项目财务管理方法的运用制度化，常态化、规范化。

4. 项目管理流程再造。昆仑公司重新梳理项目管理流程，加入可行性财务评价报告和项目后评，规范项目财务管理流程（见图 18－2－2－1）。

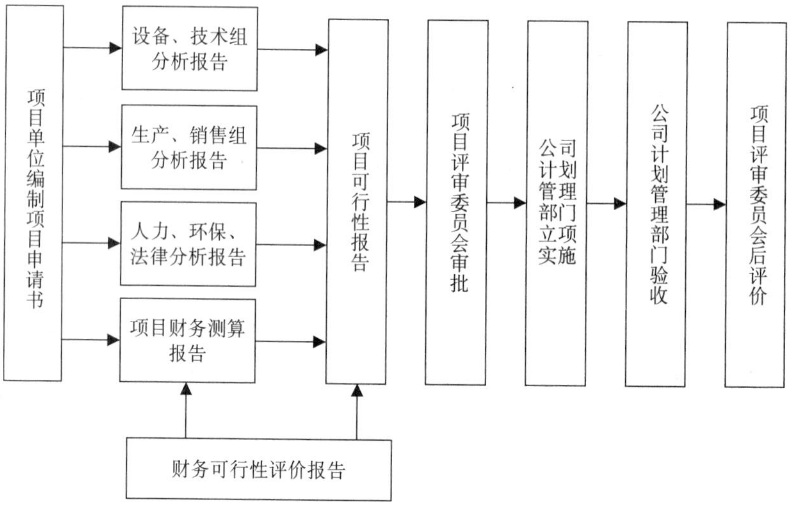

图 18－2－2－1 项目管理流程

（二）项目财务测算

1. 财务测算依据。

（1）依据 KAE 公司增加新股东及增加注册资本协议书。

（2）汽车电动燃油泵电枢项目可行性研究报告。

（3）市场预测：预计电枢产品收入每年增加约 2 000 万元。

（4）产品技术优势：由于该项技术被国际几家知名公司垄断，KAE 公司作为联合汽车电子有限公司主流的优秀供应商，决定为联合汽车电子有限公司开发和生产售后市场燃油泵铜电枢，并以此为契机，进一步为其开发和生产 OEM 市场所需的燃油泵铜电枢。

（5）财务核算方法：依据兵装集团财务核算管理办法，参照昆仑公司的财务核算方法。

2. 立项依据。

（1）国内外的发展概况和最新发展趋势。燃油泵电枢是电动燃油泵中组成永磁电动机的核心部件，与电动燃油泵一样，其产品和技术一直被几家国际知名公司垄断。从 20 世纪 90 年代末起，跨国公司通过合资将其产品和技术逐步扩散到中国。世界上自燃油泵投入使用以来，没有停止过更新换代的步伐，燃油泵电枢的研究与更新也从未停止过。

（2）项目目的。汽车燃油泵是当前国际上比较成熟的汽车发动机电控燃油喷射系统的执行部件，其质量的优劣直接影响着汽车能否安全行驶。由于大量品质低劣的汽车燃油泵充斥售后市场，冲击 OEM 市场，作为国内汽车发动机电控燃油喷射系统的龙头企业，联合汽车电子有限公司决心进军汽车燃油泵的售后市场，开发和生产低成本汽车燃油泵。

KAE 公司作为联合汽车电子有限公司主流的优秀供应商，决定为联合汽车电子有限公司开发和生产售后市场使用的燃油泵电枢，并以此为契机，进一步为其开发和生产 OEM 市场所需的燃油泵电枢。

（3）项目达到的水平。香港的跨国集团公司德昌电机是目前最大的燃油泵电枢生产企业，是德国博世公司的指定供应商；韩资企业辽宁锦州韩华电装公司专业生产燃油泵电枢供给韩资汽车公司；江浙一带的民营企业仿制生产燃油泵电枢自用于本企业的电动燃油泵上，出口国外或国内售后市场。本项目按照联合汽车电子有限公司—德国博世公司的合资企业技术要求，研发和生产的汽车燃油泵电枢达到国际一流技术水平。

（4）应用推广前景及预期的社会经济效益。公司研发和生产汽车电动燃油泵电枢项目，按照年产售后市场汽车电动燃油泵铜电枢 30 万只和年产 OEM 汽车电动燃油泵铜电枢 70 万只提供给联合汽车电子有限公司来生产对应的汽车电动燃油泵，以占领汽车电动燃油泵售后市场，巩固汽车电动燃油泵的 OEM 市场，具有良好的社会效益和经济效益。

3. 项目市场预测。

（1）需求分析。联合汽车电子有限公司年产售后市场使用的汽车电动燃油泵 50 万只，年产 OEM 市场汽车电动燃油泵 100 万只。

（2）销售渠道。昆仑公司是联合汽车电子有限公司的中方股东，并控股 KAE 公司。KAE 公司是联合汽车电子有限公司主流的优秀供应商，伴随联合汽车电子有限公司的发展而壮大。

（3）竞争能力分析。KAE 公司与联合汽车电子有限公司的汽车电动燃油泵生产厂——西安厂同处一地，其生产的售后市场使用的汽车电动燃油泵铜电枢，由于物流成本低和产品售价低，已取得售后市场使用的汽车电动燃油泵铜电枢的主要供应商资格。随着项目的进展，开发和生产的 OEM 市场使用的汽车电动燃油泵铜电枢凭借物流成本和产品成本双低的优势，必将占领 OEM 燃油泵铜电枢市场绝大部分份额。

（4）现有订货情况。联合汽车电子有限公司与 KAE 公司签订的是年度供货合同，已经批量生产售后市场燃油泵所用的铜电枢，按照周订单组织生产和交付。

（5）环境状况分析。汽车电动燃油泵铜电枢是机电一体化产品。其生产过程是自动化装配过程。在整个工艺流程中，电力和压缩空气为动力源。在生产过程中，精车换向器表面产生少量铜银屑，动平衡去重过程产生少量硅钢碎屑，作为固体废弃物回收利用。项目没有产生影响环境的物质。

4. 财务测算。

（1）增资后电枢新产品收入预测（见表 18－2－2－2）。

表 18－2－2－2　　　电枢新产品收入预测明细　　　单位：万元

项目	2014 年	2015 年	2016 年	2017 年
电枢产品	800	2 000	2 000	2 000

（2）生产能力测算（见表 18－2－2－3）。

表 18－2－2－3　　生产能力测算明细

项目	2014 年	2015 年	2016 年	2017 年
计划产能（万元）	80	200	200	200
生产线需求（条）	0.14	0.71	0.71	0.71
生产线实际需求（条）	1	1	1	1

（3）人力资源需求分析（见表 18－2－2－4）。

表 18－2－2－4　　人力资源需求分析　　单位：人

	需要数量	新增人员数量
间接人员	3	3
直接人员	15	15

（4）生产成本测算（见表 18－2－2－5）。

表 18－2－2－5　　生产成本明细表　　单位：万元

序 号	名　称	成 本
1	原材料成本	5.42
2	设备成本	0.60
3	人工成本	0.70
4	管理费	0.36
5	其他费用（含质量损失）	0.30
6	合　计	7.38

（5）年度净利润测算（见表 18－2－2－6）。

表 18－2－2－6　　年度净利润测算表

序号	项　目	第一年	第二年	第三年	第四年
1	销售收入（万元）	800	2 000	2 000	2 000
2	成本费用总额（万元）	723.2	1 476	1 476	1 476
2.1	其中：材料支出（万元）	400	1 000	1 000	1 000
2.2	人工成本支出（万元）	140	220	220	220
2.3	折旧（万元）	100	100	100	100
3	税前利润（万元）	76.8	524	524	524
4	所得税（万元，按税率 15% 计）	11.52	78.6	78.6	78.6
5	净利润（万元）	65.28	445.4	445.4	445.4
6	销售利润率（%）	8.16	22.27	22.27	22.27

（6）项目回收周期（见表 18－2－2－7）。

表 18－2－2－7 **项目回收周期表** 单位：万元

序号	项 目	现金流量	回收额	未回收额
1	原始投资	－1 500	—	—
2	现金流入	—	—	—
3	2014 年	800	152.8	－1 347.2
4	2015 年	2 000	579.0	－768.2
5	2016 年	2 000	534.5	－233.7
6	2017 年	2 000	490.0	256.3
7	回收期	3.5 年		

（7）测算结论。经过测算，KAE 公司电枢项目产品销量比较稳定，项目投资回收期不到 4 年。在项目达投产期实现的条件下，在收入稳定的情况下每年实现税前利润均比较可观。

（三）具体应用模式——财务可行性评价报告

1. 评价依据。

（1）兵装集团投资管理办法——产权性项目经济分析。

（2）上报兵装集团“KAE 公司增资项目申请书”和“KAE 公司增资项目财务测算”。

（3）昆仑公司董事会决议。

（4）财务评价基础数据依据 KAE 公司财务决算报表。

（5）不考虑通货膨胀因素影响。

2. 静态的趋势分析。

（1）资金筹集能力（见表 18－2－2－8）。

表 18－2－2－8 **2011～2013 年资金筹集能力分析表** 单位：%

序号	项目	2011 年	2012 年	2013 年
1	流动比率	1.92	1.72	1.92
2	资产负债率	48.00	38.00	42.00

（2）盈利能力（见表 18－2－2－9）。

表 18－2－2－9 **2011～2013 年盈利能力分析表** 单位：%

序号	项目	2011 年	2012 年	2013 年
1	销售净利率	3.0	4.0	2.7
2	成本费用利润率	5.0	5.0	3.4
3	总资产报酬率	7.3	8.6	7.0

（3）发展能力（见表 18－2－2－10）。

表 18－2－2－10　　2011～2013 年发展能力分析表　　单位:%

序号	项目	2011 年	2012 年	2013 年
1	营业收入增长率	35.06	5.80	28.00
2	利润增长率	－34.00	35.50	－7.00
3	总资产增长率	1.00	32.50	0.30

3. 动态的敏感性分析。上述分析是基于 2011～2013 年度 KAE 公司财务报表下的一种静态的趋势分析。它侧重于公司财务结构，缺少有效的前瞻性分析。市场瞬息万变，无论是收入还是成本都会随着市场环境而波动，运用敏感性分析可以有效地测算出项目内在的抗风险能力，从而更好地采取应对措施实现利润最大化，确保项目投资达到预期收益。

（1）敏感性因素的确定。根据经济实质对变动可能性较大且对经济效益影响较大因素确定为：销售收入、营业总成本（见表 18－2－2－11）。

表 18－2－2－11　　敏感指标明细

序号	分析因素	变化率（%）	敏感性分析指标
1	销售收入	下降 5～15	净现值（NPV）
2	营业总成本	上升 5～15	内含报酬率（IRR）

（2）敏感性因素影响分析。

①收入下降 5%～15%（见表 18－2－2－12）。

表 18－2－2－12　　收入影响分析

序号	项目	期初数	收入下降 5%	收入下降 10%	收入下降 15%
			第一年	第二年	第三年
1	新增资本数（万元）	－1 500	—	—	—
2	基准折现率（%）	12	—	—	—
3	每年收入（万元）	—	1 900.00	1 800.00	1 700.00
4	每年付现总成本（万元）	—	1 510.00	1 510.00	1 510.00
4.1	其中：折旧（万元）	—	100.00	100.00	100.00
5	税前利润（万元）	—	390.00	290.00	190.00
6	所得税（15%）（万元）	—	97.50	72.50	47.50
7	税后利润（万元）	—	292.50	217.50	142.50
8	每年净现金流量（万元）	—	392.50	317.50	242.50
9	净现值（NPV）（万元）	—	717.71	293.95	－129.82
10	内含报酬率（IRR）（%）	—	22.82	16.62	9.85

②营业总成本变动上升 5%～15%（见表 18－2－2－13）。

③对比评价说明（见表 18－2－2－14）。

表 18-2-2-13 营业总成本变动情况

序号	项目	期初数	成本上升 5%	成本上升 10%	成本上升 15%
			第一年	第二年	第三年
1	转增资本数（万元）	-1 500	—	—	—
2	基准折现率（%）	12	—	—	—
3	每年收入（万元）	—	2 000.00	2 000.00	2 000.00
4	每年付现成本（万元）	—	1 585.50	1 661.00	1 736.50
4.1	其中：折旧（万元）	—	100.00	100.00	100.00
5	税前利润（万元）	—	414.50	339.00	263.50
6	所得税（25%）（万元）	—	62.18	50.85	39.53
7	税后利润（万元）	—	352.33	288.15	223.98
8	每年净现金流量（万元）	—	452.33	388.15	323.98
9	净现值（NPV）（万元）	—	1 055.74	693.13	330.53
10	内含报酬率（IRR）（%）	—	27.50	22.47	17.17

表 18-2-2-14 因素变动汇总明细

项目	指标	第一年（5%）	第二年（10%）	第三年（15%）
收入下降	净现值（NPV）（万元）	717.71	293.95	-129.82
	内含报酬率（IRR）（%）	22.82	16.62	9.85
成本上升	净现值（NPV）（万元）	1 055.74	693.13	330.53
	内含报酬率（IRR）（%）	27.50	22.47	17.17

通过测算对比发现，当收入下降和成本上升时，产品售价的变动对净现值 NPV、内含报酬率（IRR）影响最大，最为敏感。

4. SWOT 分析（见图 18-2-2-2）。

公司内部条件		公司外部环境	
优势	昆仑公司是中联汽车电子股东； KAE 公司中联汽车电子制定供应商，产品销路无忧； 中联汽车电子提供设备、产品技术支持，产品生产能力、质量有保障； 物流成本和产品成本双低的优势	机会	中国汽车产业高速发展； 新品替代旧品，已逐渐形成趋势； 符合国家军民融合的发展政策
劣势	产品革新较快，存在可能升级换代； 核心技术无法掌握； 原材料成本、人力成本、运输成本上涨，无法满足 UAES 的成本要求	威胁	同行业厂家竞争； 市场开发意识弱，客户单一； “限购、限行”政策的持续扩大

图 18-2-2-2 SWOT 分析

5. 风险评估。按风险因素对投资项目影响程度和风险发生的可能性大小，风险分为市场风险、技术风险、资金风险、政策风险、外部协作条件风险、社会风险 6 个等级进行评估。

根据上述财务分析，结合各项目组专家评估结果，该项目各项风险程度见表 18－2－2－15。

表 18－2－2－15 风险因素和风险程度分析

序号	风险因素名称	风险程度			
		灾难性	严重	较大	一般
1	市场风险	—	—	—	√
1.1	市场需求量	—	—	√	—
1.2	竞争能力	—	—	√	—
1.3	价格	—	—	√	—
2	技术风险	—	—	—	√
2.1	先进性	—	—	—	√
2.2	适用性	—	—	—	√
2.3	可靠性	—	—	—	√
3	资金风险	—	—	—	√
3.1	利率	—	—	—	√
3.2	资金来源中断	—	—	—	√
3.3	资金供应不足	—	—	—	√
4	政策风险	—	—	—	√
5	外部协作条件风险	—	—	—	√
6	社会风险	—	—	—	√

6. 风险管控点。按照准备上报兵装集团《KAE 公司增资项目可行性报告》的计划安排，按项目的时间、节点、进度分解责任主体，使责任层层落实，进行责任考核，确保项目增资顺利实施。对项目进行敏感性测算分析，针对产品价格变动这一敏感性因素制定有效客户协商机制，确保新建项目达到预期收益。通过签订新股东及增加注册资本协议书，确保公司权益，实现股东收益最大化。

7. 评价结论。通过对 KAE 公司 2011～2013 年财务报表数据进行分析得知，公司经济规模较小，财务结构较为合理。通过敏感性分析测试，在假设产品价格降低或成本上升的不利条件下，项目投资仍可实现净现值大于零及内涵报酬率总体大于 10%，充分说明项目盈利能力强，具有可操作性。通过引进战略投资者投资新建项目，能够扩大公司经济规模，提高公司经济效益，规避股权结构风险，实现公司跨越式发展。KAE 公司所属汽车零部件行业竞争较为激烈，但公司依靠母公司与客户存在被投资关系，确保了新建项目产品市场，并且客户提供新建项目产品技术支持，能够有效保障公司新建项目实现预期收益。

（四）项目实施

KAE 公司进行增资扩股购买电枢产品生产线是昆仑公司民品转型发展的关键项目，为确保项目投资能顺利实施并取得良好效益，昆仑公司重点从质量、成本、进度等方面有效控制项目的实施过程。

1. 公司在遵循国家规定及行业标准基础上建立项目质量监督管理组织、健全质量管理制度、形成质量考核评价体系和反馈机制等。项目评审委员会实现对项目实施全过程的质量控制。

2. 将预算成本控制贯穿项目实施全过程。公司财务、审计部门通过加强项目实施阶段的预算控制，监督合同执行，有效控制设计变更，监督和控制合同价款的支付，实现项目实施过程的预算成本控制。

3. 公司计划部门建立项目进度控制管理制度，编制项目实施进度计划，制定项目实施节点；实行动态检测，完善动态控制手段，定期联合审计、财务部门检查进度计划，收集实际进度数据；加强项目进度偏差原因分析，及时采取纠偏措施等，实现对项目实施过程的进度控制。

（五）项目验收

由计划部门牵头财务、审计、项目单位等部门并邀请第三方组成项目验收组，对项目内容的完成情况、目标的实现情况、经费的使用情况、项目成果的意义和应用情况等方面进行全面的验收。

（六）项目后评价

参照项目财务管理工具相关规定，公司项目管理增加对项目实施后的经济效益和社会效益评价，完善公司项目财务管理。

1. 经济效益。项目建成投产后，KAE 规模显著增强，主导民品发展能力显著提升，销售收入大幅增长，经济效益明显改善（见表 18－2－2－16）。

表 18－2－2－16　投资后经营成果明细　单位：万元

指　标	2014 年	2015 年	2016 年
销售收入	8 211.00	9 610.00	10 162.00
工业增加值	2 503.00	2 952.00	4 172.00
利润总额	508.00	443.00	630.00

2. 社会效益。一是完成了公司民品布局结构调整。通过项目建设，公司“民板块”战略布局规划由蓝图变成现实。二是增加了就业机会和收入。新增了 30 多个就业岗位，KAE 公司年均人收入指标增长率达到 15% 以上。

（七）实施过程中遇到的主要问题和解决方法

问题一：项目申请单位财务测算基础数据来源的真实性和可靠性问题。

解决方法：评价委员会组织财务人员、审计人员和专业技术人员对项目财务测算基础数据，如产品销量、售价、生产能力、产品质量等方面逐一核查，通过行业调研，数据测算、上网查询等方式核实数据。

问题二：如何结合项目财务管理工具选择可行性财务评价指标。

解决方法：在如何选择确定可行性财务评价指标的问题上，财务评价领导小组多次召开专题会议，在参照项目财务管理工具方法的同时结合项目投资内容选择动态敏感分析、主静态评价指标、风险评估、SWOT 分析评价指标，对项目财务测算书进行全面考评。

四、取得成效

（一）项目财务管理实施前后情况对比

建立可行性财务评价为主要项目财务管理工具方法。项目财务管理的建立和使用，建立了以经济效益为主的可行性评价项目管理制度，改变了公司以往项目管理理念，完善了项目可行性评价制度。

完善项目管理制度。项目财务管理方法的建立和使用丰富了项目管理内涵，初步建立了公司项目管理流程。管理工具使用前公司项目管理流程如图 18－2－2－3 所示。

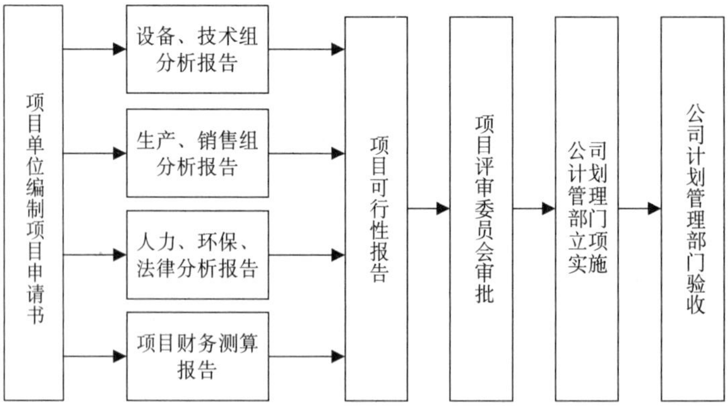

图 18－2－2－3 管理工具使用前公司项目管理流程

项目财务管理工具使用后，公司项目管理流程如图 18－2－2－4 所示。

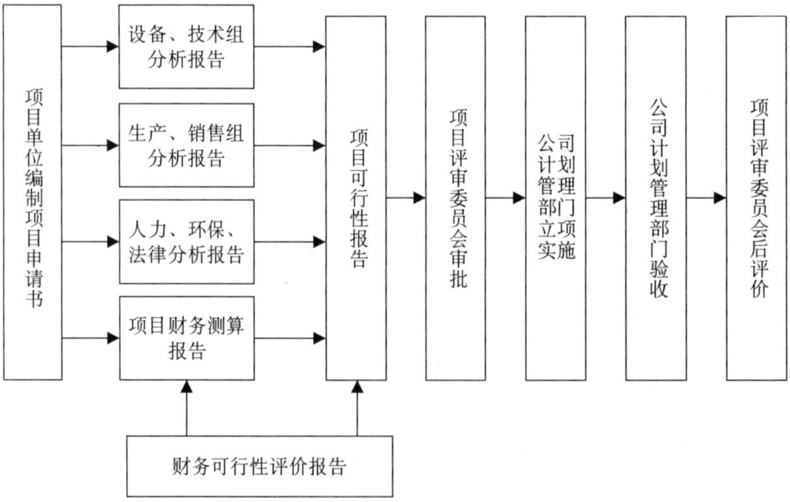

图 18－2－2－4 管理工具使用后公司项目管理流程

（二）对解决单位管理问题情况的评价

1. 项目管理理念的改变。昆仑公司属于特品企业，长期以来在项目管理方面一直沿用特品项目管理方式，重点突出特品地位，兼顾经济效益。随着公司民品产业扩大，以经济效益为主的观念尤为关键，建立和使用项目财务管理为公司改变观念、树立理念提供了理论依据。

2. 项目管理手段的改变。公司以往的项目可行性评价主要由项目申请单位编写财务测算报告，为争取项目获得批准通过，申请单位往往主观美化财务测算报告。项目审批部门也未对财务测算报告进行系统、专业可行性评价，导致项目实施后与财务测算报告存在较大差距。项目财务管理的实施为可行性决策提供科学依据，解决了微观项目管理问题。

3. 增加项目后评价。长期以来，公司在特品项目建成后基本不进行项目后评价，项目财务管理为项目实施后经济效益评判建立了制度保证。

（三）对提升单位项目管理有用性的评价

通过实施项目财务管理，昆仑公司在可行性评价环节上更加规范化、科学化，有效降低了项目决策风险、提高了公司项目管控能力。

1. 项目财务管理的实施为项目可行性决策提供了依据，彻底改变了昆仑公司以往的项目投资管理模式，通过采取细致、全面、严谨的评价指标，为公司决策层提供决策依据。

2. 项目财务管理的实施完善、优化了项目投资管理环节，项目财务管理工具的运用彻底地改变原有项目管理模式，落实了财务管理工具在项目管理中的地位，减少了行政管理模式色彩。通过修改和完善项目管理制度，财务评价在项目管理中的地位得以确定。

3. 显著促进经济总量和效益提升。通过项目实施，KAE 公司实现了跨越式发展。2015 年较 2014 年营业收入增长率、总资产增长率、利润增长率分别提高 15%、10%、5%。

五、经验总结

（一）项目财务管理基本应用条件

1. 必须建立财务评价机制。
2. 可行性评价要适时成立相适应的组织机构。
3. 项目财务管理需要既懂财务又懂项目的复合型人才。
4. 项目财务管理能够提供可靠、真实的项目基础数据。
5. 项目财务管理必须具备完整的管理机构。

（二）项目财务管理方法成功应用的关键因素

1. 领导的重视和组织保障。在推进项目财务管理期初，总会计师带头学习管理工具。昆仑公司多次聘请大学教授分批对公司领导层，中层干部和财务及相关人员授课讲解。领导层统一思想、一致行动，员工之间相互交流、探讨学习，逐步形成了全员、全业务、全过程的价值创造理念，形成了良好的价值文化。在学习理论知识的基础上，昆仑公司成立了以总会计师为组长、财务部部长为副组长的管理会计工具推进领导小组，指导和督促管理会计工具在项目管理实践中的运用。

2. 制度的完善。依据《项目财务管理应用指导手册》，结合自身的特点对公司项目管理制度进行了重新梳理和再造，将财务可行性评价报告植入公司项目管理制度，从制度上规范了项目可行性评价，保证了管理工具在项目管理中的应用和实施。

（三）项目财务管理在应用中的优缺点

1. 优点：一是项目财务管理工具方法通过对数据计算分析评价优与差、好与坏，为可行性评判提供了依据，规范了可行性评价方式，是实现可行性评价的重要手段和途径。二是项目财务管理工具方法实施真正体现财务价值在项目管理中的作用。

2. 缺点：一是在运用项目财务管理工具方法时无法测算因通货膨胀因素带来的影响。二是项目财务管理是一个不间断的、完整的系统工程，单靠财务部门牵头推进难度较大。

（四）对发展和完善项目财务管理的建议

1. 项目财务管理工具—可行性分析—财务测算的基础数据是经济评价的依据，基础数据的真实、准确、可靠性是经济评价有效的关键，建议建立基础数据采集评价体系，确保数据采集真实可靠。

2. 企业投资项目的分类品种较多，而每一项目类别各有特点，建议建立投资项目管理共性评价指标，再结合类别特点增加个性评价指标，增加项目财务管理工具方法，便于使用者操作借鉴和选择，促进项目财务管理工具延伸得更深更广。

3. 对已运用的项目管理工具方法进行经验总结、固化流程、优化提升。

4. 对于大型项目在管理上，应采取实施后审计，监督项目管理成效。

5. 项目财务管理工具运用应该做到业财融合，才能真正促进管理工具推广和使用。

（五）对推广项目财务管理工具使用的建议

1. 项目财务管理工具对基础数据采集的真实、准确、可靠性具有较高要求，它是财务可行性评价的关键。

2. 要树立价值创造、战略导向、风险匹配项目理念，结合自身特点运用好项目财务管理工具，才能为自身大局和长远发展服务。

3. 项目财务管理工具运用应在财务、审计部门推进，项目管理部门紧紧跟进。在人力资源方面，培养既懂财务又懂项目管理的复合型人才。

案例三　云箭公司——特种产品生产线综合技术改造项目管理

本案例以湖南云箭集团有限公司（以下简称“云箭公司”）投资项目管理为研究对象，具体分析了云箭公司作为百年军工企业，一直沿用传统的项目管理经验，在投资项目管理方面存在投资简单粗放，项目统筹规划、系统论证能力不足，项目管理工具方法应用缺乏，投资效益发挥不充分等问题；详细论证了云箭公司采用现代化项目管理工具解决当前投资管理问题的迫切性，认为采用项目管理工具是破解企业发展瓶颈的有效手段，是落实价值创造行动的必然选择，是提升项目管理水平的迫切需要；具体阐述了应用项目管理工具的目标、思路和管理流程，通过制定中长期投资规划和投资计划，开展投资项目必要性和可行性分析，进行项目进度、质量、成本目标控制，组织开展项目后评价等手段实现对项目的全过程管理，从而确保项目投资目标的实现，充分发挥项目投资效益。本案例以特种产品生产线综合技术改造项目为应用对象，全程应用项目管理工具对其实施周期进行全面管理，并在项目实施结束后，通过开展项目后评价工作，对项目前期投资决策、论证水平、投资目标、投资效益实现程度等进行全面总结，对比分析应用项目管理工具的优缺点，分析不足，总结经验，不断改善项目管理流程及手段。案例通过分析得出结论，认为项目管理效果明显，不仅保障了公司特种产品生产线综合技术改造项目的顺利实施，而且成功复制应用在公司水轮发电机组生产线技术改造项目、统筹规划建设项目等后续军民品投资项目上，不但全面提高了公司项目决策、论证水平，保证了项目质量和投资效益，而且通过“十一五”“十二五”期间项目的顺利实施，改善了科研生产基础设施条件，提高了特种产品科研试制和批量生产能力，保障了国家重点型号的批产交付，同时牵引了公司“两地三区”布局结构的调整，为公司的可持续、长远发展奠定了基础。

一、背景描述

（一）基本情况

云箭公司是隶属于兵装集团的国有大型军民结合型企业，国家重点保军科研生产型企业。工厂的前身是清朝湖广总督张之洞 1890 年创办的汉阳兵工厂，1938 年西迁湖南辰溪。公司以研发中心为平台，通过“产、学、研”结合形成合作对象广、合作领域宽、合作层次深的开放型科研开发创新体系。通过多年的发展，公司实现了经济规模的逐步壮大，已在长沙、怀化形成了两大科研生产基地，拥有资产 27 亿元，2016 年实现销售收入 8.53 亿元，有员工 3 200 余人，其中兵装集团首席科技专家 1 人，兵装集团科技带头人 3 人，高级专业技术人员 300 余人。

（二）投资管理状况和存在的问题

云箭公司作为百年军工企业，自身积累能力不足，企业投资主要依靠国家投入。由于企业地理位置偏僻，产品升级换代速度缓慢，国家投资项目相对较少。云箭公司在投资管理方面相对简单粗放，主要表现在：

1. 项目统筹规划、系统论证能力不足。由于历史背景特殊，“十一五”之前企业中长期投资规划主要围绕企业改革脱困进行，在能力建设方面也主要以维持生产能力和改善生产本质安全为主。项目实际申报论证多以单个产品型号为牵引，条件建设多为基本需求，较少从特种产品发展顶层以及产品、技术发展体系层面，系统化、体系化规划建设特种产品科研生产核心能力。

2. 项目投资效益发挥不足。由于地理位置偏僻，项目投资效益发挥不足，云箭公司未能有效解决制约发展的几大瓶颈问题：一是未能解决特种产品科研设计与生产试制有机结合的问题。以前的投入多围绕产品研发条件开展，针对工艺制造能力提升的投入相对偏少，产品设计与工艺设计未能实现有机结合。二是未能解决企业军民协调的问题。为履行国防装备生产的使命，工厂对特种产品研发制造能力的投入相对集中，民品发展投入较少，致使公司军民协调发展不足，民品收入仅占公司总经济规模的20%左右，难以形成对企业经济的有力支撑。三是硬件投入后的软件支撑未跟上，如高素质人才还很缺乏，职工培训也有不足等。

3. 项目管理工具方法应用不足。由于地处偏僻，又历史悠久，以前云箭公司的投资管理理念、方法与手段相对落后，缺乏系统性，也缺乏相应的项目管理工具软件和信息化条件，投资管理一直以经验管理为主，项目立项分析面窄单一，项目实施控制简单粗放，项目后评价流于形式。特别是在项目实施控制方面，由于缺乏必要的信息化项目管理工具，在工程项目成本、质量、进度目标控制方面存在较大差距，项目目标实施的实质值与计划值之间的对比分析未能有效开展，项目管理目标的动态调整控制不及时，最后造成项目建设周期延长、建设投资过高、建设质量不佳的被动局面。

（三）选择项目管理工具的主要原因

1. 应用项目管理工具是破解企业发展瓶颈的有效手段。企业通过引入和应用项目管理工具，可转变投资管理队伍的投资管理理念，提升统筹规划和系统论证能力，促使投资策划论证和决策队伍善于从公司长远发展的角度和战略发展的需要制定公司的中长期投资规划，并根据“整体规划，分步实施”的原则，通过国家投资项目支撑，推动企业布局结构调整，寻求破解人才引进和留住难、特种产品科研设计与试制结合不紧密，军民品发展不协调等制约企业长远发展的瓶颈问题。

2. 应用项目管理工具是落实价值创造行动的必然选择。兵装集团价值创造行动要求企业以发展战略为牵引，以优化资源配置为核心，深入推进先进管理会计工具应用，助推企业夯实基础管理、提升盈利能力，不断增强自身核心竞争力。云箭公司将项目管理作为投资管理领域价值创造行动的重要抓手，通过科学策划，合理利用组织措施、经济措施、技术措施和合同措施等过程控制措施，对工程施工成本进行精细预核算与管理，实现投资建设成本的有效控制，把投资成本控制在计划范围内，并一进步寻求最大程度的成本节约。

3. 应用项目管理工具是提升项目管理水平的迫切需要。云箭公司缺乏相应的项目管理工具软件和信息化条件，投资管理一直以经验管理为主，管理手段和方法难以保障项目的成本目标、质量目标、进度目标实现，迫切需要通过引入项目管理工具，利用科学的投资管理理念、方法和手段，通过科学的项目策划和项目控制，全面提升项目管理水平，确保项目的成本目标、质量目标、进度目标顺利实现。

4. 特种产品生产线综合技术改造具备全面应用项目管理工具的基本条件。特种产品生产线综合技术改造项目是云箭公司为满足新型特种产品批量生产、全面牵引企业战略布局调整的重大生产能力技术改造项目。项目具有建设内容多、建设范围广、建设周期相对较长、建设投资大等特点，具备全面应用项目管理工具的基本条件，因此云箭公司在特种产品生产线综合技术改造项目策划、决策、实施、验收、后评价等阶段全面应用了项目管理工具，取得了较好的成绩和经验，可为后续投资项目管理提供借鉴和参考。

二、总体设计

（一）项目管理应用的目标

通过应用项目管理工具，可对从项目投资决策开始到项目结束的全过程进行计划、组织、指挥、协调、控制和评价，确保项目进度目标、质量目标和成本目标得以实现。

（二）项目管理应用总体思路

云箭公司项目管理应用的总体思路是：以云箭公司特种产品生产线综合技术改造项目作为具体应用案例，从项目投资决策开始到项目结束的全过程，按照项目管理工具要求，抓好决策、实施、使用每个阶段的计划、组织、指挥、协调、控制和评价工作，收集过程信息，分析应用环境和应用成效，在保障特种产品生产线综合技术改造项目进度、质量、成本目标得以实现的同时，为项目管理工具在后续其他项目的顺利推广应用提供参考方案。

（三）项目管理的内容

1. 根据企业战略需要，制定中长期投资规划和年度投资计划。年度投资计划一般包括编制依据、年度投资任务、年度投资任务执行计划、投资项目的类别及名称、各项目投资额的估算及资金来源构成等，并纳入企业预算管理。

2. 开展投资项目必要性和可行性分析，其中可行性分析主要包括技术可行性分析、经济可行性分析、投资风险分析等。

3. 开展项目控制，通过合理设定项目目标值，做好项目目标分解和实施情况收集，做好项目实际值与目标值的对比分析，分析产生偏差的原因并制定纠正偏差的措施方案，实现对项目进度、质量、成本等目标的控制。

4. 组织开展项目后评价，主要内容包括投资过程回顾、投资绩效和影响评价、投资目标实现程度和持续能力评价、经验教训和对策建议等。

（四）项目管理应用创新

项目管理是第二次世界大战后期发展起来的重大新管理技术之一，成熟于20世纪60年代，到今天项目管理体系和工具已日臻完善。但是，项目管理工具主要应用于民品投资领域，特种产品项目管理可供借鉴的案例较少。特种产品投资项目管理与一般民品投资项目管理又有所不同，比如一般民品固定资产投资项目在决策分析时主要侧重于项目的必要性、可行性、经济性和风险性的“四性”分析，其中经济性和风险性是重点分析对象，而特种产品固定资产投资项目在关注上述“四性”分析的同时，又与一般民品固定资产投资项目不同，尤其在面向市场、建设内容、投资目的、资金来源等方面均存在较大差异。因此，云箭公司将项目管理工具应用于特种产品投资项目，通过比较分析，形成应用方案，可供其他特种产品固定资产投资借鉴。

三、应用过程

（一）项目管理应用具备的条件

项目管理应用首先要有一套较为完善的投资管理体系和制度办法，明确管控范围、管控流程、管控标准和责任单位。其次，要有一支相对熟悉流程制度的项目管理队伍，包括设备采购管理、工程建设管理、财务管理、招议标管理、审计管理等人员队伍。最后，还要有相应的信息化软硬件，包括计算机、项目管理系统、全面预算管理系统、报表管理系统等条件。

（二）项目管理具体应用模式和应用流程

1. 制定投资计划。根据公司战略发展规划要求，编制公司中长期投资规划，重点分析投资环境，明确投资指导思想、投资目标、投资重点、投资规模等。根据中长期投资规划和产品研制生产需求，策划投资项目，编制年度投资计划，主要包括投资项目的类别及名称、各项目投资额的估算及资金来源构成等，并纳入企业预算管理。

2. 构建组织机构体系。根据产品研制进展情况，云箭公司及时启动了项目立项策划，成立了以总经理为组长，总会计师和主管投资副总经理为副组长，投资部、工艺部等专业部门为成员的立项论证组，负责项目立项需求分析和项目建设内容决策。各专业部门分工见表18－2－3－1。

表18－2－3－1 各专业部门职责分工

部门	职责
投资管理部	负责牵头项目方案编报，负责投资决策内外部环境分析
工艺技术部	负责预测产品的工艺流程和材料消耗定额
设备能源部	负责预测设备投资、低值易耗费、设备维修费用、安全消防环保费用和能源消耗
财务部	负责预测项目的资金筹措、流动资金、财务费用、管理费用、折旧摊销、税金和生产成本，负责项目实施环节的财务管理和监督以及项目经济评价
人力资源部	负责预测项目的人员配置、人工成本和工时定额
物流部	负责预测材料采购价格、应付账款周转率和存货周转率
市场部	负责预测项目生命周期、产品销售价格、销售数量、应收账款周转率和销售费用

3. 开展必要性分析。项目立项论证组从6个方面对项目实施进行了必要性分析：一是满足调整战略布局的需要，实现企业发展重心由偏远山区向中心城市转移。二是满足甲方装备的需要，提升公司核心制造能力，强化企业行业地位。三是满足产品跨代升级的需要，实现由研制生产普通特种产品向特种产品跨代升级。四是满足破解人才引进难题的需要，提升企业人才素质，改善人员结构。五是适应市场竞争的需要，参与社会化大协作，充分利用市场资源，提升竞争能力。六是统筹军民品发展的需要，推进军民技术、资本融合，实现军民品科研生产有机结合和协调发展。

4. 开展可行性分析。

（1）SWOT分析（见表18－2－3－2）。

表 18－2－3－2 SWOT 分析

内部条件		外部环境	
优势	①国家重点双保单位； ②AMD 为重点型号，DZ－1 为××配套工程； ③与相关军事院校合作成立联合研究开发中心，构建“产学研”相结合的开放型研发体系； ④与采购方拥有良好的合作关系； ⑤主导民品水轮发电设备发展迅速； ⑥企业发展思路清晰，战略定位明确	机会	①国家实施积极的财政政策，加大基础设施等固定资产建设投入； ②国家加大对特种产品的投入力度； ③水轮发电设备作为新能源新装备，符合国家战略性新兴产业政策支持； ④湖南省大力推进“四化两型”社会建设，打造“千亿”特种产品民品融合产业，推动特种产品民品融合深度发展
劣势	①设备设施老化； ②人员素质技能水平较低； ③主导民品核心技术掌握较少； ④自筹资金压力较大	威胁	①面临传统对手竞争； ②装备科研和采购体制改革全面深化，民营和非保军企业参与军品研发生产； ③水轮发电设备产业竞争激烈

（2）财务分析。

①固定资产投资项目财务分析体系见图 18－2－3－1。

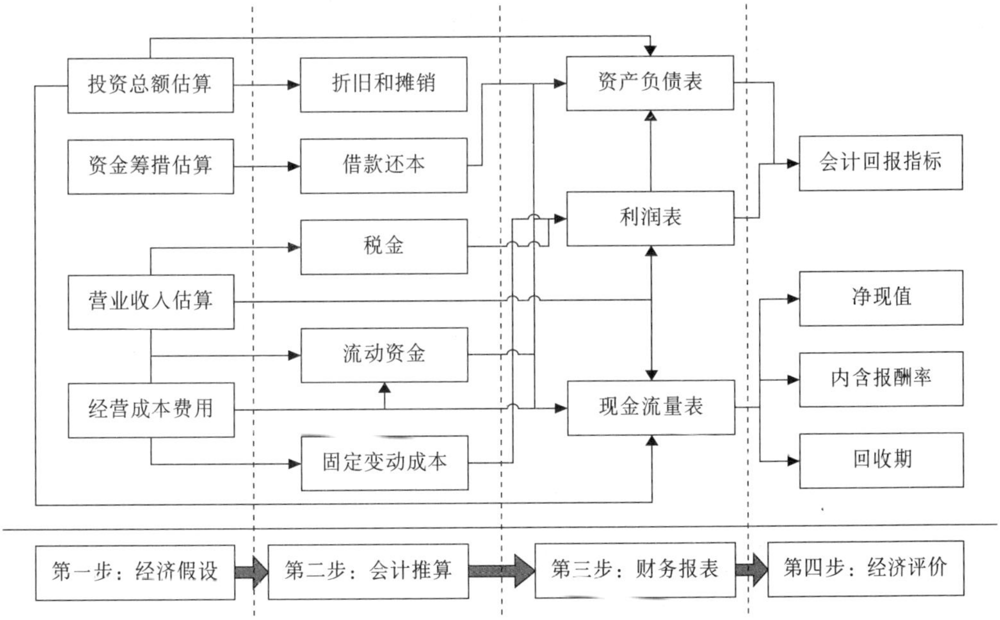

图 18－2－3－1 财务分析体系

②具体指标分析：

第一步：经济假设。

确定基础数据。项目生产纲领为 AMD、ZDH 和 DZ－1 产品若干。项目计算期为 15 年，其中建设期 3 年，经营期 12 年。建设期从 2009 年开始，至 2011 年结束，2012 年达到设计生产能力。

开展营业收入估算。根据定购方出具的产品生产大纲，产品暂定单价情况，估算营业收入。军工批生产能力建设项目免征增值税、城市维护建设税和教育费附加（见表 18 –2 –3 –3）。

表 18 –2 –3 –3　　营业收入、税金及附加和增值税估算表

序号	项目	单位/税率	建设期			经营期											
			2009年	2010年	2011年	2012年	2013年	2014年	2015年	2016年	2017年	2018年	2019年	2020年	2021年	2022年	2023年
1	营业收入																55000
1.1	DZ-1																5000
	单价																00.00
	数量																50
1.2	AMD																30000
	单价																.50.00
	数量																200
1.3	ZDH																20000
	单价	万元	40.00	40.00	40.00	40.00	40.00	40.00	40.00	40.00	40.00	40.00	40.00	40.00	40.00	40.00	40.00
	数量	枚				500	500	500	500	500	500	500	500	500	500	500	500
2	税金及附加																

开展成本费用估算。年修理费按固定资产原值的 2% 计算；固定资产折旧采用分类直线折旧计算，固定资产残值率为 5%，新增建筑工程按 30 年计提折旧，新增设备按 12 年计提折旧；工程建设其他费用在工程建成后 10 年内平均摊销（见表 18 –2 –3 –4）。

表 18 –2 –3 –4　　成本费用估算表

序号	项目	建设期			经营期											
		1	2	3	4	5	6	7	8	9	10	11	12	13	14	15
1	外购原材料				29110	29110	29110	29110	29110	29110	29110	29110	29110	29110	29110	29110
2	燃料及动力				1620	1620	1620	1620	1620	1620	1620	1620	1620	1620	1620	1620
3	工资及福利				8000	8000	8000	8000	8000	8000	8000	8000	8000	8000	8000	8000
4	专项费用															
5	废品损失				500	500	500	500	500	500	500	500	500	500	500	500
6	修理费				519	519	519	519	519	519	519	519	519	519	519	519
7	其他费用				9180	9180	9180	9180	9180	9180	9180	9180	9180	9180	9180	9180
8	经营成本（1+2+3+4+5+6+7）				48929	48929	48929	48929	48929	48929	48929	48929	48929	48929	48929	48929
9	折旧费				1529	1529	1529	1529	1529	1529	1529	1529	1529	1529	1529	1529
10	摊销费				156	156	156	156	156	156	156	156	156	156	156	156
11	利息支出				1702	1457	1201	934	840	840	840	840	840	840	840	840
11.1	长期借款利息支出				862	617	361	95								
11.2	流动资金利息支出				840	840	840	840	840	840	840	840	840	840	840	840
11.3	短期借款利息支出															
12	总成本费用（（8+9+10+11）				52317	52071	51816	51549	51454	51454	51454	51454	51454	51454	51454	51454
	其中：固定成本				21087	20841	20586	20319	20224	20224	20224	20224	20224	20224	20224	20224
	可变成本				31230	31230	31230	31230	31230	31230	31230	31230	31230	31230	31230	31230

开展投资总额与资金筹措估算。根据建设内容估算建设投资和年度使用计划，并估算资金筹措（见表 18 –2 –3 –5）。

第二步：会计推算。

开展流动资金推算。根据营业收入估算表和经营成本费用估算表，推算流动资金需求，输出流动资金估算表（见表 18 –2 –3 –6）。

开展折旧费、摊销费推算。根据投资总额估算表，推算折旧和摊销，输出折旧费、摊销费估算表（见表 18 –2 –3 –7）。

表 18 - 2 - 3 - 5　　项目新增总投资使用计划与资金筹措费

序号	项目	合计	建设期			经营期											
			2009年	2010年	2011年	2012年	2013年	2014年	2015年	2016年	2017年	2018年	2019年	2020年	2021年	2022年	2023年
1	新增总投资	43595	8261	11014	8261	16059											
1.1	建设投资	27536	8261	11014	8261												
	其中：建设期利息	1294	129	431	733												
1.2	流动资金	16059				16059											
2	资金筹措	43594	8261	11014	8261	16059											
2.1	项目资本金	21339	4956	6608	4956	4818											
2.1.1	用于建设投资	16521	4956	6608	4956												
	其中：国拨资金	16521	4956	6608	4956												
	自有资金																
2.1.2	用于流动资金	4818				4818											
2.2	债务资金	22255	3304	4406	3304	11241											
2.2.1	用于建设投资	11014	3304	4406	3304												
	长期借款	11014	3304	4406	3304												
	其他借款																
2.2.2	用于流动资金	11241				11241											
2.3	其他资金																

表 18 - 2 - 3 - 6　　流动资金估算表

序号	项目	最低周转天数	周转次数	建设期			经营期											
				1	2	3	4	5	6	7	8	9	10	11	12	13	14	15
1	流动资产	30	12				26681	26681	26681	26681	26681	26681	26681	26681	26681	26681	26681	26681
1.1	应收账款						4077	4077	4077	4077	4077	4077	4077	4077	4077	4077	4077	4077
1.2	存货	60	6				21171	21171	21171	21171	21171	21171	21171	21171	21171	21171	21171	21171
1.2.1	原材料						4852	4852	4852	4852	4852	4852	4852	4852	4852	4852	4852	4852
1.2.2	燃料动力	30	12				135	135	135	135	135	135	135	135	135	135	135	135
1.2.3	在产品	90	4				12107	12107	12107	12107	12107	12107	12107	12107	12107	12107	12107	12107
1.2.4	产成品	30	12				4077	4077	4077	4077	4077	4077	4077	4077	4077	4077	4077	4077
1.2.5	其他																	
1.3	现金	30	12				1432	1432	1432	1432	1432	1432	1432	1432	1432	1432	1432	1432
1.4	预付账款																	
2	流动负债						10622	10622	10622	10622	10622	10622	10622	10622	10622	10622	10622	10622
2.1	应付账款	60	6				5122	5122	5122	5122	5122	5122	5122	5122	5122	5122	5122	5122
2.2	预收账款						5500	5500	5500	5500	5500	5500	5500	5500	5500	5500	5500	5500
3	流动资金（1-2）						16059	16059	16059	16059	16059	16059	16059	16059	16059	16059	16059	16059
4	流动资金本年增加额						16059											

表 18 - 2 - 3 - 7　　折旧费、摊销费估算表

序号	项目	合计	折旧摊销年限	折旧率	建设期			经营期											
					1	2	3	4	5	6	7	8	9	10	11	12	13	14	15
1	折旧合计	25972																	
	当期折旧费							1529	1529	1529	1529	1529	1529	1529	1529	1529	1529	1529	1529
	净值							24443	22914	21385	19856	18327	16798	15270	13741	12212	10683	9154	7625
1.1	房屋、建筑物	11099	30	3.17%															
	当期折旧费							351	351	351	351	351	351	351	351	351	351	351	351
	净值							10747	10396	10044	9693	9342	8990	8639	8287	7936	7584	7233	6881
1.2	设备	14873	12	7.92%															
	当期折旧费							1177	1177	1177	1177	1177	1177	1177	1177	1177	1177	1177	1177
	净值							13696	12518	11341	10163	8986	7808	6631	5453	[illegible]	[illegible]	1921	744
2	摊销合计	1563																	
	当期摊销费							156	156	156	156	156	156	156	156	156	156	156	156
	净值							1407	1250	1094	938	782	625	469	313	156	0		
2.1	购地费		50																
	当期摊销费																		
	净值																		
2.2	其他资产	1563	10																
	当期摊销费							156	156	156	156	156	156	156	[illegible]	[illegible]	156	156	156
	净值							1407	1250	1094	938	782	625	469	313	156	0		

根据资金筹措估算表，推算借款还本，输出借款还本付息计划表（见表 18 - 2 - 3 - 8）。

第三步：输出财务报表。根据前述的经济假设和会计推算，输出利润表、资产负债表和现金流量表（见表 18 - 2 - 3 - 9）。

第四步：经济评价。依据利润表、资产负债表、现金流量表“三张表”，开展项目财务内部收益率、财务净现值、投资回收期等经济指标评价。

表 18－2－3－8　　　　借款还本付息计划表

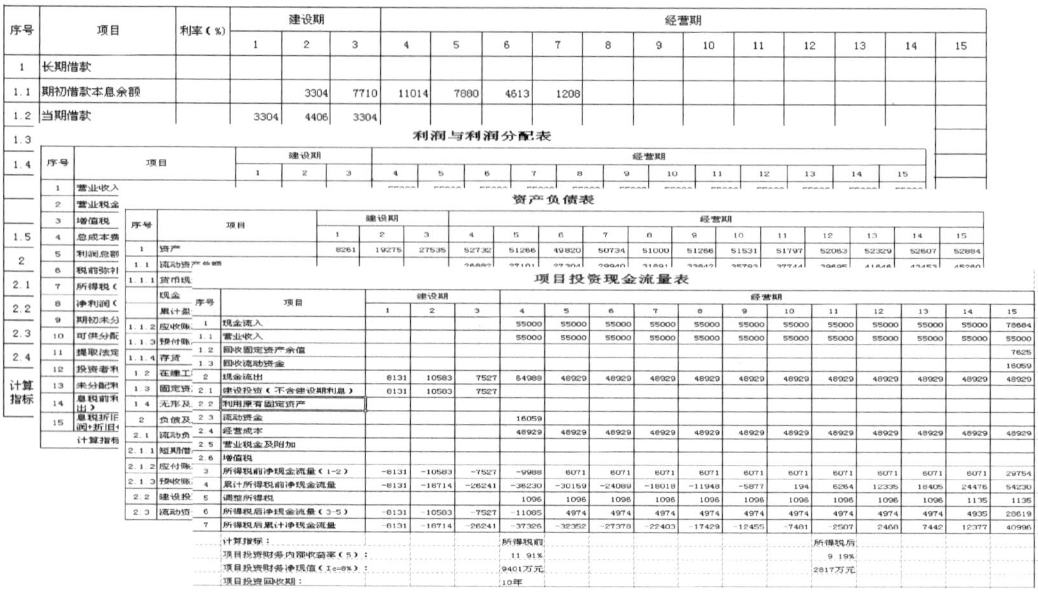

序号	项目	利率（%）	1	2	3	4	5	6	7	8	9	10	11	12	13	14	15
1	长期借款																
1.1	期初借款本息余额			3304	7710	11014	7880	4613	1208								
1.2	当期借款		3304	4406	3304												

资产负债表

序号	项目	1	2	3	4	5	6	7	8	9	10	11	12	13	14	15
1	资产	8261	19275	27535	52732	51266	49820	50734	51000	51286	51531	51797	52063	52329	52607	52884

项目投资现金流量表

序号	项目	建设期			经营期											
		1	2	3	4	5	6	7	8	9	10	11	12	13	14	15
1	现金流入				55000	55000	55000	55000	55000	55000	55000	55000	55000	55000	55000	78684
1.1	营业收入				55000	55000	55000	55000	55000	55000	55000	55000	55000	55000	55000	55000
1.2	回收固定资产余值															7625
1.3	回收流动资金															16059
2	现金流出	8131	10583	7527	64988	48929	48929	48929	48929	48929	48929	48929	48929	48929	48929	48929
2.1	建设投资（不含建设期利息）	8131	10583	7527												
2.2	利用原有固定资产															
2.3	流动资金				16059											
2.4	经营成本				48929	48929	48929	48929	48929	48929	48929	48929	48929	48929	48929	48929
2.5	营业税金及附加															
2.6	增值税															
3	所得税前净现金流量（1-2）	-8131	-10583	-7527	-9988	6071	6071	6071	6071	6071	6071	6071	6071	6071	6071	29754
4	累计所得税前净现金流量	-8131	-18714	-26241	-36230	-30159	-24089	-18018	-11948	-5877	194	6264	12335	18405	24476	54230
5	调整所得税				1096	1096	1096	1096	1096	1096	1096	1096	1096	1096	1135	1135
6	所得税后净现金流量（3-5）	-8131	-10583	-7527	-11085	4974	4974	4974	4974	4974	4974	4974	4974	4974	4935	28619
7	所得税后累计净现金流量	-8131	-18714	-26241	-37326	-32352	-27378	-22403	-17429	-12455	-7481	-2507	2468	7442	12377	40996
	计算指标：				所得税前							所得税后				
	项目投资财务内部收益率（5）：				11.91%							9.19%				
	项目投资财务净现值（Ic=8%）：				9401万元							2817万元				
	项目投资回收期：				10年											

表 18－2－3－9　　　　利润与利润分配表

资产负债表

序号	项目	1	2	3	4	5	6	7	8	9	10	11	12	13	14	15
1	资产	8261	19275	27535	52732	51266	49820	50734	51000	51286	51531	51797	52063	52329	52607	52884

项目投资现金流量表

序号	项目	建设期			经营期											
		1	2	3	4	5	6	7	8	9	10	11	12	13	14	15
1	现金流入				55000	55000	55000	55000	55000	55000	55000	55000	55000	55000	55000	78684
1.1	营业收入				55000	55000	55000	55000	55000	55000	55000	55000	55000	55000	55000	55000
1.2	回收固定资产余值															7625
1.3	回收流动资金															16059
2	现金流出	8131	10583	7527	64988	48929	48929	48929	48929	48929	48929	48929	48929	48929	48929	48929
2.1	建设投资（不含建设期利息）	8131	10583	7527												
2.2	利用原有固定资产															
2.3	流动资金				16059											
2.4	经营成本				48929	48929	48929	48929	48929	48929	48929	48929	48929	48929	48929	48929
2.5	营业税金及附加															
2.6	增值税															
3	所得税前净现金流量（1-2）	-8131	-10583	-7527	-9988	6071	6071	6071	6071	6071	6071	6071	6071	6071	6071	29754
4	累计所得税前净现金流量	-8131	-18714	-26241	-36230	-30159	-24089	-18018	-11948	-5877	194	6264	12335	18405	24476	54230
5	调整所得税				1096	1096	1096	1096	1096	1096	1096	1096	1096	1096	1135	1135
6	所得税后净现金流量（3-5）	-8131	-10583	-7527	-11085	4974	4974	4974	4974	4974	4974	4974	4974	4974	4935	28619
7	所得税后累计净现金流量	-8131	-18714	-26241	-37326	-32352	-27378	-22403	-17429	-12455	-7481	-2507	2468	7442	12377	40996
	计算指标：				所得税前							所得税后				
	项目投资财务内部收益率（5）：				11.91%							9.19%				
	项目投资财务净现值（Ic=8%）：				9401万元							2817万元				
	项目投资回收期：				10年											

本项目达纲年营业收入 55 000 万元，净利润 2 659 万元。税前项目投资财务内部收益率为 11.91%，财务净现值为 9 401 万元，投资回收期为 10 年。

（3）风险分析。

①盈亏平衡分析。本项目的盈亏平衡分析，是按照达到项目正常生产能力的数据进行计算。经计算，以生产能力利用率表示的盈亏平衡点为：BEP = 年固定成本 ÷（年营业收入 - 年可变成本 - 年营业税金附加）= 85.08%，即达到正常生产能力的 85.08% 时，项目的财务效益处于盈利与亏损的临界点，盈亏平衡点越低，说明企业的抗风险能力越强。本项目具

有一定的抗风险能力（见图 18 -2 -3 -2）。

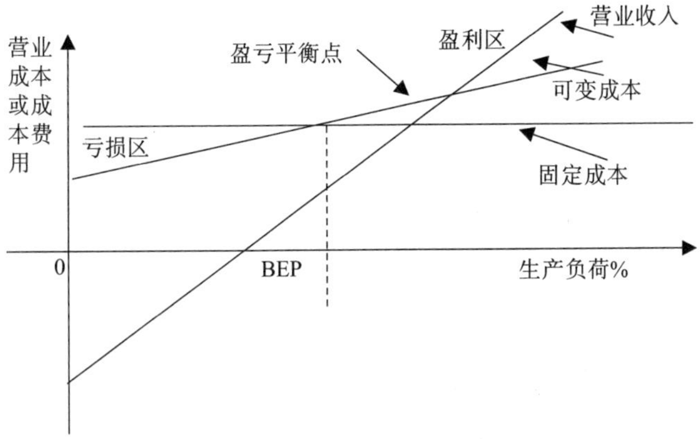

图 18 -2 -3 -2 盈亏平衡分析

②敏感性分析。本计算从产品价格、产品数量、经营成本、建设投资等几个方面进行单因素敏感性分析。通过计算可以看出，本项目最敏感的因素是产品价格，其次是经营成本和产品产量。各因素的敏感度系数和临界点见图 18 -2 -3 -3。

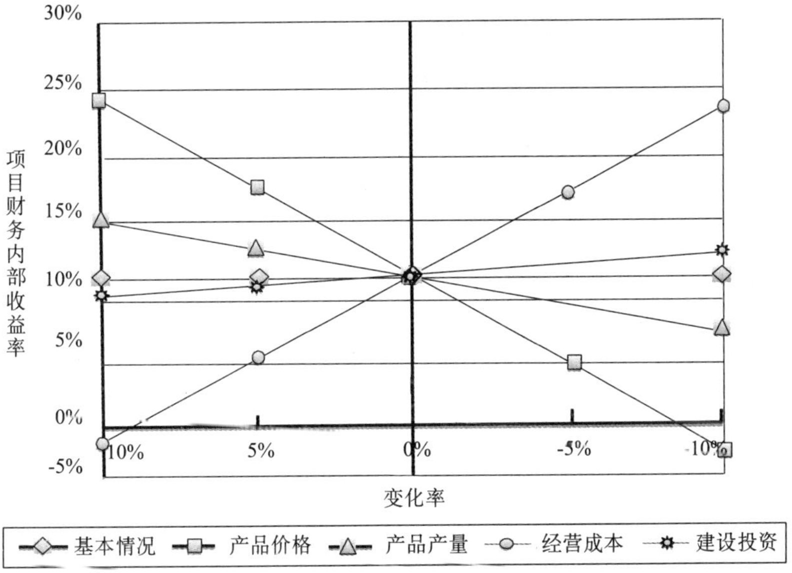

图 18 -2 -3 -3 敏感性分析

通过以上指标分析评价可以判断，在现有价格体系及计算基准下，本项目的各项经济指标都满足要求，有一定的经济效益和抗风险能力，项目是可行的。

5. 决策程序。项目论证完成后，分层分段进行投资决策，即计划管理部门和职能业务部门完成建议书、可研、初设 3 个阶段方案论证后，逐级逐层提交主管副总审核，公司董事会或总经理办公会审议，上报兵装集团或上级主管部门审批。

特种产品生产线综合技术改造项目方案经过公司内部的反复讨论修改，以及公司领导向上级主管部门的多次专题汇报，2008 年项目获得国家的批复总投资 27 535 万元。

6. 实施控制。

（1）抓好“三个统筹”。特种产品生产线综合技术改造项目是云箭公司近 10 年来投资规模最大的项目，投资总额达 27 535 万元，新建建筑面积 2.4 万余平方米，新增工艺设备 156 台/套，建设地点覆盖企业的“两地三区”。为确保项目投资能顺利推进，并取得良好效果，企业坚持了“三个统筹”的实施原则。

①统筹“两地三区”发展建设。云箭公司布局结构调整战略将企业规划为“两地三区”，对长沙新区、辰溪总厂区和红敏火工区重新进行了功能定位。企业发展中心逐步向长沙新区转移。新区建成后，云箭公司将形成辰溪—长沙“两地三区”统筹发展的全新局面。一方面，长沙新区将成为云箭公司在中心城市长沙新开的形象窗口、新建的科研生产基地，将成为公司新的发展引擎，提升公司管理的整体水平，形成公司新的经济增长点，拉动辰溪厂区的生产经营，对整个云箭公司的发展将起到巨大的牵引作用；另一方面，在做好长沙新区建设的同时，兼顾做好辰溪总厂区和红敏火工区的发展规划，以长沙新区的增量带动其他两区的发展，从而促进两地和谐发展。

②统筹多个项目实施。2008 年下半年以来，国家相关部门、兵装集团先后批复了云箭公司特种产品生产线综合技术改造、多个型号项目科研条件保障建设以及基础设施和保密技防改造等多个投资项目，项目投资总额上亿元。主要建设地在长沙新区，需统筹规划园区功能区布局、厂房布局和工艺能力布局。

③统筹特种产品民品发展。长沙新区建设统筹特种产品民品发展，建设方案在满足特种产品科研与试制的同时，兼顾民品的科研与试制；在设备选型时，重点考虑设备的柔性和实用性，推动特种产品民品科研生产有机结合，实现特种产品民品融合发展。

（2）严守“三个一致”。

①招标与批复一致。编制招标技术方案时，云箭公司严格对照批复的工艺设备技术指标和初步设计方案要求；项目招标时，严格按照批复的招标方式开展招投标工作。

②合同与招标一致。云箭公司与中标单位签订商务/技术合同时，商务/技术合同条款应与招标技术方案和招标公告保持一致，商务合同条款不能低于招标方案要求。

③实物与合同一致。设备进厂验收时，云箭公司严格对照技术合同条款检查设备规格型号，并通过试运行验证设备技术参数，确保到厂设备符合批复要求。

（3）坚持“五个严格”。在工程建设过程中，云箭公司以合同为依据，以质量为前提，以进度为目标，以沟通、协调为支撑，以考核、检查为手段，坚持“五个严格”，打造精品工程。

①严选施工单位。一是严格执行国家规定，凡是符合招标范围、达到招标规模的项目，一律委托有资质的招标代理机构进行公开招标；二是广泛调研、收集施工单位的信息，了解施工单位的真实情况；三是根据规模和技术复杂程度，设置合理的资格预审条件；四是采取有效措施，防止施工单位串标、围标、低价恶意中标。

②严控施工进度。制定了项目全周期实施网络计划图、长沙新区建设甘特图和重要土建工程施工计划横道图，对工作内容、准备要素、任务节点进行科学系统计划，确保施工过程受控。定期开展工作考核，对无故拖延施工进度或施工任务完成较慢的施工单位，由监理单位下达处罚通知单；同时，工厂也将完成情况纳入投资管理部门的绩效考核，确保项目实施按计划推进。

③严格财务管理与监督。一是抓好项目概算编制。投资概算的科学性、准确性直接影响项目的有效执行。概算的编制要力求细化，应结合项目具体情况进行周密、准确的分析，确保项目的各项支出都能够体现在概算中，为项目的概算执行奠定基础。二是做好财务基础管理。认真贯彻执行国家有关法律、法规，依据财政部《基本建设财务管理规定》组织开展项目会计核算和财务管理工作，设立项目专门账户、配备专职财务人员；设立项目内部审计组，加强预决算管理。财务人员主动参与项目管理全过程，随时与项目管理人员保持业务联系，及时掌握了解项目进展情况，促进财务管理与项目管理融合。三是及时筹集项目资金。财务部门要按照国家批准立项的项目总投资批复和年度项目投资计划依法、合规及时筹集项目资金，按进度及时借入资金或自筹资金到位，确保项目能够按计划顺利实施。资金实行专款专用，不得挤占和挪用。四是抓好概算执行控制。严格执行项目概算，确保投资概算与概算执行的一致性，保证项目投资计划的顺利实施。项目批复后，在不改变设备技术指标要求的情况下，严格按照设备批复投资额开展招标比价工作，财务人员参与招投标和合同签订等环节。土建工程方面，聘请专业造价咨询机构，对照施工图和施工场地实际情况，编制工程量清单和预算控制价，确保工程招标金额不突破预算控制价。在项目执行过程中，以项目预算执行计划和目标为依据，及时收集预算执行信息，定期对项目预算执行情况进行核查、比对、分析。面对在工程过程中出现的建筑材料和人工成本结构性涨价，工厂一方面通过建立概算执行预警、报表制度，确保概算执行过程随时受控。另一方面，在保证工程质量不降、厂房使用功能不减的前提下，通过优化施工图设计、优化材料种类及档次选择、加大原址可用物资及设备的利用度，尽可能降低工程建设成本。所有土建安装工程的工程签证必须有设计院的设计变更或方案认可，工程签证在明确工程量的同时还需明确预算费用；工程项目结算前必须经工厂内部审计或委托外部审计进行审核结算。五是抓好项目资金监管。强化资金支付审核和控制，严格按照投资计划、合同执行资金支付。财务部门要认真审核合同支付条款，审核工程、设备的结算手续、财产验收移交投入使用等手续是否完备，结算审批程序是否规范，审核发票等原始凭据的合法性和真实性，并严格按照合同公司资金使用计划（预算）执行资金支付，重大资金支付需执行公司领导联签制度。六是抓好预算调整。由于项目实施周期较长，为达到外部市场环境变化、项目实施进展和项目方案优化要求等，需要不断修正和完善项目各阶段的预算执行计划和预算控制目标。七是做好项目清理工作。在项目竣工决算前做好项目财务资料的归集整理、账务处理、债权债务的清理，做到账账相符，账实账表相符。

④严守质量安全关。加强建设质量安全监管，坚持甲方质量安全管理人员不定时巡查施工现场，发现质量安全问题，严格进行经济处罚，及时更换相关责任人，充分发挥监理人员

对工程施工进度、质量、安全文明等各个环节的专业监理作用，主动邀请地方质安检部门开展项目建设质量安全检查。

⑤严把节能减排关。在建筑工程上，积极采用叶岩砖、外墙挤塑板、断热型铝合金、聚苯颗粒外墙面等建筑新技术和新材料，实现建筑节能达到行业先进水平；在设备选型中，积极采用节能环保设备和生产线，从源头降低能耗、减少或消除污染物排放；调整工艺布局，积极采用新工艺、新方法，全面提升工厂的工艺技术水平，达到节能、降耗的目的。

7. 项目后评价。特种产品综合技术改造项目实施完成后，云箭公司对照项目后评价要求，对项目可行性分析和投资计划完成情况组织开展后评价，主要从投资过程回顾、投资绩效和影响评价、投资目标实现程度和持续能力评价、经验教训和对策建议等方面开展评价，并形成后评价报告，为后续项目投资提供参考借鉴。

四、取得成效

（一）应用项目管理会计工具方法前后情况对比

通过应用项目管理工具，云箭公司的投资管理理念实现了转变，投资管理方法与手段得到很大改善和提升，实现了由经验型管理向体系化、系统化项目管理方式转变，在特种产品生产线综合技术改造项目实施过程中，无论是策划、论证阶段，还是实施、评价阶段，云箭公司都通过科学的计划、组织、指挥、协调、控制和评价等方法手段，确保项目进度目标、质量目标和成本目标顺利实现。

（二）对解决单位发展问题的评价

1. 经济效益。特种产品生产线综合技术改造项目建成投产后，云箭公司特种产品装备保障能力显著增强，主导民品发展能力显著提升，销售收入大幅增长，经济效益明显改善（见表 18－2－3－10）。

表 18－2－3－10　　2011～2013 年销售收入　　单位：万元

指　标	2011 年	2012 年	2013 年
销售收入	65 635	78 422	90 713
其中：民品	7 955	11 501	18 844
工业增加值	14 860	25 255	17 893
利润总额	2 549	3 000	1 766

2. 社会效益。

（1）保障了国家重点型号的批产交付。通过项目建设，云箭公司形成了特种产品的批量生产能力；到 2014 年底，工厂已完成大量产品的生产及交付。

（2）提升了特种产品的科研试制能力。通过项目建设，云箭公司形成了特种产品的生产加工、装调检测能力，提升了特种产品的整体工艺水平和系统集成能力，为工厂顺利开展部分型号的研制奠定了坚实基础。

（3）支撑了“两地三区”布局结构调整。通过项目建设，云箭公司“两地三区”战略布局规划由蓝图变成现实。

(4) 提升了职工幸福指数。云箭公司年均人收入指标年增长率达到25%以上。

(5) 新增了530多个就业岗位。2009～2014年，云箭公司共招收员工533人，其中博士研究生学历4人，硕士研究生学历73人，本科学历239人，大专学历及以下217人，人才结构明显改善。

五、经验总结

(一) 项目管理基本应用条件

项目管理应用首先要有一套较为完善的投资管理体系和制度办法，明确管控范围、管控流程、管控标准和责任单位。其次，要有一支相对熟悉流程制度的项目管理队伍，包括设备采购管理、工程建设管理、财务管理、招议标管理、审计管理等人员队伍。最后，还要有相应的信息化软硬件，包括计算机、项目管理、全面预算管理、报表管理系统等。

(二) 项目管理成功应用的关键因素

从项目投资决策开始到项目结束，项目管理贯穿项目的整个生命周期，成功应用在于抓好计划、组织、协调、控制等关键因素。

1. 计划。科学合理制定项目实施计划是项目管理成功的首要条件，按照项目实施进度目标合理制定年度、月度计划，并进行看板管理，根据关键目标节点，进行责任目标考核，做到“有计划、有追踪、有考核”，确保项目实施按照计划推进。

2. 组织。有条不紊地组织项目实施是项目管理成功的有力保障，项目的整个生命周期包括前期决策、论证、实施、验收、后评价等环节，每个环节前后衔接，环环相扣，只有将每一个环节有条不紊地组织实施到位，才能干净利索地将项目管理到位。

3. 协调。强有力的协调能力是项目管理成功的重要支撑，项目实施涉及与上级主管部门、地方业务部门、施工方、监理方、项目管理方、供货方、建设单位内部职能部门等的沟通协调，各单位项目实施进度相互影响，相互制约，只有将各方关系协调到位，才能统筹推进项目实施。

4. 控制。严格控制项目进度、质量、安全、成本是项目管理成功的重要手段，项目进度、质量、安全、成本控制是项目实施过程中的关键因素，只有严格按照施工技术文件，有效控制项目进度、质量、安全、成本，才能保证项目在概算内高质量完工。

(三) 项目管理应用中的优缺点

1. 优点：通过项目管理的应用，云箭公司形成了体系化、系统化的项目管理方式，提高了项目投资决策水平、效率；项目管理团队能统筹项目全过程管理，全局思考问题，注重各个环节、各个专业的沟通协同，提高了项目论证水平、管理水平，保证了项目质量和投资效益。

2. 缺点：项目管理包括决策、实施、交付使用3个阶段，涉及建设方项目管理、施工方项目管理、管理方项目管理、供货方项目管理等多个项目参与单位，通过表单、网络图等工具有效衔接好各个环节、各个单位、各个专业的工作任务还需进一步加强。

（四）对发展和完善项目管理的建议

1. 理顺管理体制，建立高效的管理队伍。引入现代化的项目经理负责制，加强决策机制的执行和监督力度，建立起有效的现代化军工项目管理体系。

2. 提高军工项目管理人员的素质和水平。引进先进的管理模式和管理经验，加强对项目管理人员的培训，学习先进经验，扬长避短，提高项目管理水平。

3. 建立有效的激励机制。通过有效的激励机制，激发项目管理人员的工作积极性和创新能力，全面提高项目管理效率。

（五）对推广应用项目管理的建议

1. 转变体制，引入市场竞争。打破军工企业固有的僵化体制，加快推进军工项目的市场化，为项目管理的推广应用提供现代化的体制机制和市场环境。

2. 坚持走军民融合的可持续发展道路，促进企业项目管理建设。大力推进军民融合两用技术模式，适应社会主义市场经济体制要求，有力促进军工企业项目管理应用，提高项目管理水平。

案例四 光明派特——TFT加工制作技术项目财务管理

成都光明派特贵金属有限公司（以下简称“光明派特”）是成都光明光电股份公司（以下简称“光明光电”）的控股子公司。该公司的前身是光明光电公司的一个车间，成立于1985年，主要从事为光明光电加工生产用贵金属坩埚业务，配套技术为日本田中贵金属工业株式会社（以下简称“日本田中”）引进的一条贵金属加工生产线。

光明派特成立十几年，新技术研发能力严重不足，传统的贵金属加工业务不能为企业带来新的效益增长点，对企业发展战略的支撑力度逐步减弱。随着贵金属业务行业市场的形势变化，国际上高附加值的弥散和TFT生产线的加工国内还没有企业能全部承接。随着液晶显示器（TFT-LCD）在国内的普及，国内已经有几家企业引进了液晶显示器（TFT-LCD）的生产线。为能承接这些生产线的加工业务，结合企业发展战略，挖掘项目投资机会，光明派特在企业具备的资源条件基础上分析了企业在项目投资管理上的不足，开展了项目财务管理，进行项目的SWOT财务分析，进一步论证项目的优势劣势、面临的机会和挑战，开展项目资源投入结构分析、资产资金投入估算分析、投资回报周期分析和经济效益评价分析，进一步提高项目的可行性认识，把握投资机遇，最终实现了企业从日本田中引进TFT-LCD加工制作技术项目，为企业带来新业务相关技术水平的提高和经济效益的提升，进一步支撑企业贵金属发展战略的实现。

项目财务管理提高了企业投资项目管理水平。从该项目立项的组织体系建设开始，到项目论证分析、实施、管控和评价全过程，企业在项目投资的选择、项目管理的流程、项目执行的管控能力和水平方面都有了较大提升，一定程度上避免和防止了投资损失风险。

通过项目财务管理，企业更加充分地认识到投资项目的可行性，把握投资机会，实现资源配置的最优化和价值实现的最大化，在项目投资实施过程中管控好投资预算执行、费用预算支出和经济效益评价，提高了项目投资管理水平，壮大企业贵金属业务发展，整体盈利能力提高。

光明派特于2015年开始投资TFT生产线，当年完成投资生产线3条。2016年完成加工制作TFT生产线4条，除有很少部件发往日本田中公司加工制作外，光明派特自身技术条件已日趋完善，基本实现整条线自身加工制作完成。截至2016年12月，光明派特主营业务实现毛利1 955万元，同比增加222万元，增幅12.81%，TFT－LCD项目投资取得积极成效。2017年2月，光明派特TFT项目投资顺利通过项目验收，项目产能已达到设计生产能力的盈亏平衡点，项目抗风险能力大幅提高。截至2016年11月，TFT－LCD项目固定资产投资5 020万元，实现销售收入1 892万元，利润380万元，销售利润率20.08%，从而在2017年克服了原材料及人工成本上涨带来的负面影响，企业整体实现毛利总额2 208万元，同比增加253万元，增幅12.94%，TFT项目带来的效益增长成效明显。

一、背景描述

（一）单位基本情况

2004年4月，光明派特与上海城开派特公司合资成立了成都光明派特贵金属有限公司。2009年7月，上海城开派特贵金属有限公司挂牌转让给了普善国际有限公司。2013年，日本田中购买了普善国际公司的股份，成为公司的股东，公司开始与日本田中全面合作。

光明派特自成立以来一直沿用20世纪80年代从日本田中引进的技术，保持以贵金属提纯、制品加工、化工产品为主业的传统产业的生产模式，新技术研发能力严重不足，只能提供简单和低毛利率的贵金属加工业务，不能承接国际上高附加值的弥散材料和TFT生产线的加工业务。有业务但技术力量薄弱，提高盈利能力水平的机会正逐步消退。

国家发展和改革委发布新修订的《产业结构调整指导目录（2011年本）》国家鼓励类产业目录中第二十八条“信息产业”第41项“TFT—LCD、PDP、OLED、激光显示、3D显示等新型平板显示器件生产专用设备”明确了光明派特项目生产的产品属于国家鼓励发展的产业。《中华人民共和国国民经济和社会发展第十二个五年规划纲要》指出，我国要大力发展节能环保、新一代信息技术、生物、高端装备制造、新能源、新材料、新能源汽车等战略性新兴产业。国务院印发的《“十二五”国家战略性新兴产业发展规划》明确发展新一代信息技术成为国民经济支柱产业，将以TFT－LCD显示面板产业及其关键技术和关键装备作为重点发展的产业方向，特别指出支持该项目建设的“TFT－LCD生产线工艺、制造装备及关键配套材料制备技术”的发展。

近年来，新型显示器件，特别是以TFT－LCD为首的各种新型平板显示器件（FPD）得到迅速发展，21世纪将是新型平板显示技术大发展的新时代。随着技术进步和工艺的简化，TFT－LCD已经进入规模化生产，TFT－LCD市场已进入快速增长期，TFT－LCD替代CRT显示器已成为显示器件行业不可逆转的潮流。

（二）单位管理状况分析和存在的主要问题

1. 项目投资论证经验不足。光明派特成立以来一直保持以贵金属提纯、制品加工、化工产品为主业的传统产业的生产模式，新技术研发能力严重不足，只能提供简单和低毛利率的贵金属加工业务，没有支撑贵金属业务做强做大的投资项目，缺乏对相关项目投资论证的经验。

2. 项目投资资源投入分析不足。随着贵金属业务发展战略的完善，光明派特逐步扩大对一些新技术、新业务和新设备的投资，但对自身具备的资源和资源投入情况分析不足，增加了资源配置的耗费风险。

3. 项目投资管理水平不足。光明派特对项目投资经验的缺乏影响对项目的系统流程及管控的深度认识，对项目预算编制、调整、执行、控制、评价全过程缺乏相关分析，项目投资管理水平不高，存在投资风险。

4. 效益提升的新业务支撑不足。随着贵金属业务加工行业的变化，光明派特传统的加工模式和技术逐步落后，如果没有新业务创造新的效益支撑，贵金属业务发展战略将不能得到有效实施，企业需要开展一些新项目投资来增加经济效益，支撑战略的持续发展。

（三）选择项目财务管理工具的主要原因

1. 有利于充分论证项目投资的可行性。项目财务管理指基于项目全生命周期的项目财务活动的归口管理工作，是对项目营运过程中财务资源使用的全流程管理活动。在项目投资营运过程中，进行项目财务管理有利于企业在项目预算管理、项目执行成本控制、项目会计核算、资金管理与项目结算、项目决算和项目经济后评价等方面进行充分论证，进一步提高投资项目的可行性和有效性，有利于项目实施后能够为企业带来效益做好基础分析支撑，防范企业投资风险。

2. 有利于优化项目资源配置。实施项目财务管理有利于优化配置企业项目投资过程中所需资源，有利于对项目投资所需的营运资金、固定资产投资、成本费用支出、人员配置支出和其他相关支出进行总体的把握，对项目投资各方资源投入后能否为企业带来经济效益进行预算估计，在项目投入过程中能够开展预算执行管控，同时依据内外部环境变化、项目实施进展和项目方案优化要求等，不断修正和完善项目各阶段的预算资源配置，保障项目实施的顺利执行和预算控制目标的实现。

3. 有利于提高企业项目投资管理水平。通过项目财务管理，有利于企业在新业务、新项目投资管理水平的提高，项目财务管理能够为企业在项目投资方面提供较为可靠的可行性论证基础数据，从项目预算编制、调整、执行、控制、评价全过程开展分析，提高企业对项目投资决策的正确认识和准确把握程度，充分了解企业现有资源能否支撑投资项目的顺利实施，是项目投资管理决策必不可缺的一环，项目财务管理应用到位，是对投资项目管理水平提高的一种体现，是对投资项目风险把握较好的体现，是对投资项目管理管控能力提升的体现。

4. 有利于企业把握机遇和提高效益。在可以预见的将来，更多的资源及优惠政策将会向上述战略性新兴产业倾斜。项目财务管理分析的充分应用，使企业认识到该项目投资的可行性和效益性，抢先出手把握机遇非常必要，利用本土化加工、加工周期短、加工成本低等优势，能够取得较快的业务增长和良好的经济效益。

二、总体设计

（一）应用目标

项目财务管理可以让企业更加充分地认识投资项目的可行性，把握投资机会，实现资源配置的最优化和价值最大化，在项目投资实施过程中管控好投资预算执行、费用预算支出和经济效益评价，提高项目投资管理水平，壮大企业贵金属业务发展，提高整体盈利能力。

（二）总体思路

TFT 项目财务管理总体思路主要是在符合企业业务实际的契机下，结合企业的发展战略，挖掘项目投资机会，开展项目财务管理，在企业具备的资源条件基础上进行项目 SWOT 财务分析，进一步论证项目的优势、劣势，面临的机会和挑战，开展项目资源投入结构分析、资产资金投入估算分析、投资回报周期分析和经济效益评价分析，进一步提高项目的可行性认识，把握投资机遇，通过先进技术与设备的引进，提高光明派特在铂金制品加工和铂金弥散材料制作方面的技术工艺水平，使光明派特有能力向贵金属产业链中技术含量高、产品附加值高和具备长远发展基础的方向延伸，提高发展质量效益，支撑企业“115 战略”，使贵金属业务从技术进步到经济效益再上新台阶。

（三）项目财务管理内容

光明派特的项目财务管理分析主要以投资决策基础为主，充分分析论证投资决策内外部环境，开展项目经济指标、资源投入、投资回报等财务分析，达到把握投资机会实现投资效益的目的。

在外部环境方面，一是通过国家政治环境、经济环境、财政金融环境分析研究项目决策的宏观环境，二是从项目的行业周期、行业壁垒、产业结构和技术调整角度分析论证项目投资行业环境。

在内部环境方面，充分考虑公司发展的战略需求，开展 SWOT 条件分析和市场分析，分析项目投资存在的优势与劣势，对市场需求、市场供给、市场竞争、产品、市场综合等内容进行分析，确定项目投资最优方案，同时做好筹资和盈利能力分析，促使项目投资尽快达产达效，达到投资预期目的。

在投资机会方面，结合公司的发展战略，挖掘项目投资机会，开展项目财务管理，实现项目投资实施，有利于提高公司整体资源效率和优化产业结构。

（四）项目财务管理应用的创新

1. 组织保障体系的创新。成立项目领导小组和项目财务管理办公室，由上级母公司领导担任项目组负责人，光明派特总经理任技术负责人，各相关职能部门各司其职。财务部协调项目财务管理基础资料分析，组织保障从上到下体系完整，实现了项目财务管理分析到位，较高的基础支撑水平为项目决策的最终实施奠定了基础。

2. 分析应用流程的创新。实现了在 SWOT 分析的基础上拓展财务分析指标，得出财务分析结论，从投资概算的细化到资源条件分析，以投入产出、销售利润、盈亏平衡、风险因素和投资回报开展流程式敏感性分析，进一步提高了项目财务管理的全面性和拓展性，以及决策者对该项目的机遇把握程度。

三、应用过程

（一）组织机构及方式

光明派特组织机构见图 18－2－4－1。

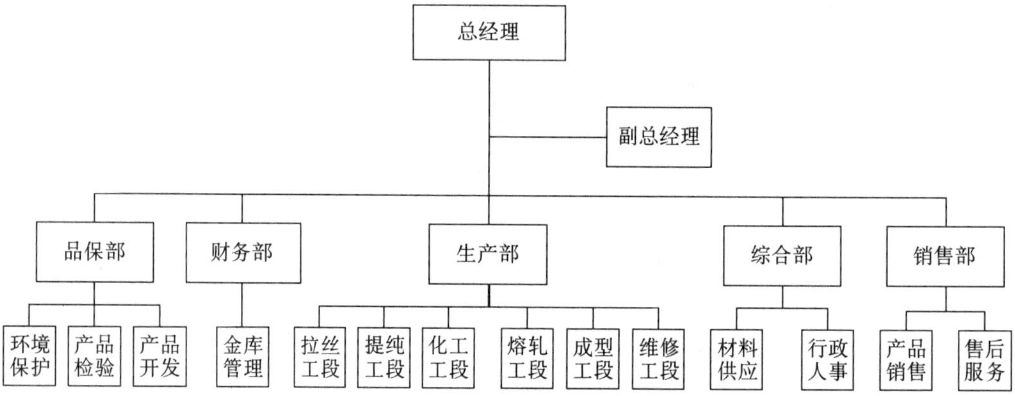

图 18－2－4－1 光明派特组织机构

TFT 加工制作项目从筹建初始首先上报光明光电，光明光电又上报兵装集团，在得到兵装集团批复后开展项目实施工作。从立项开始，项目领导小组即成立，光明光电公司领导任项目组负责人，光明派特总经理任技术负责人，品质部负责技术衔接，综合部协助生产部进行设备的采购，财务部保证资金运作并建立专账管理。

（二）参与部门和人员

参与项目财务管理的部门情况和职责如表 18－2－4－1 所示。

表 18－2－4－1 参与部门及工作职责

责任部门	主要工作职责	主要人员
生产部	生产设备档案管理、生产组织协调管理	部门负责人、生产调度、安全管理人员等
品质部	弥散工艺设备、四元合金提纯技术	部门负责人、TFT 弥散技术人员等
财务部	项目财务管理	部门负责人、项目核算员等
综合部	设备采购安装管理、报批“三同时”、日语翻译	部门负责人、项目采购员、项目申报人员等
销售部	销售管理、进口设备报关	部门负责人、项目产品销售员等

（三）相关资源、环境、信息化条件部署要求

项目财务管理需要各部门数据集合，信息量庞大，涉及专业性较强。首先，管理会计人员应有扎实的专业技能，能够多维度进行数据分析，具有较强的学习思维拓展能力和协调沟

通配合能力；其次，各参与部门责任和权限清晰，以管理机构和基层人员为支撑，提供可靠有效基础论证数据，预估偏差差异较小，确保大量数据的汇总论证和分析基础牢靠；最后，应具备相应的信息化办公设备和数据模拟测算软件，以较少的人力资源投入获取较多的信息回报。

（四）应用模式和应用流程

1. SWOT 分析（见表 18－2－4－2）。

表 18－2－4－2 SWOT 分析

优势： ①依托母公司，占据全球 1/3 光玻铂金装置市场份额； ②国内技术领先，同行业中具有绝对竞争力； ③利用国际合作拓展客户群	机会： ①贵金属市场巨大，中国市场发展迅猛； ②是唯一引进国外相关技术的中国企业
劣势： ①项目对下游终端厂商依赖性较大，下游终端厂商产业联盟的形成将导致市场进入的难度加大； ②生产线建设周期较长，从开始建设到产品批量上市预计需要 2 年时间，市场情况变化难以把握同业禁止，影响市场开拓； ③设备采购周期长，把握市场机遇能力偏弱	挑战： ①国外技术垄断，铂族金属稀缺制约发展； ②国内竞争对手逐渐强大

2. 财务分析。项目可行性研究的主要数据与经济指标见表 18－2－4－3。

表 18－2－4－3 主要数据与经济指标一览

序号	指标名称	数量	备注
1	产品大纲		
	加工铂金（千克/年）	3 800	
2	厂房改造建筑面积（平方米）	4 263	
3	公司职工总数（人）	85	
4	新增主要生产设备台（套）	26	
5	主要动力用量		
	项目用电容量（千伏安）	1 200	
	天然气用量（标立米/小时）	0.5	
	氮气（标立米/小时）	1 500	
	压缩空气用量（标立米/小时）	150	
6	项目总投资（万元）	9 000	
	其中：固定资产投资（万元）	8 000	
	铺底流动资金（万元）	1 000	
7	营业收入（万元）	4 381	达产年平均

续表

序号	指标名称	数量	备注
8	增值税及税金附加（万元）	667	达产年平均
9	利润总额（万元）	1 261	达产年平均
10	销售利润率（%）	28.78	达产年平均
11	投资利润率（%）	11.12	达产年平均
12	财务内部收益率（%）	12.78	税后
13	财务净现值（ic① = 12%）（万元）	345	税后
14	投资回收期（年）	7.52	含建设期
15	盈亏平衡点（%）	51.74	生产能力表示

财务主要结论：TFT - LCD 基板作为光电子行业的基础材料，是光电产品发展基础中的基础，是国家鼓励发展行业的产品。TFT - LCD 基板专用铂金装置属于国家鼓励发展行业的产品。

本项目固定资产投资 8 000 万元，项目实施达产后，可实现营业收入 4 381 万元，年创增值税及税金附加总额 667 万元，利润总额 1 261 万元，全部投资的财务内部收益率为 12.78%，投资回收期 7.52 年，总投资利润率 11.12%；从项目盈亏平衡分析可知，盈亏平衡点为 51.74%，即不亏不盈时的最低产量为设计能力的 51.74%。

综上所述，本项目产品为光电子信息产业不可缺少的基础材料，符合国家、行业建设方针和产业政策。产品有市场，技术有来源，建设资金筹措有保障，生产有保证，市场销售有渠道，社会效益显著，经济效益可观，并具有较强的抗风险能力。因此，实施本项目建设是可行的。

3. 投资概算和资金筹措。

（1）投资概算范围。光明派特 TFT - LCD 基板玻璃用铂金装置加工项目利用原有 A06 及 A06a#建筑（总建筑面积约 10 032 平方米），对原有车间的生产环境进行部分改造，利用改造原有建筑约 4 263 平方米。项目拟建设 1 条弥散强化铂生产线，形成弥散强化铂材料 2 000 千克/年的产能；建设 1 条 TFT 铂金装置生产线，形成加工铂金 4 800 千克/年的能力，达产后加工铂金 3 800 千克/年。投资估算主要包括生产设备采购费、A06 及 A06a#建筑生产厂房改造费、动能设施改造费、技术转让费、工程建设其他费用、预备费等。

A06 及 A06a#建筑生产厂房改造投资包含地面铺砌、设备基础、钢构、门窗工程、装修、电力照明、气体动力、暖通空调、给排水、通信等工程费用。

（2）投资概算依据：一是建设单位提供的有关基础资料；二是设计方案及设计专业主要设备、材料表；三是 2009 年四川省建设工程量清单计价定额；四是 2014 年四川省材料信息价格。

（3）工程费用。建筑工程：本项目不需新建厂房，主要对现有厂房进行适应性改造，根据各专业提供的设计资料按分部分项工程进行计算（见表 18 - 2 - 4 - 4）。

① ic 表示折现率。

工艺设备：本项目工艺设备由弥散铂金材料制作、雾化装置、高精度宽板幅板材轧制线、退火炉、板材整形、等离子焊接、轧条、半自动退管器、四辊轧机、自动退管等工序设备系统构成。进口设备，汇率按1美元=6.2元人民币计算。部分设备为国产设备。

工具器具费：按工艺设备费的1%计算。

动力设施：为工程配套的动力系统。

表18－2－4－4　　A06及A06a#厂房改造建筑工程汇总

序号	项目名称	建筑工程（元）	占建筑工程总额比例（%）
1	A06及A06a#厂房土建改造工程	2 171 268	55.30
2	给排水	16 098	0.41
3	通风空调	124 586	32.05
4	工业管道	92 439	2.35
5	电力照明	120 926	4.79
6	通信	175 936	5.09
合　计		2 701 253	100.00

工程建设其他费用：勘察设计费、前期工作咨询费、环境评价费、建设单位管理费、安全卫生评价费、生产职工培训费、技术转让费、试车费等。

预备费：计算基本预备费，以工程费与工程建设其他费用之和为基数，按10%计算。

（4）投资估算结果。项目固定资产投资为8 000万元，含554.4万美元进口设备购置费（见表18－2－4－5）。

表18－2－4－5　　固定资产投资表

序号	项目名称	投资（万元）	含外汇（万美元）	占投资比例（%）
1	建筑工程费	270	—	3.38
2	设备购置费	4 483	554.4	56.03
3	设备安装费	112	—	1.40
4	其他费用	3 135	—	39.19
5	合计	8 000	—	100

①流动资金估算。

估算方法。流动资金按分项指标估算法，分别依据应收账款、存货、现金、应付账款的最低周转天数进行计算。

估算结果。达产年所需流动资金为3 336万元，铺底流动资金为1 000万元。

②项目总投资估算。项目总投资9 000万元。其中，固定资产投资8 000万元，铺底流动资金1 000万元。财务评价总投资11 336万元。其中，固定资产投资8 000万元，流动资金3 336万元。

③资金筹措估算。

建设投资筹措。项目总投资 9 000 万元。其中固定资产 8 000 万元，铺底流动资金 1 000 万元，全部由光明派特自筹。

流动资金筹措。达产年所需流动资金为 3 336 万元，铺底流动资金为 1 000 万元。

（5）经济分析。

①生产规模。项目根据市场需求，按 380 千克一条生产线，年加工 10 条生产线，达产后加工 3 800 千克/年计（见表 18－2－4－6）。

表 18－2－4－6　　3 年产能计划

规划铂金加工产能	2015 年	2016 年	2017 年	2018 年
3 800 千克	760 千克	1 900 千克	3 800 千克	3 800 千克

②项目计算期。项目计算期为 10 年，其中建设期 1 年，投产期 9 年，满负荷生产期 8 年。

产品总成本。原材料购买按照 20% 的押金计算；燃料及动力费根据单位产品耗量计算；达产年工资及福利按生产工人 3 000 元/月、技术人员 5 000 元/月计算，费用为 402 万元；固定资产折旧费按分类平均年限法计算，按 10 年折旧，残值率 5%，折旧及摊销达产年 540 万元/年；修理费及备件按设备折旧的 20% 计算，计 108 万元/年；研发费用按年收入 2% 计算；其他管理费用按营业收入的 2% 计算；营业费用按营业收入的 6.5% 计算。

销售收入。按 380 千克一条线，年加工 10 条生产线，单价为 8 090 元/千克计算，其中年加工收入 3 074.2 万元，合同损耗收入按照加工收入的 30% 计算为 922.3 万元，回收精制收入按照加工收入的 12.5% 计算为 384.2 万元。达产年总收入共计 4 380.7 万元。

税金及附加。项目按销项税 17%、进项税 17% 计算，城市建设维护税和教育费附加分别按增值税的 7% 和 4% 计算。

利润总额。达产年平均利润总额为 1 261 万元。

（6）财务评价。

①财务盈利能力分析（全部投资）。项目投资财务内部收益率：12.78%（税后）；项目投资财务净现值（ic＝12%）：345 万元（税后）；项目投资回收期：7.52 年（税后）。

②借款偿还能力分析。本项目资金自筹，没有贷款。

③不确定性分析。

盈亏平衡分析：$BEF = CF/(S - CV - T) \times 100\% = 51.74\%$。其中，CF 为年固定成本；CV 为年可变成本；S 为年营业收入；T 为年税金及附加。当产量达到设计生产能力的 51.74% 时，项目即可达到盈亏平衡，项目抗风险能力较强。

敏感性分析：项目实施过程中有很多因素可能发生变化，这里对建设投资、经营成本、销售价格发生 ±10% 变化时财务内部收益率受到的影响进行分析（见表 18－2－4－7）。

表 18-2-4-7　　敏感性分析表

序号	变化因素	内部收益率	敏感度系数
1		12.78%	
2	销售价格+10%	16.37%	5.62
3	销售价格-10%	8.98%	-5.94
4	经营成本+10%	11.15%	-2.54
5	经营成本-10%	12.71%	-0.10
6	建设投资+10%	11.22%	-2.44
7	建设投资-10%	14.54%	2.76

分析表明，销售价格、经营成本是最敏感的因素。

（7）经济分析主要结果（见表 18-2-4-8）。

表 18-2-4-8　　经济分析主要结果

序号	项目	数据和指标	备注
1	总投资（万元）	9 000	
	其中：固定资产投资（万元）	8 000	
	铺底流动资金（万元）	1 000	
2	营业收入（万元）	4 381	生产年平均
3	增值税及税金附加（万元）	667	生产年平均
4	利润总额（万元）	1 261	生产年平均
5	销售利润率（%）	28.78	生产年平均
6	总投资利润率（%）	11.12	生产年平均
7	财务内部收益率（%）	12.78	税后
8	财务净现值（ic=12%）（万元）	345	税后
9	投资回收期（年）	7.52	含建设期
10	盈亏平衡点（%）	51.74	生产能力表示

通过以上财务计算和指标分析，项目预计每年可实现营业收入 4 381 万元，利润总额 1 261 万元，项目投资财务内部收益率为 12.78%，投资回收期 7.52 年，达产年平均年创利税 1 928 万元，有较好的盈利能力及具较强的抗风险能。

（8）项目实施评价。

①投资完成情况。批复项目固定资产投资 8 000 万元，实际完成投资 5 020 万元（不含进项税 228 万元），比概算少支出 2 980 万元，少支出金额占概算的 37.25%。支出减少的主要因素为建筑工程改造没有实施、部分设备没有购买、设备进项税抵扣、试车费和预备费没有发生（见表 18-2-4-9）。

②项目建设实施评价。通过项目建设，光明派特改造了生产厂房，新增了弥散材料及铂金装置加工设备，建成了 1 条弥散强化铂生产线和 1 条 TFT 铂金装置加工生产线。项目建成后通过试生产，弥散强化铂材料实际每月可生产弥散成品约 200 千克，年生产能力可达

表 18-2-4-9 项目投资支出情况

项目	概算投资	完成投资	比概算增减	占概算比例（%）
建安投资（万元）	422	162	-260	-61.61
设备投资（万元）	4 529	3 328	-1 201	-26.52
待摊投资（万元）	3 049	1 530	-1 519	-49.82
合计	8 000	5 020	-2 980	-37.25
改造建筑面积（平方米）	4 263	1 513	-2 750	—
设备数量（台/套）	26	31	—	—

2 200 千克；铂金加工方面每年可加工 10 条 TFT 基本玻璃铂金装置生产线，年加工能力达 4 800 千克，达到批复建设纲领要求；在试生产过程中，光明派特在成都光明技术中心的支持合作下，利用 OES、X 荧光、微波削弱等设备对来料及生产过程中的材料进行分析检测，分析方法及标准与日本田中贵金属株式会社进行对标，编制海绵 Pt、Rh 粉等贵金属材料不纯物规格表（试行），基本建立起自主材料检验测试体系及研发能力。

截至 2016 年 11 月，已累计生产弥散锭 1 050 千克，弥散成品 437 千克，销售收入 292 万元，利润 60 万元；已加工完成 4 条 TFT 基板玻璃生产线铂金装置，约 1 800 千克，已实现加工收入 1 600 万元，利润 320 万元。预计项目达纲后可实现销售收入 4 720 万元，利润 1 000 万元。

四、取得成效

（一）应用相关管理会计工具方法前后情况对比

通过项目财务管理分析的应用，光明派特牢牢把握住了 TFT 项目投资带来的机遇，从应用前对该项目的徘徊犹豫和众多不确定性因素，到应用后对该项目的深入理解和论证研究，减少了犹豫期和不确定性因素影响，走在该类项目制作技术的前列，也为企业带来了经济效益。

2015 年，光明派特加工制作 TFT 生产线 3 条，但部分部件仍需发往日本田中进行加工制作，投资初期成本较高。2015 年，公司整体毛利率 3.40%，受国内外经济环境影响，收入同比降低 11.45%，毛利率同比下降 1.06%。2016 年完成加工制作 TFT 生产线 4 条，光明派特制作技术日趋完善，实现很少部分部件发往日本田中加工制作，基本实现整条线都由自身加工制作完成，成本有所降低。2016 年，光明派特在收入规模同比缩减 22.36% 的形势下，毛利率同比增加 1.53%，实现毛利额 1 955 万元，同比增加 222 万元，增幅 12.81%，TFT 项目投资贡献成效较大。2017 年 2 月，光明派特 TFT 项目投资顺利通过项目验收，截至 2016 年，项目总投资 5 020 万元，产能已达到设计生产能力的盈亏平衡点，项目抗风险能力大幅提高。2017 年，光明派特克服了原材料及人工成本上涨带来的负面影响，实现毛利总额 2 208 万元，同比增加 253 万元，增幅 12.94%，TFT 项目的成效贡献功不可没。

（二）对解决单位管理问题情况的评价

1. 项目投资论证依据充分。该项目的成功实施证明了前期论证调研分析基础资料依据充分，实施后投入产出与项目财务管理分析差异较小，真正为企业带来了经济效益。

2. 投资项目管理水平提高。从项目立项的组织体系建设开始，到项目论证分析、实施、执行、管控和评价，在项目运作的全过程中，企业在项目投资的选择、项目管理的流程、项目执行的管控能力和水平方面都有较大提升，一定程度上避免了投资损失风险的发生。

五、经验总结

（一）相关管理会计工具方法的基本应用条件

企业应当重视并严格执行项目预算管理、项目成本控制、项目会计核算、资金管理与项目结算、项目决算和项目经济后评价等。主要参与部门及人员的协调工作要衔接到位，对自身的专业基础知识理解到位，对项目财务管理所需基础资料的提供可靠性到位，形成可靠的基础依据支撑。

（二）相关管理会计工具方法成功应用的关键因素

1. 引进 TFT – LCD 加工制作技术项目投资服务于公司整体发展战略，项目决策充分论证内外部环境，把握好项目立项、项目论证、项目实施重要“关口”，确保项目建设提高水平，取得效益。

2. 项目财务管理的基础数据是经济评价的依据，要充分把握论证基础数据的真实、准确、可靠，才能为项目后期经济评价奠定基础。

3. 项目财务管理是复杂的系统工程，要充分利用信息化手段加强基础数据的收集和分析，才能进一步提高项目投资决策水平，增强项目实施管控，成为公司提质增效的有力工具。

（三）相关管理会计工具方法在应用中的优缺点

项目财务管理有利于充分论证项目投资的可行性，有利于优化项目资源配置，有利于企业项目投资管理水平的提高，有利于企业把握机遇提高效益。

在应用过程中，项目财务管理对企业相关管理会计人员业务知识及综合素质需具备一定要求，对企业财务内控相关制度建设及管控流程要求较高，对企业项目投资相关资源配置的评估判断有一定要求，资源配置缺失或不完善都可能对项目的论证、实施、管控和评价造成不同程度的影响和损失，阻碍项目投资的顺利进行。

（四）对发展和完善相关管理会计工具方法的建议

1. 进一步加强完善企业内控建设和流程标准，符合国家法律法规要求和新形势下财务管控要求，不走偏路，为提高项目财务管理水平保驾护航。

2. 进一步加强管理会计人员相关业务知识和综合素质的培训提高，拓展整个项目管理流程业务的认识，正确判断项目财务管理基础资料的可靠性。

3. 进一步加强项目财务管理工具与预算管理、投融资管理等相关管理会计工具的融合。

（五）对推广应用相关管理会计工具与方法的建议

1. 加大宣贯力度，提高应用意识。充分利用企业信息平台资源向各管理层、执行层宣传，逐步提高各层级人员对相关管理会计工具的认识与理解，为进一步推广应用奠定基础。

2. 加强人员培训，提高应用技能。管理会计人员加强业务技能培训，充分理解掌握相关管理会计的应用流程、模式和方法，在推广应用中指导完善相关业务工作的开展。

19 贴现现金流法

第一章　管理会计工具——贴现现金流法

为更好的应用财政部《管理会计应用指引第 501 号——贴现现金流法》，兵器装备集团结合最新的探索和实践，开发了贴现现金流法工具，主要内容包括总则、应用环境、应用程序、工具方法评价等。

贴现现金流法工具以应用指引为指导和依据，重点介绍运用贴现现金流法的步骤和具体模型，通过选择恰当的贴现率对企业预期的各期现金流入、流出进行贴现，最终计算得出企业当前的价值，为经济行为提供价值参考依据。该工具的应用有利于企业对日常经营中与投融资管理相关的资产价值评估、企业价值评估和项目投资决策等提供依据。

第一节　总　　则

一、定义

贴现现金流法又称现金流折现法，是以资金的时间价值为理论基础，并基于一定的前提假设条件，选择恰当的贴现率对企业预期的各期现金流入、流出进行贴现，最终计算得出企业当前的价值，为经济行为提供价值参考依据。贴现现金流法不是对各单项资产进行加总，而是将企业作为一个整体并考虑其盈利能力和资金时间价值，为财务合理性提供判断依据的价值评估方法。

企业估价使用比较多的方法一般分三大类：市场法、成本加和法和收益法（贴现现金流法）。

（一）市场法

市场法，也称相关估值法，是利用资本市场和产权市场上与被评估企业相同或相似的企业交易成交价格作为参照，通过被评估企业与参照企业之间的对比分析，确定被评估企业整体资产价值的一种评估方法。

市场法要求在活跃、成熟的证券交易市场进行，我国并不具备成熟条件：一是市场不规范，价格与公司基本面脱钩；二是有非流通股。

（二）成本加和法

成本加和法，也称重置成本法，是指重新构建一个与被评估对象相同的企业，或生产能力及获利能力载体所需的投资额，与公司账面价值比较作为判断企业整体资产价值标准的评估方法。成本加和法的主要缺点是重置成本的确定缺乏客观性。例如，计量重置成本之日，企业有些资产在市场上很难找到与之相同甚至相似的，即使有价格也不可能完全一致，对于这些资产的重置成本只能依靠估计。因此，在重置成本数额确定过程中，不可避免地会带有一些主观因素。

（三）收益法

收益法，也称收益现值法、收益还原法，是把企业或其他资产综合体在未来特定时间内的预期收益还原为当前资本额或投资额的方法。整体企业评估的对象是企业的整体获利能力，因而收益还原思路及收益现值法就是整体企业评估的首选方法。

对于企业整体收益的确定，主要有 3 种方法：利润总额法、净利润法、贴现现金流量法。国际流行的评估方法是以自由现金流量作为预期收益额。因为它以收付制为原则，排除了人们主观认定的固定资产折旧费的干扰，还考虑到收益的时间和货币的时间价值，还是税后指标，所以现金收付制下的现金流量与权责发生制下的利润指标相比更能全面、精确地反映公司的内在价值。

二、功能目标

贴现现金流法作为企业财务管理的一项重要工具，其基本目的服从财务管理的基本目标——企业价值最大化，具体到相关投资决策就是让企业净现值最大化。因此，净现值最大化是企业投资决策的基本目标，也是判断项目是否可行的根本依据。

三、适用范围与注意事项

贴现现金流法一般适用于与投融资管理相关的资产价值评估、企业价值评估和项目投资决策等。

贴现现金流法以预期的收益和折现率为基础，因而对于目标企业来说，如果目前的收益为正值，具有持续性，同时在收益期内折现率能够可靠估计，则更适宜用收益法进行价值评估。通常处于成长期和成熟期的企业收益具有上述特点，可用贴现现金流法。

有下述特点的企业不适合用贴现现金流法进行价值评估。

1. 经营状况不稳定的企业。处于困境中的企业，盈利能力较差，且现金流持续为负数，面临破产的风险较大，未来现金流难以估计。收益呈周期性变化的企业，现金流会随经济形势而变化，往往很难预测，且很可能因为周期性低谷期使企业处于困境之中，风险随之加大。

2. 拥有较多闲置固定资产、专利和无形资产的企业。贴现现金流法反映能够产生现金流所有资产的价值，如果企业拥有大量未被使用的固定资产，或者近年不会产生现金流的专利和无形资产，这部分资产价值无法通过此方法进行合理预计。

第二节 应用环境

一、组织结构

对企业进行价值评估必须进行充分的了解、研究、论证工作。评估项目一般由公司战略运营部牵头，由审计部、财务部、法律部等部门组成评审组，对项目进行具体分析并形成报告。项目评审组织机构情况如图 19－1－2－1 所示。

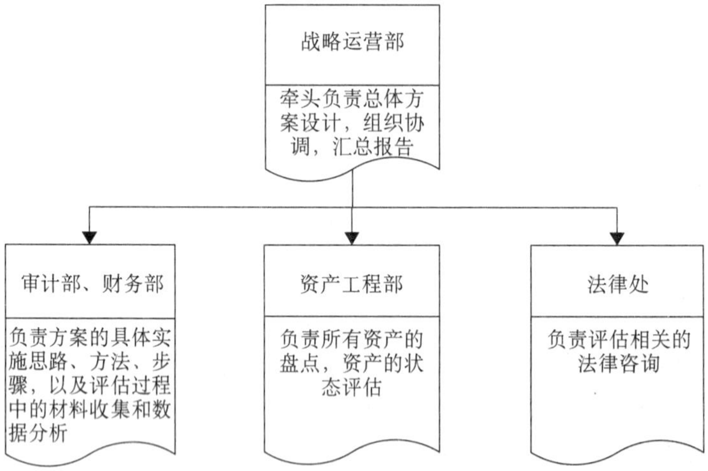

图 19－1－2－1 项目评审组织机构

二、应用基础

企业应用贴现现金流法，需具备以下 3 个前提条件：

第一，被评估企业的未来预期收益额、贴现率能够合理预测，并能基本保证预期收益数额及贴现率的合理性和可用性。

第二，与企业获得未来预期收益相联系的风险也能估量，并能提供相关依据。

第三，产权清晰，评估范围界定清楚。

企业应用贴现现金流法，应结合企业的历史经营情况，对企业未来战略规划、所处行业特征、外部信息等进行充分调查了解，确保信息提供的充分性和可靠性。通常需要考虑以下内容：

第一，国家现行有关法律、法规及政策，国家宏观经济形势无重大变化；本次交易各方所处地区的政治、经济和社会环境无重大变化。

第二，有关利率、汇率、赋税基准及税率，政策性征收费用等不发生重大变化。

第三，公司未来将采取的会计政策和评估基准日时所采用的会计政策在重要方面基本一致。

第四，评估标的所有者和使用者是否完全遵守有关法律法规，评估标的在现有管理方式和管理水平的基础上，经营范围、方式与目前方向一致。

第五，无其他不可抗拒因素及不可预见因素对企业造成重大不利影响。

第三节 应用程序

运用贴现现金流法的一般流程如图 19－1－3－1 所示。

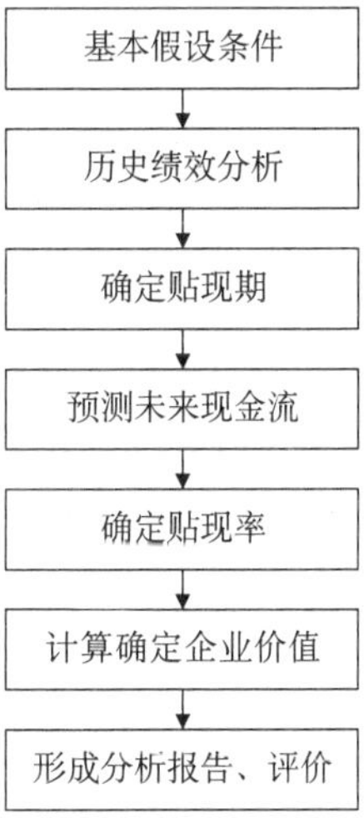

图 19－1－3－1 贴现现金流法流程

一、基本假设条件

企业根据所处行业特征以及对企业估值有重大影响的经营环境因素做出运用贴现现金流估值的基本假设。由于同一企业资产价格在不同用途和经营条件下会有所不同，在评估时，评估人员必须对资产的未来用途和经营环境做出合理的判断。

一般的前提假设有：持续经营假设、公开市场假设和破产清算假设等。持续经营假设是假设资产仍按当前正在使用的方式和目的继续使用下去；公开市场假设是指假定资产都可以在公开市场上出售，资产交易是在理想的市场环境下有组织的进行的，投资者考虑在允许的范围内将资产用于最佳用途时的资产的价格；破产清算假设是指资产在某种压力下，被强制组合或拆零，经协商或拍卖方式在公开市场上出售。此外，评估者可根据具体需要对经营环境其他相关假设条件加以说明，如国家政策、法律法规、政治制度、会计制度、汇率、企业战略规划等。

二、历史绩效分析

分析历史绩效的目的是充分了解被评估公司过去的财务状况、经营业绩，这是预测未来收益和评估价值的必要步骤。在对公司进行历史绩效分析时，应该着重看其营运增长能力、盈利能力及尽职调查中潜在的债务、财务风险，法律诉讼等风险。上述风险程度会直接影响价值评估结果与谈判交易结果。

三、确定贴现期

企业应充分考虑标的特点、所处市场因素波动的影响以及有关法律法规的规定等，合理确定贴现期限，确保贴现期与现金流发生期间匹配。

贴现期可采用项目已有限期，亦可采用分段式，如以 5 年作为一个期间段。在持续经营假设下，企业寿命也可看作永续的，即无限期的，根据企业的发展状况，其贴现期可分为多个阶段，常用的分段法一般为两段法或者三段法。两段期间分别为经营波动期（预测期）和稳定的永续期（终值期）。经营波动期往往各项数据的增长率普遍较高，永续期则会保持相对稳定的低增长率。三段期间可划分为：成长期、过渡期、稳定期。3 个阶段的增长率由高到低，成长阶段最高，过渡阶段逐步下降，稳定阶段保持较低增长率的不变增长。要注意的是不同行业的成长过程和增长率存在一定差异，且预测期越长预测的准确性越差。企业在进行资产价值评估时，尤其要注意标的资产的技术寿命期限对合同约定期限或者法定使用期限的影响。

四、预测未来现金流

企业应用贴现现金流法，应当说明和反映影响现金流入和现金流出的事项和因素，既要反映现金流的变化总趋势，也要反映某些重要项目的具体趋势。

（一）适用范围

企业应用贴现现金流法进行资产价值评估，要基于行业市场需求情况、经营风险、技术风险和管理难度等，分析与之有关的预期现金流，以及与收益有关的成本费用、配套资产等，并合理区分企业不同资产结构获得的收益和所受的影响；同时，要准确评估企业资产使用权和收益权的完整性，并评估其对资产预测现金流所产生的影响。

（二）测算程序

企业应用贴现现金流法进行企业价值评估，一般程序如图 19－1－3－2 所示。

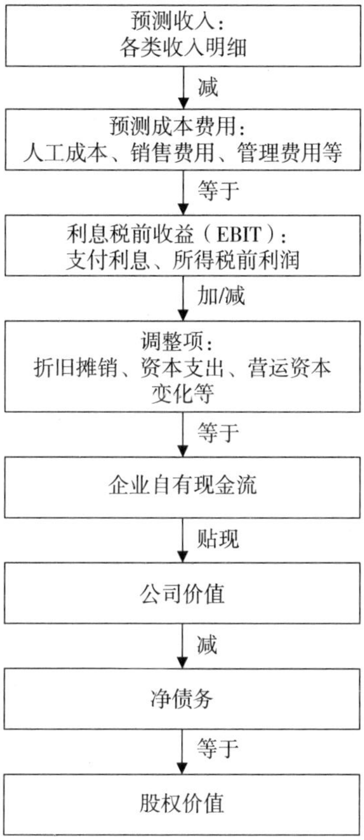

图 19－1－3－2　价值评估流程

1. 从相关当事方获取标的企业未来经营状况和收益状况的预测资料，充分考虑并分析标的企业的资本结构、经营状况、历史业绩、发展前景和影响标的企业生产经营的宏观经济因素、标的企业所在行业发展状况与前景，以及未来各种可能性发生的概率及其影响，合理确定预测假设和权重，进行未来收益预测。

2. 确定预测现金流中的主要参数的合理性，一般包括主营业务收入、毛利率、营运资金、资本性支出、成本及费用构成等，尤其要注意企业会计盈余质量对企业估值所产生的影响，需要调整并减少企业的非经常性损益、重组成本、非主营业务对会计报表的影响。

3. 确定预测现金流，应区分不同权利要求者对应的现金流和贴现率如表 19－1－3－1 所示。

表 19－1－3－1　　不同权利要求者对应的现金流和贴现率

权利要求者	权利要求者的现金流	贴现率
债权人	利息费用（1－税率）＋偿还本金－新发行债务	税后债务成本
优先股股东	优先股股利	优先股资本成本
普通股股东	股权资本自由现金流	股权资本成本
企业＝普通股股东＋债权人＋优先股股东	企业自由现金流＝股权资本自由现金流＋利息费用（1－税率）＋偿还本金－新发行债务＋优先股股利	加权平均资本成本

通常，企业整体价值评估采用企业自由现金流作为预测现金流的基础。公司的自由现金流是指可用来满足所有对公司资源拥有索偿权的投资者要求的现金。公司的价值是对公司的未来预期现金流以资本加权平均成本折现后得到的，其中的预期现金流是在公司支付了经营费用、再投资需要和纳税后，向公司权利要求者支付现金前的剩余全部现金流。资本加权平均成本是公司用于融资的不同要素的成本，根据市场价值比例进行加权。一般来说，企业自由现金流的计算方法有两种：一种是把企业不同权利要求者的现金流加总在一起；另一种是从利息税前收益（EBIT）开始计算，得到与第一种方法相同的结果（见图 19－1－3－3）：

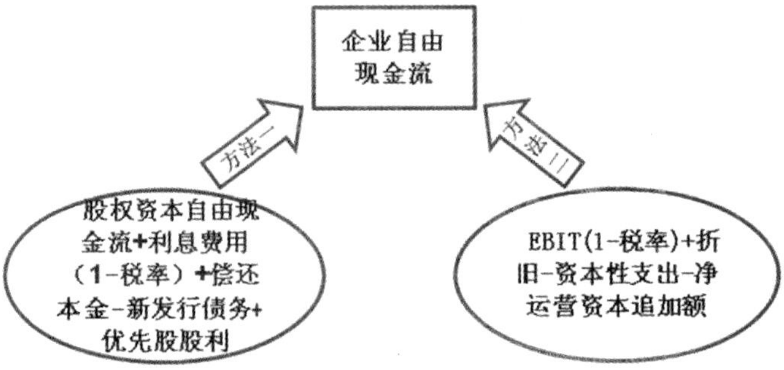

图 19－1－3－3 公司的自由现金流方法

企业自由现金流计算步骤如表 19－1－3－2 所示。

表 19－1－3－2 企业自由现金流量表

项目	2018 年	2019 年	2020 年	2021 年	2022 年	2023 年	2024 年	2025 年	2026 年	2027 年	2028 年
营业收入											
减主营业务成本											
减税金及附加											
主营业务利润											
减营业费用											
减管理费用											
息税前利润（EBIT）											
减 EBIT 所得税											
息税后利润											
加折旧与摊销											
营运现金流量											
减营运资本增加											
减资本支出											
企业自由现金流量											

企业所有者权益价值评估采用股权自由现金流作为预测现金流的基础。股权自由现金流是指在公司履行了所有义务后，用于支付给普通股投资者的剩余现金流。股权资本的价值是

以股权资本的成本（即公司的股权投资者所要求的报酬率）对股权资本的预期现金流折现后获得的。其预期现金流是在满足了所有支出、再投资、纳税、利息和本金需要之后的剩余现金流。其对应计算基本步骤如表 19－1－3－3 所示。

表 19－1－3－3 股权资本自由现金流量表

项目	2018 年	2019 年	2020 年	2021 年	2022 年	2023 年	2024 年	2025 年	2026 年	2027 年	2028 年
营业收入											
减营业费用											
利息，税收，折旧，摊销前收益											
减折旧和摊销											
利息税前收益											
减利息费用											
税前收益											
减所得税											
净收益											
加折旧和摊销											
经营性现金流											
减（优先股股利＋资本性支出＋净营运资本追加额＋偿还本金）											
加新发行债务收入											
股权资本自由现金流量											

不管是哪种贴现现金流模型，影响评价的关键因素是现金流的预期与折现率的确定。用资本平均成本对股权资本现金流进行贴现会高估股权，用股权资本对公司现金流贴现则会低估公司的价值。

五、确定贴现率

贴现率是反映当前市场货币时间价值和标的风险的回报率指标。贴现率的设定要充分体现标的特点，通常应当反映评估基准日类似地区同类标的平均回报水平和评估对象的特定风险。同时，贴现率应当与贴现期、现金流相匹配，当使用非年度的时间间隔（比如按月或按日）进行分析时，年度名义贴现率应调整为相应期间的实际贴现率。

首先，资产价值评估采用的贴现率，通常根据与资产使用寿命相匹配的无风险报酬率进行风险调整后确定。无风险报酬率通常选择对应期限的国债利率，风险调整因素有政治风险、市场风险、技术风险、经营风险和财务风险等。

其次，进行企业价值评估采用的贴现率，需要区分是以企业整体还是以所有者权益作为价值评估的基础。通常企业整体价值评估采用股权资本成本和债务资本成本的加权平均资本成本作为贴现率的确定依据；企业所有者权益价值评估采用股权资本成本作为贴现率的确定依据。资本成本，是指筹集和使用资金的成本率，或进行投资时要求的必要报酬率，一般用相对数即资本成本率表达。

企业的股权资本成本通常以资本资产定价模型为基础进行估计，综合考虑控制权程度、股权流动性，企业经营情况、历史业绩、发展前景和影响标的企业生产经营的宏观经济因素，标的企业所在行业发展状况与前景等调整因素。

最后，项目投资决策采用的贴现率，应根据市场回报率和标的项目本身的预期风险来确定。一般情况下，可以按照标的项目本身的特点，适用资产价值评估和企业价值评估的贴现率确定方法，但要注意区分标的项目与其他项目，或者作为企业组成部分所产生的风险影响，对贴现率进行调整。

六、企业价值的计算与确定

企业的价值需运用贴现现金流模型计算，贴现现金流模型已成为国外企业价值评估的主流方法，也是其他评价方法得以建立的基础。

第一，贴现现金流模型的理论基础在于现值的法则，即任何一种资产的价值是它所产生的预期未来现金流的现值，主要有以下两个模型：

$$V(\text{公司价值}) = \sum_{t=1}^{\infty} \frac{FCFF_t}{(1+WACC)^t} \quad V(\text{股权价值}) = \sum_{t=1}^{\infty} \frac{FCFE_t}{(1+r)^t}$$

其中：V 为公司价值/股权价值；$FCFF_t$ 为第 t 期的公司自由现金流量；$FCFE_t$ 为第 t 期的股权自由现金流量；r 即 K_e = 股权资本成本；WACC 为加权平均成本。

第二，通过股权资本成本和债务成本的加权平均可以得到资本加权平均成本：

$$WACC = K_e(E/M) + K_d(1-t)(D/M)$$

其中：K_e 为股权资本成本；K_d 为税后债务成本；M 为市场总价值；D 为债务市场价值；E 为股权资本市场价值；t 为企业所得税税率。

第三，债务资本成本是公司在为投资项目融资时所借债务的成本。一般影响债务成本的因素包括市场即期利率、公司违约风险、债务税收优势等。

$$K_d = I/D$$

其中：I/D 为公司支付利息率。

第四，股权资本成本通过资本资产定价模型得到：

$$K_e = E(r) = R_f + \beta[E(R_m) - R_f]$$

其中：R_f 为无风险回报率；β 为风险系数；R_m 为预期的权益回报率。

在资本资产定价模型中，β 风险系数的分析至关重要。风险即与投资结果相关的不确定程度。风险由可分散的风险（如债务违约和法律诉讼）以及不可分散的风险（如通货膨胀、战争等）组成，风险影响了所有的公司。β 是衡量不可分散风险的，或是衡量市场收益变化导致公司收益变化的程度。$\beta > 1$ 表示风险比市场风险大，$\beta < 1$ 表示风险较小。在评估中，对于上市公司，最容易的办法是采用公布的 β 值，还应与所在行业的平均 β 值相比较，如

果被评估公司的 β 值超过行业平均值 0.3，应考虑采用行业平均值。行业的平均值比单个公司的 β 值更稳定、可靠，因为它基本消除了测定误差。

第五，企业的生命周期理论上是无限长，但实践中不可能对所有未来年份做出预测，因此通常将展开式分成两部分，即企业价值 = 明确的预测期间的现金流量现值 + 明确的预测期之后的现金流量现值。

明确的预测期后的现金流量的现值就是连续价值。高质量的连续价值估算对公司价值评价至关重要。不同行业连续价值的比重各不相同，如高科技企业连续价值很可能占据企业价值的绝大部分。这些价值虽然大，但并不一定意味着公司的多数价值要在连续价值阶段实现。通常情况下，这只意味着早期的现金流量被资本开支和流动资金投资的外流量所抵消，这些投资将在未来产生更大的现金流量。

$$连续价值 = \frac{R_{n+1}}{r-g} \times (1+r)^{-n}$$

其中：r 为折现率；R_{n+1}为永续期企业自由现金流；g 为永续期的增长率；n 为明确预测期第末年。

由上述公式来看，在估算连续价值时关键的须定义的参数主要有永续期企业的自由现金流、稳定增长率、贴现率等。稳定增长率通常要小于或等于公司竞争所在行业的总体增长率或一般经济的总体增长率。

七、贴现现金流法分析报告

贴现现金流法分析报告的形式可以根据业务的性质、服务对象的需求等确定，也可在评估报告中整体呈现。当企业需要单独提供贴现现金流法分析报告时，应确保内容的客观与翔实。贴现现金流法分析报告一般包括以下内容：

应用背景：简要描述应用原因、项目主体及相关各方基本情况。

总体设计思路：主要说明应用目的、应用工具的具体内容。

应用过程：主要包含应用人员、应用环境、实施步骤。实施步骤中需详细说明以下内容：假设条件，贴现现金流法分析报告应当对贴现现金流法应用过程中的所有假设进行披露。数据来源，贴现现金流法分析报告应当清楚地说明相关数据、参数选取的来源依据。计算过程和评估结果，根据工具计算模型和相关数据进行分析、测算，得出评估结果，形成评估结论。

第四节 工具方法评价

贴现现金流法是目前企业评估方法中应用较为广泛的，也是相对比较科学的估值方法。

一、优点

贴现现金流法的优点是其不仅结合历史情况进行预测，还考虑企业的盈利能力和货币的时间价值，通过对未来现金流的预测计算得出公司的价值，有助于更全面地反映企业价值。为了预测公司未来的自由现金流，需要根据公司未来的经营战略对公司采购、生产及销售等各个业务环节进行了解、分析和预测，这可以更好地反映公司的经营战略。

二、缺点

贴现现金流法存在一定的缺点。该方法是通过对未来的现金流的预测来进行的，测算过程相对较为复杂，对数据采集和假设的验证要求烦琐，且贴现模型中有些数据估算具有一定程度的主观性与不确定性，实际操作中圆满完成预测的获利增长有时很大程度上是管理层的美好愿望，而最终评估结果对模型中的数据依赖性很强，会使得企业价值评估结果的准确性降低。

第二章 管理会计案例——贴现现金流法

案例一 B公司——贴现现金流法在企业价值评估中的运用

B集团有限责任公司（以下简称“B公司”）是国有大型军民结合型企业、国家重点保军骨干企业，已经发展成为一家以特种产品研制为本，以智能制造、工程建设、汽车相关产业为重点的企业集团。B公司下属有房地产开发企业，A物流股份公司（以下简称“A公司”），以及汽车销售、汽车配件制造等一批参股合资企业。

B公司做出经营战略调整，将其持有的A公司25.44%的股权转让给M股份有限公司。B公司需对涉及A公司的股东全部权益进行评估。为服务企业战略，实践管理会计工具的运用，B公司成立专项评估小组运用企业价值评估的收益法（贴现现金流法）管理会计工具，深入实地勘察，与A公司领导层及各部门紧密沟通，收集分析各项评估材料，按照工具的评估程序进行价值评估测算，对其在2014年12月31日的市场价值做出公允反映。此次评估不仅为股权转让提供了价值参考依据，强化了收益法（贴现现金流法）管理会计工具的运用，也大大提升了企业的自主评估能力。

一、背景描述

（一）基本情况

A公司是一家极富专业精神的第三方汽车供应链综合服务供应商，成立于2001年8月。2006年2月，A公司在香港联交所创业板上市，并于2013年7月成功由创业板转主板交易。A公司以“打造世界一流的汽车供应链综合服务商”为愿景，重点发展整车物流、零部件物流、国际物流、流通加工、新业务五大业务版块。

A公司的业务主要集中在汽车物流领域，业务版块包括整车物流、零部件物流、备件物流、国际物流、散杂件运输、包装物流、轮胎分装等七大版块，其中90%以上的营业收入来自重庆长安汽车股份有限公司（以下简称“长安汽车”），业务网点对长安汽车主机厂基本实现全覆盖。

（二）状况及问题

A 公司在相关项目中的企业价值评估，对于标的企业的价值获取主要依赖于第三方评估公司，缺乏自身对标的企业价值的了解认识。评估公司评价标准的选取是否得当、是否符合公司利益，对于利益追求者来说很难评判。加强企业自主评估能力也将成为提升企业管理能力的重要方面。

（三）选择贴现现金流法的主要原因

A 公司作为被评估企业已经发展成熟，具有一定规模，且一直保持良好的经营，并在香港联交所主板挂牌交易。公司实力雄厚，物流版块业务覆盖全国，合作伙伴稳定可靠，企业管理层具备一定管理水平，拥有比较明确的未来战略规划方案，使得未来收益能够有效估计。我国物流企业众多，市场环境成熟，未来收益的风险可以合理量化，可选取的参照对象也相对较多，在结合企业自身条件的前提下，评估资产的预期获利能力和选取相关参数都具有较好的可靠性和说服力。综上所述，本次评估适用收益法中的贴现现金流法。

二、总体设计

（一）应用贴现现金流工具的目标和总体思路

本次 B 公司对下属 A 公司进行价值评估采用收益法中的现金流量折现法，选取的 A 公司合并报表现金流量口径为企业自由现金流，通过对 A 公司整体价值的评估来间接获得股东全部权益价值。

对 A 公司的评估以未来若干年度内的企业自由现金净流量作为依据，采用适当折现率折现后加总计算得出 A 公司整体营业性资产的价值，再加上溢余资产、非经营性资产价值减去有息债务得出股东全部权益价值。

（二）应用贴现现金流工具的具体内容说明

1. 计算模型。

$$E = V - D \quad \text{（公式 1）}$$

$$V = P + C_1 + C_2 + E' \quad \text{（公式 2）}$$

其中：E 为股东全部权益价值；V 为企业整体价值；D 为付息债务评估价值；P 为经营性资产评估价值；C_1 为溢余资产评估价值；C_2 为非经营性资产评估价值；E′为（未在现金流中考虑的）长期股权投资评估价值。

公式 2 中经营性资产评估价值 P 的求取公式为：

$$P = \sum_{t=1}^{n}[R_t \times (1+r)^{-t}] + \frac{R_{n+1}}{r-g} \times (1+r)^{-n} \quad \text{（公式 3）}$$

公式 3 前半部分为明确预测期价值，后半部分为永续期价值（终值）。

在公式 3 中：R_t 为明确预测期的第 t 期企业自由现金流；t 为明确预测期期数 1，2，3，…，n；r 为折现率；R_{n+1}为永续期企业自由现金流；g 为永续期的增长率，本次评估 g = 0；n 为明确预测期第末年。

2. 模型中关键参数的确定。

（1）预期收益的确定。将企业自由现金流量作为企业预期收益的量化指标。企业自由现金流量就是在支付了经营费用和所得税之后，向公司权利要求者支付现金之前的全部现金流。其计算公式为：企业自由现金流量 = 税后净利润 + 折旧与摊销 + 利息费用 ×（1 – 税率T）– 资本性支出 – 营运资金变动。

（2）收益期的确定。企业价值评估中的收益期限通常是指企业未来获取收益的年限。为了合理预测企业未来收益，根据企业生产经营的特点以及有关法律法规、契约和合同等，可将企业的收益期限划分为有限期限和无限期限。

对 A 公司的评估采用永续年期作为收益期。其中，第一阶段为 2015 年 1 月 1 日至 2021 年 12 月 31 日，在此阶段根据 A 公司的经营情况及经营计划，收益状况处于变化中；第二阶段 2022 年 1 月 1 日起为永续经营，在此阶段 A 公司将保持稳定的盈利水平。

（3）折现率的确定。确定折现率有多种方法和途径，按照收益额与折现率口径一致的原则，本次评估收益额口径为企业自由现金流量，则折现率选取加权平均资本成本（WACC）确定。

（4）付息债务评估价值的确定。债务包括企业的长短期借款，按其市场价值确定。

（5）溢余资产及非经营性资产（负债）评估价值的确定。溢余资产是指与企业收益无直接关系的，超过企业经营所需的多余资产，一般指超额货币资金和交易性金融资产等。非经营性资产是指与企业收益无直接关系的，不产生效益的资产。该类资产单独进行评估。

（6）长期股权投资评估价值的确定。对于合并报表范围内长期股权投资以合并口径进行单独评估，对于未在合并报表范围内的长期股权投资同时选取资产基础法和收益法进行评估。

（7）少数股东权益价值的确定。对于合并报表范围内非全资的长期股权投资，要扣除其少数股东权益，按照历史年度少数股东权益占公司总的权益价值的比重来确定。

三、应用过程

（一）企业价值评估专项小组设置

对 A 公司价值评估设置专项评估小组，由 B 公司战略运营部担任项目组组长，主要负责评估的整体方案设计以及全面协调工作。小组其他成员有审计部、财务部、资产工程部，主要负责方案的具体实施思路、方法、步骤，以及评估过程中的材料收集和数据分析。

（二）收益法企业价值评估的应用环境

1. 应用前提。应结合 A 公司的历史经营情况、未来收益可预测情况、获取评估资料的充分性，恰当考虑收益法的适用性。收益法评估需要具备以下 3 个前提条件：

（1）A 公司的未来预期收益额、贴现率能够合理预测，并能基本保证预期收益数额及贴现率的合理性和可用性。

（2）与 A 公司获得未来预期收益相联系的风险能够估量，并能提供令人信服的依据。

（3）产权清晰，评估范围界定清楚。

2. 会计政策和主要税项。

（1）主要会计政策。

公司执行的会计准则和会计制度： A公司执行新企业会计准则。

会计年度： 公历1月1日至12月31日。

应收款项。 应收款项坏账准备提取采用单项测试与组合测试（账龄分析）相结合的方法。对于单项金额重大的应收款项，如有客观证据表明其发生减值或无法回收款项时，单独进行减值测试。

采用账龄分析法计提坏账准备比例如表19－2－1－1所示。

表19－2－1－1 账龄分析法计提坏账准备比例

账龄	应收及其他应收款项计提比例（%）
6个月以内（含6个月）	0.00
6个月至1年（含1年）	15.00
1年以上	100.00

固定资产。 固定资产折旧按照年限平均法计提，各类固定资产预计净残值率、折旧年限及年折旧率如表19－2－1－2所示。

表19－2－1－2 固定资产净残值率、折旧年限及年折旧率

固定资产类别	折旧年限（年）	残值率（%）	年折旧率（%）
房屋及建筑物	10～30	3	3～9
机器设备	3～5	3	20～30
办公设备	5	3	19.40
运输设备	4～5	3	19～20

无形资产。 各项无形资产的使用寿命如表19－2－1－3所示。

表19－2－1－3 无形资产使用寿命

无形资产类别	使用寿命（年）
土地使用权	30～50
合同客户关系	6.5
软件	3
商标权	3

（2）主要税项。根据A公司的行业特征和评估日的相关税收政策，主要税项情况如表19－2－1－4所示。

表 19－2－1－4 主要税项情况

税种	计税依据	适用税率
增值税	一般纳税人销售商品收入按照17%；运输服务收入按照11%；其他服务收入按照6%	17%，11%，6%
城市维护建设税	应纳流转税额	7%
教育费附加	应纳流转税额	3%
地方教育费附加	应纳流转税额	2%
企业所得税	根据国家税务总局2012年第12号规定，A公司符合相关优惠政策，企业所得税税率为15%，其他分子公司税率为25%	15%，25%

3. 调查要求。

（1）资产评估的调查要求。在A公司如实申报资产并对被评估资产、负债进行全面自查的基础上，B公司评估小组成员资产工程部、审计部、财务部在A公司相关人员的配合下，按照资产评估准则的规定对各项资产进行了现场清查核实，并针对不同的资产性质及特点采取了不同的清查核实方法。对A公司非实物资产、负债主要通过查阅企业的原始会计凭证、核查其债权债务的形成过程和函证，通过对相关单位的访谈和账龄分析核实债权收回的可能性，债务的真实性；实物资产清查内容主要为核实资产数量、使用状态、产权及其他影响评估作价的重要事项。

（2）经营状况的调查要求。B公司评估小组成员战略运营部、财务部主要通过收集分析A公司历史经营情况和未来经营规划以及对其管理层进行访谈，对企业的经营业务进行调查。调查内容主要包括外部环境、经营情况、资产情况、财务状况等。收集了解的主要内容如下：

①企业所在行业相关经济要素及发展前景、企业生产经营的历史情况、面临的竞争情况及优劣势分析。

②企业内部管理制度、人力资源、核心技术、研发状况、销售网络、特许经营权、管理层构成等经营管理状况。

③企业主要业务和产品构成，分析各产品和业务对企业销售收入的贡献情况及企业获利能力和水平。

④企业历史年度权益资本的构成、权益资本的变化，分析权益资本变化的原因。

⑤对企业历史年度主要经营数据进行调查和分析，主要包括收入、成本、费用、税金及附加、营业外收支、所得税、净利润等损益类科目，还包括主营业务毛利率、成本费用率、投资收益情况、营业利润率等。

⑥收集了解企业各项生产指标、财务指标进行财务分析，分析各项指标变动原因及趋势。

⑦企业偿债能力和营运能力分析。分析内容主要包括资产负债率、流动比率、速动比率，存货周转速度、资金运用效率等。

⑧企业未来年度的经营计划、投资计划等。

⑨根据企业管理层提供的未来年度盈利预测数据及相关资料，对企业的未来经营状况进行全面分析和估算。

⑩企业的税收及其他优惠政策。

⑪对经营性资产、非经营性资产、溢余资产进行分析。

（三）收益法企业价值评估实施步骤

1. 评估假设。经过B公司评估小组对A公司进行的全面调查了解和信息收集，对此次评估提出一般性假设和收益法评估的具体假设，用以支撑后面部分的评估测算。

（1）一般假设。

①交易假设：假定A公司所有待评估资产已经处在交易过程中，评估小组根据待评估资产的交易条件等模拟市场进行估价。

②公开市场假设：假设A公司所处的资产交易市场是公开的、发达的、完善的，是一个有自愿的买方和卖方的竞争性市场，在这个市场上，买方和卖方的地位平等，都有获取足够市场信息的机会和时间，买卖双方的交易都是在自愿的、理智的、非强制性或不受限制的条件下进行。

③企业持续经营假设：假设A公司作为经营主体，在所处的外部环境下，按照经营目标持续经营下去，且A公司经营者负责并有能力担当责任，企业合法经营，并能够获取适当利润，以维持持续经营能力。

（2）收益法评估假设。

①国家现行有关法律、法规及政策，国家宏观经济形势无重大变化；本次交易各方所处地区的政治、经济和社会环境无重大变化；无其他不可预测和不可抗力因素造成的重大不利影响。

②假设A公司完全遵守所有有关的法律和法规。

③有关利率、汇率、赋税基准及税率，政策性征收费用等不发生重大变化。

④假设A公司未来将采取的会计政策和编写此份报告时所采用的会计政策在重要方面基本一致。

⑤关联客户长安汽车涉及物流的业务100%由A公司提供服务。

⑨A公司及其下属公司预测期内拟计划实施的项目均能如期完成，以达到预测对应的服务能力。

⑩A公司未来项目投入的资金需求中××亿元采用借款方式筹措资金，其他资金缺口通过股东投入自有资金或者增发等方式解决。

⑪A公司新增加的汽车销售业务、电商类业务按照公司发展计划实施。

⑫本次收益法评估假设A公司现金流均匀流入。

⑬假设A公司及子公司所得税税率在2020年12月31日到期后按照25%所得税税率征收，2015~2020年按照2014年的综合税率20.16%预测所得税费用。

⑭假设A公司在存货采购、服务采购及货款回收政策方面不发生重大变化。

2. 历史财务情况分析。

（1）历史年度财务状况如表 19－2－1－5 所示。

表 19－2－1－5 **合并财务状况** 单位：万元

项目名称	2014 年 12 月 31 日	2013 年 12 月 31 日	2012 年 12 月 31 日
流动资产			
非流动资产			
其中：长期股权投资			
可供出售金融资产			
固定资产			
在建工程			
无形资产			
商誉			
其他			
资产总计			
流动负债			
非流动负债			
负债总计			
净资产			
归属于母公司所有者权益			

（2）历史年度经营状况如表 19－2－1－6 所示。

表 19－2－1－6 **合并经营状况** 单位：万元

项目名称	2014 年	2013 年	2012 年
一、营业收入			
减：营业成本			
营业税金及附加			
销售费用			
管理费用			
财务费用			
资产减值损失			
加：投资收益			
二、营业利润			
加：营业外收入			
减：营业外支出			
三、利润总额			
减：所得税费用			
四、净利润			

（3）合并报表财务分析。

①资产与负债结构分析。资产结构及重要项目分析，主要资产占比情况如表19－2－1－7所示。

表19－2－1－7 主要资产占比情况 单位:%

项目名称	2014年	2013年	2012年
流动资产	80	83	81
其中：货币资金	27	22	20
应收账款	46	47	49
应收票据	4	9	9
非流动资产	20	17	19
其中：固定资产	7	7	10
无形资产	5	6	6

从表19－2－1－7可以看出，A公司流动资产比重较高，而流动资产中主要为货币资金、应收票据、应收账款，2014年占比分别为27%、4%、46%，合计达到77%。

负债结构及重要项目分析，主要负债占比情况如表19－2－1－8所示。

表19－2－1－8 主要负债情况 单位:%

项目名称	2014年	2013年	2012年
流动负债	99.76	99.79	99.68
其中：应付账款	66	73	76
应付票据	12	2	3
其他应付款	6	6	9
应付职工薪酬	10	8	7

从表19－2－1－8可以看出，A公司负债主要为流动负债，其中应付账款、应付票据、其他应付款、应付职工薪酬，2014年占比分别为66%、12%、6%、10%，合计达到94%。

②偿债能力分析。A公司主要偿债能力指标如表19－2－1－9所示。

表19－2－1－9 主要偿债能力指标

项目名称	2014年	2013年	2012年
流动比率（次）	1.47	1.59	1.72
速动比率（次）	1.45	1.53	1.69
资产负债率（%）	45.00	50.00	46.00

从偿债来看，A公司没有付息债务，其他非付息债务结构比较稳健，偿还债务的能力较强，这也为其进一步扩张奠定了较好的基础。A公司流动比率、速动比率均高于1，这表明其短期偿债能力较强，短期债务风险较低。

③管理能力分析。A 公司主要资产管理能力指标如表 19－2－1－10 所示。

表 19－2－1－10　　主要资产管理能力指标　　单位：次

项目名称	2014 年	2013 年	2012 年
应收账款周转率	3.55	3.64	4.06
存货周转率	84.23	80.04	222.57
总资产周转率	1.65	1.75	1.75

从表 19－2－1－10 可以看出：应收账款周转率、存货周转率、总资产周转率均保持在较合理水平，说明企业的资产管理能力较强，应收账款回收期、存货周转时间较短，营运资金使用效率较高，反映了 A 公司运行状况良好。

④盈利能力分析如表 19－2－1－11 所示。

表 19－2－1－11　　盈利能力分析　　单位：%

项目名称	2014 年	2013 年	2012 年
毛利率	4.4	4.9	5.5
销售费用率	1.89	3.03	3.31
管理费用率	2.45	1.94	1.92
财务费用率	－0.06	－0.10	－0.15
净利润率	4.3	4.5	5.2

从表 19－2－1－11 可以看出：A 公司毛利率和净利率在逐年下降，与行业的发展趋势相同，费用率随着收入的扩大比重在降低，其中 2014 年审计将计入管理费用和销售费用的部门进行了调整，导致管理费用率上升，销售费用率下降，3 项费用率合计逐年下降。

⑤成长能力分析。A 公司成长能力指标如表 19－2－1－12 所示。

表 19－2－1－12　　成长能力指标　　单位：%

项目名称	2014 年	2013 年	2012 年
营业收入增长率	15.07	27.99	10.87
净利润增长率	11.11	－1.96	－21.98
净资产增长率	14.60	13.00	11.03

从表 19－2－1－12 可以看出：A 公司收入每年都在快速增长，但是毛利的降低导致净利润 2012 年、2013 年负增长。

3. 收益贴现期的确定。对 A 公司的评估假设为评估基准日后永续经营，相应的收益期限为无限期限，A 公司近期的收益可以相对合理地预测，而远期收益预测的合理性相对较差，B 公司评估小组选择将 A 公司的收益期限划分为明确预测期间和明确预测期后两个阶段。因此，经营性业务价值＝明确预测期价值＋明确预测期后价值（终值）。

B 公司评估小组经过综合分析，确定第一阶段为 2015 年 1 月 1 日至 2021 年 12 月 31 日，在此阶段根据 A 公司的经营情况及经营计划、收益状况处于变化中；第二阶段 2022 年 1 月 1 日起为永续经营，在此阶段 A 公司将保持稳定的盈利水平。

4. 预测期间的现金流预测。

（1）营业收入预测。A 公司主要业务版块包括整车物流、零部件物流、售后物流、散杂货运输（多式联运）、国际物流、包装业务、轮胎分装。下面分别对各个版块的企业内部条件、外部市场环境以及未来发展趋势进行预测。A 公司营业收入预测如表 19 -2 -1 -13 所示。

表 19 -2 -1 -13 营业收入预测 单位：万元

项目	2015 年	2016 年	2017 年	2018 年	2019 年
整车物流					
零部件物流					
售后物流					
国际物流					
包装物生产					
轮胎分装					
其他					
合计					
增长率					

（2）营业成本预测。A 公司营业成本主要包括人工成本、运输成本、轮胎分装原材料成本及直接生产运营部门发生的办公费、租赁费、物管费、水电费、修理费、交通费、通讯费、折旧、广告费等。其中，人工成本、运输成本、轮胎分装原材料成本占总成本的 97% 左右。历史年度毛利水平如图 19 -2 -1 -1 所示。

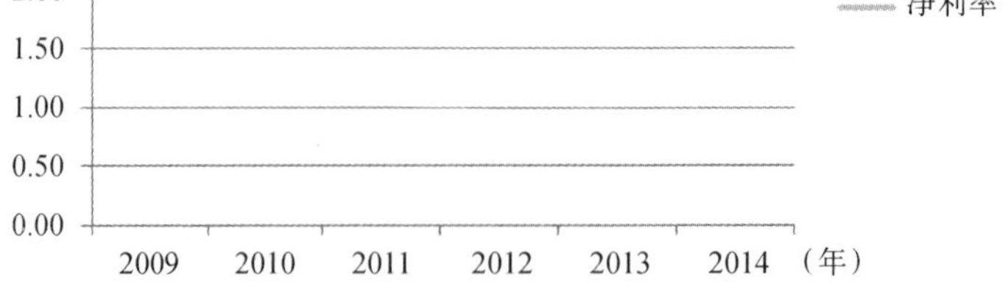

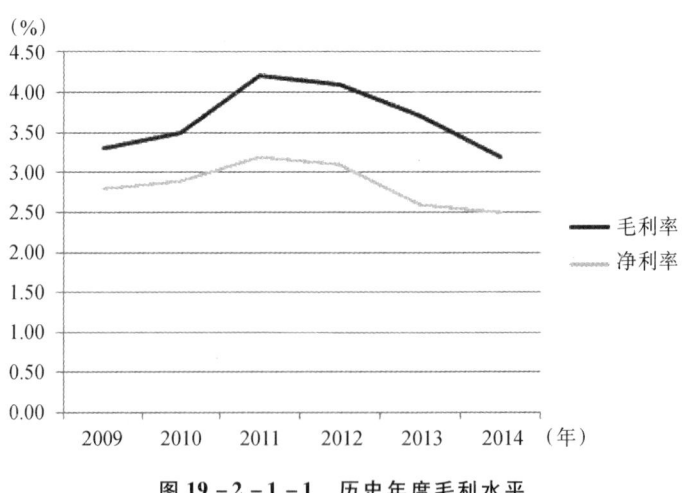

图 19 -2 -1 -1 历史年度毛利水平

根据向 A 公司相关人员了解及对行业的调查，以后年度毛利率还会稳中有降。对于人工成本和运输成本，按照扣除轮胎分装收入后的收入合计的88%进行预测；对于轮胎分装原材料成本，按照其对应的轮胎分装收入的99%进行预测；对于其他费用，在历史数据的基础上按照一定的增长幅度进行预测。经实施以上分析，营业成本预测如表19－2－1－14（样表）所示。

表19－2－1－14 营业成本预测 单位：万元

项目	2015年	2016年	2017年	2018年	2019年	2020年	2021年
人力成本							
运输成本							
差旅费							
交通费							
通讯费							
业务招待费							
折旧费							
××××××							
其他							
合计							
毛利率							

（3）营业税金及附加预测。营业税金及附加主要包括城市维护建设税及教育费附加，税率分别为城市维护建设税税率5%，教育费附加3%，有的地方还征收地方教育费附加2%，计税基础为增值税，增值税税率分别6%、11%、17%，按照不同的收入和相应的税率计算得出相应的增值税后计算确定城市维护建设税及教育费附加。经实施以上分析，A公司营业税税金及附加预测如表19－2－1－15所示。

表19－2－1－15 营业税金及附加预测 单位：万元

项目	2015年	2016年	2017年	2018年	2019年	2020年	2021年
城建税							
教育费附加							
合计							
占收入比重							

注：按照财会〔2016〕22号文规定，“营业税金及附加”科目名称调整为“税金及附加”科目。

（4）销售费用预测。销售费用主要包括职工薪酬、折旧费、办公费、运输费、保险费、业务招待费、差旅费、修理费、物管费、租赁费、水电费、会务费、通讯费及其他费用等。本次评估对于该类费用在目前费用水平的基础上，结合A公司产能增长幅度及费率发展趋势进行预测。经实施以上分析，销售费用预测如表19－2－1－16所示。

表 19－2－1－16　　销售费用预测　　单位：万元

项目	2015 年	2016 年	2017 年	2018 年	2019 年	2020 年	2021 年
职工薪酬							
折旧费							
办公费							
运输费							
保险费							
业务招待费							
××××××							
××××××							
其他							
合计							
占收入比重							

（5）管理费用预测。管理费用主要包括职工薪酬、折旧费、无形资产摊销、税金、办公费、运输费、保险费、业务招待费、差旅费、修理费、物管费、租赁费、水电费、会务费、通讯费、董事会费、审计费及其他费用等。本次评估对于该类费用在目前费用水平的基础上，结合 A 公司产能增长幅度及费率发展趋势进行预测。经实施以上分析，管理费用预测如表 19－2－1－17 所示。

表 19－2－1－17　　管理费用预测　　单位：万元

项目	2015 年	2016 年	2017 年	2018 年	2019 年	2020 年	2021 年
职工薪酬							
开办费							
折旧费							
办公费							
水电费							
差旅费							
××××××							
××××××							
其他							
管理费用合计							
占收入比重							

（6）财务费用预测。按照 A 公司提供的资金筹措计划，2015 年借款××亿元，2016 年借款××亿元，以后年度保持××亿元的借款不变，其他资金缺口全部通过股东投入补充，在此基础上考虑财务费用。利息支出，20××年、20××年考虑利息支出全部进入资本性支出，因此不考虑，以后年度考虑按照××亿元的借款，按照评估基准日短期借款利率计算确

认利息收入，按照收入的一定比例进行预测，其他支出在目前水平基础上考虑一定幅度的增长进行预测。经实施以上分析，财务费用预测如表 19－2－1－18 所示。

表 19－2－1－18　　财务费用预测　　单位：万元

项目	2015 年	2016 年	2017 年	2018 年	2019 年	2020 年	2021 年
利息收入							
利息支出							
其他							
合计							

（7）营业外收支预测。营业外收入只预测 2015 年，为“营改增”税负增加税务局的退税，按照企业提出的申请金额进行预测，以后年度因没有明确的退税文件故不预测。其中，营业外支出只预测运输车辆运送货物时发生的罚款支出，在历史数据的基础上考虑一定的增长幅度进行预测。经实施以上分析，营业外收支预测如表 19－2－1－19 所示。

表 19－2－1－19　　营业外收支预测　　单位：万元

项目	2015 年	2016 年	2017 年	2018 年	2019 年	2020 年	2021 年
营业外收入							
营业外支出							
净额							

（8）所得税预测。根据 2011 年 7 月 27 日财政部、商务部及国家税务总局发布的财税〔2011〕58 号文规定，自 2011 年 1 月 1 日至 2020 年 12 月 31 日，对设在西部地区的鼓励类企业减按 15% 的税率征收企业所得税。根据 2012 年 4 月 6 日国家税务总局颁布的公告〔2012〕第 12 号规定，A 公司符合享受以上优惠政策的条件，按照 15% 税率企业计缴所得税，其他地区公司和重庆地区的其他业务公司按照 25% 的所得税税率计缴所得税，因此 2015～2020 年按照 2014 年的综合税率预测所得税费用。在 2020 年 12 月 31 日到期后按照 25% 所得税税率预测所得税费用。经实施以上分析，所得税费用预测如表 19－2－1－20 所示。

表 19－2－1－20　　所得税费用预测　　单位：万元

项目	2015 年	2016 年	2017 年	2018 年	2019 年	2020 年	2021 年
所得税费用							

（9）折旧和摊销预测。以 A 公司历史年度的折旧、摊销及未来年度资本性投入形成资产为基础，按照 A 公司的折旧和摊销政策进行测算，永续期的时候折旧年限与经济寿命年限相差较大的资产采用年金方式预测。经实施以上分析，折旧和摊销预测如表 19－2－1－21 所示。

表 19-2-1-21 折旧和摊销预测 单位：万元

项目	2015 年	2016 年	2017 年	2018 年	2019 年	2020 年	2021 年
折旧							
摊销							
合计							

（10）营运资金预测。

营运资金 = 流动资产期末合计数 - 流动负债期末合计数 （公式 4）

未来年度营运资金变动额 = 当年营运资金 - 上年营运资金 （公式 5）

B 公司评估小组主要通过对比历史各期营运资金/当期收入的比率情况及同行业该比率的水平，合理判断采用同行业该比率水平，结合上面对收入的预测，预测未来各期营运资金及其追加金额。根据公式 4 和公式 5，结合预测期内对收入的预测，对预测期内营运资金进行预测，测算出当年需要追加投入的营运资金。经实施以上分析，营运资金预测如表 19-2-1-22所示。

表 19-2-1-22 营运资金预测 单位：万元

项目	2015 年	2016 年	2017 年	2018 年	2019 年	2020 年	2021 年
营运资金追加							

（11）资本性支出预测。资本性支出分为维持现有生产规模所需更新投入、新增产能所需投入和股权投资投入。正常固定资产的更新投入是为了保证企业生产经营可以正常发展。新增产能投入、股权投资投入根据企业生产投资计划确定。本次评估我们采用年金方式预测资本性支出。经实施以上分析，资本性支出预测如表 19-2-1-23 所示。

表 19-2-1-23 资本性支出预测 单位：万元

项目	2015 年	2016 年	2017 年	2018 年	2019 年	2020 年	2021 年
新增投入							
更新投入							
股权投资							
合计							

（12）企业自由现金流量表的编制。经实施以上分析预测，明确预测期 A 公司的企业自由现金流量汇总如表 19-2-1-24 所示。

表 19-2-1-24 企业自由现金流量预测 单位：万元

项目	2015 年	2016 年	2017 年	2018 年	2019 年	2020 年	2021 年
营业收入							
减：营业成本							

续表

项目	2015 年	2016 年	2017 年	2018 年	2019 年	2020 年	2021 年
营业税金及附加							
营业费用							
管理费用							
财务费用							
营业利润							
加：投资收益							
补贴收入							
营业外收支净额							
利润总额							
减：所得税							
净利润							
加：利息支出							
减：利息费用抵税							
息前税后净利润							
加：折旧及摊销							
减：资本性投入							
营运资金追加							
净现金流量							

注：按照财会〔2016〕22 号文规定，“营业税金及附加”科目名称调整为“税金及附加”科目。

5. 贴现率及主要参数的确定。

（1）贴现率模型的选取。贴现率应该与预期收益的口径保持一致。因本评估选用的是企业现金流折现模型，预期收益口径为企业现金流，故相应的折现率选取加权平均资本成本（WACC）。计算公式为：

$$WACC = K_e \times \frac{E}{D+E} + K_d \times (1-t) \times \frac{D}{D+E}$$

式中：WACC 为加权平均资本成本；E 为权益的市场价值；D 为债务的市场价值；K_e 为权益资本成本；K_d 为债务资本成本（公司支付利息率）；t 为被评估企业的所得税税率。

在加权平均资本成本 WACC 计算公式中，权益资本成本 K_e 按照国际惯常作法采用资本资产定价模型（CAPM）估算。计算公式为：

$$K_e = R_f + \beta \times MRP + R_c$$

式中：K_e 为权益资本成本；R_f 为无风险收益率；β 为权益系统风险系数；MRP 为市场风险溢价；R_c 为企业特定风险调整系数。

（2）无风险收益率的选取。国债收益率通常被认为是无风险的，因为持有该债权到期不能兑付的风险很小，可以忽略不计。根据 × × 资讯系统披露的信息，10 年期国债在评估基准日的到期年收益率为 3.62%，本评估报告以 3.62% 作为无风险收益率。

（3）权益系统风险系数的计算。A 公司的权益系统风险系数计算公式为：

$\beta_L = [1 + (1 - t) \times D/E] \times \beta_U$

式中：β_L 为有财务杠杆的 Beta；β_U 为无财务杠杆的 Beta；T 为被评估单位的所得税税率；D/E 为被评估单位的目标资本结构。

根据 A 公司的业务特点，B 公司评估人员通过××资讯系统查询了 5 家沪深 A 股可比上市公司的 β_L 值（起始交易日期：2010 年 1 月 1 日；截止交易日：2014 年 12 月 31 日），然后根据可比上市公司的所得税税率、资本结构换算出 β_U 值。在计算资本结构时，D、E 按市场价值确定。将计算出来的 β_U 取平均值 1.003 作为被评估单位的 β_U 值。

A 公司未来可预期风险系数的调整 Beta（β_a）的计算为：

$$\beta_a = 1.003 \times 0.67 + 1 \times 0.33 = 0.4973$$

考虑到企业的杠杆系数后的 β_L，计算公式为：

$\beta_L = [1 + (1 - T) \times D/E] \times \beta_a$

其中，T 为（实际税率×应纳税所得额）/应纳税所得额合计；D/E 为付息债务按照××亿元考虑，股东权益按照最终评估值确定，用来确定各年的 D/E。

（4）市场风险溢价的计算。国内证券市场是一个新兴而且相对封闭的市场，可供参考的历史数据时期较短，管理机制有待完善，市场波动幅度很大，因此，直接通过历史数据得出的股权风险溢价不具有可信度。在成熟市场中，由于有较长时期的历史数据，市场总体股权风险溢价可以直接通过分析历史数据得到。因此，国际新兴市场风险溢价通常采用美国成熟市场的风险溢价调整确定，计算方法为：中国市场风险溢价 = 美国股票市场风险溢价 + 中国股票市场违约贴息。

在美国股票市场风险溢价和中国股票市场违约贴息数据的基础上，计算得到评估基准日中国市场风险溢价为 8.07%。

（5）企业特定风险调整系数的确定。企业特定风险调整系数指的是企业相对于同行业企业的特定风险。考虑到 A 公司管理层提供的未来年度的盈利预测是基于《A 公司 2016～2020 年发展战略规划》做出，结合该发展规划，A 公司未来的盈利预测具有较大的不确定性，因此我们将本次评估中的个别风险报酬率确定为 3%。

（6）贴现率计算结果。

①计算权益资本成本。将上述确定的参数代入权益资本成本计算公式，计算得出被评估单位的权益资本成本：

$$K_e = R_f + \beta \times MRP + R_c = 15.57\%$$

②计算加权平均资本成本。将评估基准日国家公布的短期银行借款利率××%作为被评估单位付息债务，将上述确定的参数代入加权平均资本成本计算公式，计算得出被评估单位的加权平均资本成本。

$$WACC = K_e \times \frac{E}{D + E} + K_d \times (1 - t) \times \frac{D}{D + E}$$

=13.8%

6. 股东权益价值的确定。

（1）经营性资产价值估算。根据上述预测的现金流量以计算出的折现率进行折现，得出 A 公司经营性资产价值，计算结果见表 19-2-1-25。

表 19-2-1-25 经营性资产价值估算 单位：万元

项目名称	2015 年	2016 年	2017 年	2018 年	2019 年	2020 年	2021 年	以后年度
企业自由现金流								
折现率	13.80%	13.80%	13.80%	13.80%	13.80%	13.80%	13.80%	13.80%
折现系数	0.9374	0.8237	0.7238	0.6361	0.5589	0.4912	0.4316	3.1275
折现值								
现值和	××××							

（2）溢余资产 C_1 的分析及估算。A 公司溢余资产和负债如表 19-2-1-26 所示。

表 19-2-1-26 溢余资产和负债估算 单位：万元

序号	项目	账面价值	评估值
	溢余资产		
1	货币资金		
2	其他非流动资产		
3	可供出售金融资产		
4	递延所得税资产		
	溢余资产合计		
	溢余负债		
1	应付职工薪酬——上一年度奖金		
2	其他非流动负债——递延收益		
	溢余负债合计		
	溢余资产——溢余负债		

（3）无非经营性资产 C_2。

（4）长期股权投资 E′的估算及分析。经评估，长期股权投资于评估基准日详细评估结果见表 19-2-1-27。

表 19-2-1-27 长期股权投资估算 单位：万元

序号	被投资单位名称	持股比例	评估方法	评估结论	备注
1	TR 运输服务有限公司	45%	收益法		
2	MFT 物流有限公司	31%	收益法		
合计					

长期股权投资账面价值合计××××万元，在收益法中汇总的评估结果为××××万元。

（5）少数股东权益。对于A公司合并报表范围内非全资的长期股权投资，本次评估按照历史年度少数股东权益占公司总权益价值的5%确定。

①企业整体价值的计算。

$B = P + C_1 + C_2 + E'$ − 少数股东权益价值

= ××××××（万元）。

②付息债务价值的确定。评估基准日无付息债务。

③股东全部权益价值的计算。根据以上评估工作，A公司的股东全部权益价值为：

$E = B - D$

= ××××××（万元）。

（四）收益法的主要问题及对策

合理选取A公司价值评估参数是难点，但这是关系到最后评估结果的重要因素。在对A公司进行价值评估过程中，B公司评估小组做了非常全面且深入的调查，掌握了更全面、更客观的各项基础数据，而这些对于后期价值评估中参数的选取都提供了支撑性的材料，对A公司的估价也更趋于合理。

对A公司评估假设条件的完整性与可行性会直接影响评估的结果。假设条件过于乐观，就难以达成目标，造成过高估计A公司价值；反之，则造成低估A公司价值。经仔细研究A公司业务、宏观环境、企业执行力情况，并与A公司管理层、各职能部门进行充分沟通与紧密联系，B公司评估小组做出了合理假设，得出合理的企业价值评估结果。

四、案例效果

此次B公司评估小组根据国家有关资产评估的法律、法规和资产评估准则，本着客观、公正的原则，按照必要的评估程序对A公司纳入评估范围的资产、业务实施了实地勘察、市场调查、数据分析，全面掌握了A公司所处行业特征、经营情况和发展战略规划，并通过收益法对A公司未来的现金流情况做出了合理分析预测，使得评估结果更具参考价值。

经采用收益法评估后的A公司股东全部权益价值为××××万元，评估增值××××万元，增值率为××××%，为B公司转让A公司股权提供价值参考依据。

五、经验总结

贴现现金流法的运用能够比较真实地反映企业的发展过程，体现企业发展不同阶段的情况，符合企业在资产经营中不断追加投资和回收投资的动态过程，比较真实地模拟了企业在未来经营中收益的实现途径和过程。贴现现金流法以净现金流量作为预期收益额，以收付实现制为原则，排除了人们主观认定的固定资产折旧费的干扰；还考虑到收益的时间和货币的时间价值，还是税后指标。因此，现金收付制下的净现金流量与权责发生制下的利润指标相比更能全面、精确地反映公司的内在价值。

贴现现金流法是企业价值评估方法中使用较广泛、理论较健全的方法，体现出企业价值是由未来产生的预期现金流量和公司的资本成本决定的。运用贴现现金流估价法评估企业价值很好地体现了企业的内在价值。

案例二 成都光明——贴现现金流法在非球面项目投资中的运用

成都光明光电股份有限公司（以下简称“成都光明”）隶属于兵装集团，筹建于1956年，1964年建成，经过50多年的努力，已建设成为中国最大的综合性光学及光电材料生产企业。成都光明的非球面透镜精密模压关键技术研究项目立足于满足国内市场对非球面透镜需求，通过平台搭建与工艺技术研究掌握非球面小批量制造工艺技术，公司试制产品的品质达到市场同类产品的较高水平，为实现非球面透镜的量产及销售奠定基础。本案例以贴现现金流理论为基础，充分运用贴现现金流模型（DCF模型）在充分考虑投资项目未来创造现金流量能力对其价值影响的情况下对该投资项目未来销售收入、经营成本进行全面预测，进而计算出企业在未来一定时期获得的自由现金流，并通过贴现的方式将未来获得的现金流折算为当期的价值，更直接地体现了非球面项目投资后的获利能力，为公司管理层开展项目投资决策提供充分的财务支撑数据，帮助他们做出科学的投资决策，进而助推企业更好、更快发展，实现做优、做强、做大的宏伟目标。

一、背景描述

随着光电通讯、光学、汽车、生物工程、航空航天技术、电子及军用武器装备的迅速发展，光学玻璃应用日趋广泛。非球面玻璃透镜因为能够有效减少影像畸变、彗星像差，改善成像质量，提高系统鉴别能力并简化仪器结构等而备受重视。与塑胶镜片相比，玻璃镜片具有较高折射率、低吸收率、宽的光穿透频谱范围、高抗变形性、高抗高温性、高抗湿性、硬度高等特性。因此，非球面玻璃透镜成为光学领域的研究重点。

（一）基本情况

非球面透镜精密模压关键技术研究项目是成都光明立足于满足国内中高端车载设备、监控、运动DV、激光成像、通信和红外设备等对非球面透镜的需求，依托公司低软化点光学玻璃制造技术和成熟的预制件加工技术优势，以提高公司非球面透镜的设计、加工和检测技术能力和延伸光学玻璃产业链，培育新的经济增长点为目标而大力研发的中大口径（$20\leq\phi\leq40mm$）非球面透镜和中高端光学镜片（如凹凸镜片、曲面反转镜片等）为主的新型项目。

（二）管理状况分析和存在的主要问题

目前国内整体非球面精密模压水平不高，同行基本处于起步阶段。通过技术学习和非球面检测设备操作培训，非球面透镜、模仁的基本评价技术已掌握，但是质量管理标准化、检测技术理解运用、人员操作熟练度和技术水平等方面与国外先进厂商还有比较大的差距，特别是在中大口径技术、复杂曲面的压型技术上差距较大，工艺调试效率也比较低，模仁镀膜使用寿命也有很大差异。

（三）选择贴现现金流工具方法的主要原因

随着我国市场经济体制的逐步完善和金融市场的快速发展，项目投资决策不仅是财务管理的一项具体活动，也是企业发展的关键，科学、合理的投资评价方式有助于帮助企业实现价值最大化。较为完整的财务投资项目财务评价指标体系可以为项目的投资者和利益者相关提供更为全面、准确的信息，帮助他们做出正确的投资决策，助推企业发展。贴现现金流量法充分考虑了投资项目未来创造现金流量能力对其价值的影响，在日益崇尚“现金为王”的现代理财环境中，对企业投资决策具有现实的指导意义。

二、总体设计

（一）应用目标

本案例主要以贴现现金流的经典理论为基础，应用 DCF（贴现现金流）计算模型，对投资项目进行更有效的价值评估，为企业合理、科学制定投资决策提供强有力的数据支撑。

（二）总体思路

资产的收益通常表现为一定时期内的收益流，而收益有时间价值，因此为了估算资产的现时价值，需要把未来一定时期内的收益折算为现值，这就是资产的评估值。贴现现金流法服从资产评估中保本增利的思路，在基于一定假设条件下，结合市场变化和技术发展趋势，通过对未来销售收入、经营成本的预测，计算出企业在未来一定时期获得自由现金流并采用折现的方法来估算资产价值。贴现现金流法在应用过程中涉及 3 个基本要素：一是被评估资产的预期收益；二是折现率或资本化率；三是被评估资产取得预期收益的持续时间。因此，清晰地把握上述三要素是运用贴现现金流法的基本前提。

（三）贴现现金流方法的内容

运用贴现现金流法对投资项目进行价值评估主要以项目投入的资产为基础，综合考虑能够影响投资项目未来营运的各种因素，并结合企业所处的行业背景及宏观经济环境，对投资项目的市场价值做出客观的评估。

（四）应用贴现现金流管理会计工具方法的创新

1. 评估对象的创新。贴现现金流法在传统的应用中更多被用于企业并购活动中对并购对象进行价值估算。成都光明将贴现现金流法这一管理会计工具应用于项目投资价值的评估，在综合分析市场环境、货币的时间价值等影响因素的基础上运用贴现现金流模型计算出投资项目在未来可能获得的收益，提高了投资决策的科学性。

2. 组织保障的创新。为确保投资项目各项工作的有序开展，在项目投资前期经成都光明党政联席会研究决定，成立了由公司董事长牵头，发展规划部、市场部、财务部和技术中心等相关业务部门组成的项目组，董事长全面负责项目建设中各项工作的协调工作，各相关职能部门各司其职，发展规划部总体负责项目建设规划的制定，市场部负责未来市场需求的调研，技术中心负责技术管理及工艺路线的管理，财务部协调项目财务管理基础资料分析。

组织保障从上到下，体系完整，项目投资规划到位，各类基础数据支撑程度较高，为项目决策的最终实施奠定了基础。

三、应用过程

（一）组织机构

为加快光学玻璃非球面项目的运作和实施，经公司党政联席会研究，成都光明成立了光学玻璃非球面项目领导小组，由董事长牵头，领导和组织项目具体实施及相关协调工作，成立光学玻璃非球面筹备组，由筹备组负责项目实施的日常组织工作（见图 19－2－2－1）。

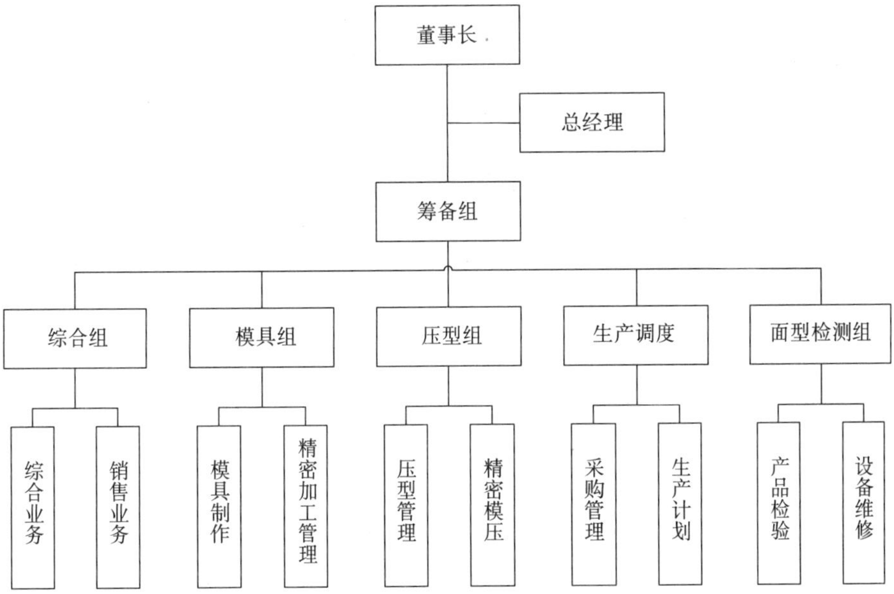

图 19－2－2－1　光学玻璃非球面项目组织结构

（二）参与部门和人员

成都光明参与贴现现金流法管理工具实践的部门情况如表 19－2－2－1 所示。

表 19－2－2－1　光学玻璃非球面项目参与部门及职责分工

责任部门	主要工作职责	主要人员
销售部	市场调研、产品推广、销售	部门负责人、销售人员等
技术中心	项目技术管理	部门负责人、项目管理人员、技术开发检测人员等
财务部	项目财务管理	部门负责人、项目财务核算员
体系部	固定资产管理、安全生产管理	部门负责人、资产管理员、安全管理员等

（三）应用贴现现金流法的资源、环境、信息化条件等部署要求

贴现现金流法在应用过程中涉及的专业性较强且需要大量财务数据支撑，因此在应用过程中，一是要求评估人员具备扎实的专业技能和丰富的实践经验；二是评估人员要对未来终端市场和相关政策进行充分的了解和做出多维度数据分析；三是要大量收集在评估过程中所

需的各类财务参数建立分析数据库，选取合理的参数进行测算，缩小贴现率计算误差，进一步提高项目价值评估的准确性；四是要建立健全完善的组织机构，强化领导的重视程度，各参与部门责任和权限清晰，具备较强的协调沟通配合能力。

（四）应用流程

1. 产品终端市场调研。非球面透镜的应用带来出色的锐度和更高的分辨率，同时镜头的小型化设计成为可能。非球面透镜主要应用于数码相机、车载、监控、投影仪，DV、CCTV、OA、光通讯、智能手机和激光镜头等产品领域。来自市场调查和研究机构的数据显示，项目目标终端市场整体将保持高速增长趋势（见表19－2－2－2）。

表19－2－2－2　传统数码市场产量预测

摘要		实际				预测	
		2013年	2014年	2015年	2016年	2017年	2018年
DSC	产量（万只）	5 398	3 240	2 600	2 200	1 800	1 630
	比值（%）	—	60.00	80.20	84.60	81.80	90.60
单反、单电	产量（万只）	1 779	1 578	1 490	1 410	1 400	1 400
	比值（%）	—	88.70	94.40	94.60	99.30	100
投影仪	产量（万只）	870	902	932	959	985	1 012
	比值（%）	—	103.70	103.30	102.90	102.80	102.70
数码DV	产量（万只）	610	501	452	408	387	358
	比值（%）	—	82.10	90.20	90.30	94.90	92.50
运动DV	产量（万只）	408	554	650	731	785	826
	比值（%）	—	135.80	117.30	112.50	107.40	105.20
CCTV及网络摄像机	产量（万只）	3 030	3 260	3 550	3 720	3 850	3 890
	比值（%）	—	107.60	108.90	104.80	103.50	101.00
车载设备	产量（万只）	3 637	5 593	7 591	9 189	10 844	12 378
	比值（%）	—	153.80	135.70	121.10	118.00	114.10
红外摄像机	产量（万只）	33.2	43.4	49.6	65.7	87.8	115.8
	比值（%）	—	130.70	114.20	132.50	133.70	131.90
激光电视	产量（万只）	—	—	10	18	25	30
	比值（%）	—	—	1 000	180	139	120

资料来源：日本富士凯美莱研究院。

传统数码市场方面，DSC、单反单电和数码DV市场均呈下降趋势，特别是DSC设备出货量萎缩70%左右；投影仪市场规模保持稳步增长趋势。

新兴数码市场方面，监控摄像头市场保持小幅上升趋势。运动DV、车载设备和红外摄像机市场均保持高速增长趋势。其中，运动DV出货量在2013～2018年间从408万台涨至826万台，增长1倍；车载设备出货量从3 637万支涨到1.24亿支，增长3.4倍；红外摄像机从33.2万台涨至115.8万台，增长3.5倍。此外，智能手机和虹膜认证等领域正研究采用玻璃非球面透镜的可能性，瓶颈主要是全球非球面透镜产能无法满足智能手机出货需要。可见，该项目的目标终端市场规模正大幅扩张，可以预见光学玻璃非球面透镜的需求量也将大幅增长。

2. 项目投资评估。

（1）开展投资评估基本假设。贴现现金流量法作为项目投资决策的一类方法，是建立在完全市场基础之上的，如何预测公司未来产生的现金流量又是十分主观的过程，涉及企业自身和社会、政治等环境因素的影响，因此在运用该方法评估投资价值时应基于一定的基础条件假设。

①针对评估基准日的资产实际情况，该项目建设能按照公司规划顺利进行，且项目在建设期或建成后能持续产生经济效益，预期收益能够可靠预测。

②项目在建设期或后期经营中，成都光明将严格遵守国家法律法规和会计制度进行业务处理和会计计量。

③国际、国内政治环境和社会环境在一定时间内将保持相对稳定的状态。

④业务处理和会计计量所遵循的国家法律法规、会计准则和会计制度在一定时间内无较大修改或变动。

⑤有关信贷政策、信贷利率、货币政策、税收政策等无重大变化。

⑥无其他不可预见的人为或不可抗拒的外来因素（如地震、暴风暴雨、泥石流等）对项目造成重大影响。

（2）确定评估基准日。一般情况下，评估基准日的确定与项目价值评估结果息息相关，评估基准日选取不同，评估结果也会存在一定的差异。根据兵装集团项目建设总体规划，项目建设开始时间为2017年1月1日至2017年6月30日，因此在本次评估中将2016年12月31日作为项目评估基准日。

（3）确定收益期限。收益期限指资产的收益期间，主要是企业根据自身建设规划和对未来行业发展趋势综合分析进行判定，基于非球面透镜精密模压关键技术研究项目建设方案和对当前市场需求的分析，确定项目建设期为半年（2017年1月1日至2017年6月30日），即2017年下半年达到预计生产能力；快速发展期为3.5年（2017年7月1日至2020年12月31日），之后将进入稳定的持续经营状态。

（4）自由现金流评价。自由现金流指企业产生的、在满足了再投资需要之后剩余的现金流量，这部分现金流量是在不影响公司持续发展的前提下可供分配给企业资本供应者的最大现金额：自由现金流 = 息税前利润 + 折旧和摊销 - 资本支出 - 营运资本追加。在预测自由现金流时要充分考虑主要参数的合理性。这些参数一般包括主营业务收入、营业成本、营业费用、管理费用、所得税率、资本性支出等。

①预测项目建设投资费用。项目建设包含现有两条生产线搬迁维修及新建1条国产化生产线及配套的备料、模具加工维修及检验设备，形成复眼透镜30万件/月和非球面透镜15万件/月的产能。项目建设具体费用预算详见表19-2-2-3。

表 19－2－2－3　　非球面项目建设投资费用总表

项目	基建费用	新增加工设备	配套设备费用	总公司转入设备	技术转让费	合计
费用（万元）	150	600	480	500	0	1 730

②估算折旧及摊销费用。

根据成都光明固定资产管理办法及相关管理规定，固定资产采用平均年限法（直线法）折旧计算。该项目建设中总公司转入设备及新增设备合计价值为 1 580 万元，固定资产净产值率为 5%，设备按照 10 年计提折旧，得出该项目每年计提折旧费约为 150 万元，资产净残值约 79 万元。

根据成都光明项目建设计划，在项目搬迁及建设过程中基建改造费用 150 万元，全部为企业自筹资金，主要用于厂房装修改造，基础设备安装、设计等。按照成都光明相关规定，其费用在工程建成后平均摊销 10 年。假设该项目基础建设在 2017 年 6 月底能按照项目建设计划全部完成，可计算得出该项目每年度摊销费用为 15 万元。

③开展销售预测。在评估中，成都光明成立了由发展计划部牵头，财务部、市场部、生产制造部、销售部等业务部门组成的项目投资调查小组，赴中国“长三角”“珠三角”地区和美国、日本等国家对市场需求进行充分调研。通过综合分析得出结论：非球面透镜的销量在未来 5 年将快速增长。结合当前的产品市场价格和未来的发展趋势，对该项目投产后取得的营业收入进行预测（见表 19－2－2－4）。

表 19－2－2－4　　营业收入预测

产　品	项目/年份	项目建设期	高速增长期				稳定经营期
		2017 年（上半年）	2017 年（下半年）	2018 年	2019 年	2020 年	2021 年及以后
复眼透镜	销量（万件）	—	20	80	130	150	150
	单价（元/件）	—	4.5	4.5	5	5	5
	营业收入（万元）	—	90	360	650	750	750
非球面透镜	销量（万件）	—	25	90	360	600	600
	单价（元/件）	—	15	15	15	10	10
	营业收入（万元）	—	375	1 350	5 400	6 000	6 000
收入合计（万元）			465	1 710	6 050	6 750	6 750

④开展生产经营成本费用预测（见表 19－2－2－5）。

⑤预测自由现金流。

资本性支出估算。资本性支出即保证企业生产经营可以正常发展的情况下，企业每年需要新增的资本性支出。通过对成都光明近 5 年来资本性支出进行分析，资本性支出占营业收入的比重变化不大，平均值为 2%，具体计算见表 19－2－2－6。

表 19－2－2－5 生产经营成本费用估算

类别	项目建设期	高速增长期				稳定经营期
	2017 年（上半年）	2017 年（下半年）	2018 年	2019 年	2020 年	2021 年及以后
营业成本	—	350	1 287	4 554	5 081	5 081
其中：直接材料	—	150	552	1 952	2 177	2 177
燃料动力	—	8	29	104	116	116
人工成本	—	15	55	195	218	290
制造费用	—	177	249	505	2 569	2 497
其中：折旧费用	—	150	150	154	165	165
外协		20	74	260	290	290
其他	—	7	26	91	102	29
管理费用	—	2	6	20	22	22
财务费用	—	—	—	—	—	—
销售费用	—	2	6	20	22	22
营业税金及附加	—	79	291	1 028	1 147	1 147
成本费用合计	—	432	1 589	5 621	6 271	6 271

注：以上数据为案例展示数据，非财务真实数据。

表 19－2－2－6 资本性支出计算

年份	购建固定资产、无形资产和其他长期资产所支付的现金	处置固定资产、无形资产和其他长期资产所收回的现金净额	资本性支出	营业收入（万元）	资本性支出占营业收入的比例（%）
	第一项（万元）	第二项（万元）	第三项＝第一项－第二项（万元）		
2016 年	250	0	250	21 000	1
2015 年	300	0	300	18 000	2
2014 年	400	2	402	15 000	3
2013 年	400	0	400	11 000	4
2012 年	450	2	452	14 000	3
平均值					2

注：以上数据为案例展示数据，非财务真实数据。

营运资金追加。通过对成都光明近 5 年来营运资金支出进行分析，预测每年营运资金追加占营业收入的 3%，具体计算见表 19－2－2－7。

表 19－2－2－7　　营运资金计算

年份	流动资产（万元）①	流动负债（万元）②	营运资金（万元）③＝①－②	营业收入（万元）	营运资金占营业收入的比例（%）
2016	4 500	3 000	1 500	21 000	7
2015	3 700	2 000	1 700	18 000	9
2014	3 500	3 200	300	15 000	2
2013	2 400	2 800	－400	11 000	－4
2012	2 700	2 600	100	14 000	1
平均值					3

注：以上数据为案例展示数据，非财务真实数据。

企业所得税估算。根据国家税收法律文件，结合西部大开发政策支持，高新技术企业所得税税率按15%征收。通过对营业收入、成本费用、折旧摊销等费用的估算，计算项目建设期及经营期的自由现金流，具体计算结果见表19－2－2－8。

表 19－2－2－8　　自由现金流量计算　　单位：万元

项目/年份	项目建设期	高速增长期				稳定经营期
	2017年（上半年）	2017年（下半年）	2018年	2019年	2020年	2021年及以后
营业收入	—	465	1 710	6 050	6 750	6 750
减：营业成本	1 730	350	1 287	4 554	5 081	5 081
营业税金及附加		79	291	1 028	1 147	1 147
管理费用		2	6	20	22	22
财务费用		—	—	—	—	—
销售费用		2	6	20	22	22
营业利润	－1 730	33	121	429	479	479
加：营业外收支净额	—	—	—	—	—	—
利润总额	－1 730	33	121	429	479	479
减：所得税（15%）		5	18	64	72	72
净利润	－1 730	28	103	365	407	407
加：利息支出	—	—	—	—	—	—
所得税		28	103	365	407	407
息税前利润（EBIT）	－1 730	56	206	730	814	814
加：折旧与摊销	50	165	165	169	180	180
减：资本性支出	—	9	34	121	135	135
营运资本追加	—	14	51	182	203	203
自由现金流	－1 680	198	286	596	657	657

注：项目建设期的成本费用为项目建设投资费用。

⑥计算资本加权平均成本。贴现率（WACC）是将自由现金流转化为现值从而对项目价值进行评估的比率。从我国资本市场的特征来看，企业资金活动的主要来源于股票和债务两个方面，加权平均资本成本是常被用来将所有投资者预期的未来现金流量转化为现值的贴现率，即货币的时间价值的确定系数。

计算股权资本成本。股权资本回报率估算用资本资产定价模型（CAPM）求出，即$R = R_f + \beta \times (R_m - R_f)$。其中：$R_f$为无风险收益率；$R_m$为市场期望报酬率。

无风险收益率R_f，参照国家近5年发行的中长期国债利率的平均水平（见表19-2-2-9），按照10年期以上国债利率平均水平确定无风险收益率R_f的近似值，即$R_f = 4.03\%$。

表19-2-2-9　　中长期国债利率

序号	国债代码	国债名称	期限（月）	实际利率（%）
1	101119	国债1119	10	0.0397
2	101123	国债1123	50	0.0438
3	101124	国债1124	10	0.0360
4	101204	国债1204	10	0.0354
5	101206	国债1206	20	0.0407
6	101208	国债1208	50	0.0430
7	101209	国债1209	10	0.0339
8	101212	国债1212	30	0.0411
9	101213	国债1213	30	0.0416
10	101215	国债1215	10	0.0342
11	101218	国债1218	20	0.0414
12	101220	国债1220	50	0.0440
13	101221	国债1221	10	0.0358
14	101305	国债1305	10	0.0355
15	101309	国债1309	20	0.0403
16	101310	国债1310	50	0.0428
17	101311	国债1311	10	0.0341
18	101316	国债1316	20	0.0437
19	101318	国债1318	10	0.0412
20	101319	国债1319	30	0.0482
21	101324	国债1324	50	0.0538
22	101325	国债1325	30	0.0511
23	101405	国债1405	10	0.0447
24	101409	国债1409	20	0.0483
25	101410	国债1410	50	0.0472
26	101412	国债1412	10	0.0404
27	101416	国债1416	30	0.0482
28	101417	国债1417	20	0.0468
29	101421	国债1421	10	0.0417

续表

序号	国债代码	国债名称	期限（月）	实际利率（%）
30	101425	国债 1425	30	0.0435
31	101427	国债 1427	50	0.0428
32	101429	国债 1429	10	0.0381
33	101505	国债 1505	10	0.0367
34	101508	国债 1508	20	0.0413
35	101510	国债 1510	50	0.0403
36	101516	国债 1516	10	0.0354
37	101517	国债 1517	30	0.0398
38	101521	国债 1521	20	0.0377
39	101523	国债 1523	10	0.0301
40	101525	国债 1525	30	0.0377
41	101528	国债 1528	50	0.0393
42	101604	国债 1604	10	0.0287
43	101608	国债 1608	30	0.0355
44	101610	国债 1610	10	0.0292
45	101613	国债 1613	50	0.0373
平均				0.0403

期望报酬率 Rm，一般认为，股票指数的波动能够反映市场整体的波动情况，指数的长期平均收益率可以反映市场期望的平均报酬率。通过对上证综合指数自 1992 年 5 月 21 日全面放开股价、实行自由竞价交易后至 2014 年 12 月 31 日期间的指数平均收益率进行测算，得出市场期望报酬率的近似，即 Rm = 10.47%。

β 系数用来衡量个别股票或股票基金相对于整个股市的价格波动情况。因成都光明是非上市公司，在项目投资评价过程中 β 系数采用同行业相关公司 2014 年数据以加权平均的方式进行估算（见表 19 - 2 - 2 - 10）。

表 19 - 2 - 2 - 10　　β 系数估算

公司名称	贝塔系数
凤凰光学	1.198
联创光电	1.288
亿晶光电	1.42
光电股份	0.98
平均值	1.2215

由此可得，股权资本成本率 = 3.93% + 1.22 × （10.47% - 4.03%） = 11.79%

计算债务资本成本。债务资本成本指公司在该投资项目融资时所借债务的成本。影响债务成本的主要因素包括市场即期利率、公司违约风险、债务税收优势等。计算公式为：

$K_d = I(1-t)/D$

其中：K_d 为以利率表示的债务资本成本；I/D 为公司支付的利息率，估算中采取一年期贷款利率，根据中国人民银行规定，一年期贷款利率为 4.35%；t 为公司所得税税率，根据《国家税务总局关于深入实施西部大开发战略有关企业所得税问题的公告》（2012 年第 12 号）的规定，企业所得税税率为 15%。

综上所述，Kd = 4.35% × (1 − 15%) = 3.7%

计算加权平均资本成本。根据对过去 5 年资产负债率的分析，成都光明资产负债情况较为稳定，平均值为 35%，可得：加权平均资本成本 = 3.70% × 35% + 11.79% × 65% = 8.96%。因此，确定贴现现金流模型中的贴现率为 8.96%。

⑦估算净值。将项目快速发展期和稳定期各年自由现金流折算到 2014 年 12 月 31 日，本次估算中采用两阶段增长模型，假设在项目建成后进入稳定经营期后每年的经营情况趋于稳定，即企业的增长率的零，由贴现现金流模型可得非球面项目价值（见表 19－2－2－11），计算公式为：

$$p = \sum_1^n \frac{FCFF}{(1+WACC)^n} + \frac{A}{(1+WACC)^n}$$

其中：A 表示稳定经营期的自由现金流。

表 19－2－2－11　　净现值计算

项目/年份	项目建设期	高速增长期				稳定经营期
	2017 年（上半年）	2017 年（下半年）	2018 年	2019 年	2020 年	2021 年及以后
自由现金流（万元）	－1 680	198	286	596	657	657
贴现率（%）	8.96	8.96	8.96	8.96	8.96	8.96
贴现系数	0.96	0.92	0.84	0.77	0.71	0.65
净现值（万元）	－1 609	182	241	461	466	428
净现值总额（万元）	168					

通过贴现现金流模型对非球面项目价值的估算，该项目价值为 168 万元，项目建成后不仅能满足军民发展对非球面光电信息材料的需求，有效提升成都光明光电信息材料生产能力和研发水平，巩固成都光明在光电信息材料行业国内领先的地位，还能拉动其子公司的发展。综合而言，该项目建成后具有较好的发展前景和发展空间。

（五）实施过程中遇到的主要问题和解决方法

1. 基础数据的合理性难以把握。在应用贴现现金流法进行项目投资价值评估时，由于受时间条件、宏观环境、政府政策等因素的限制，在具体开展销售计划、收入实现、成本费用预测时具有较大的不确定性和不稳定性，成都光明在应用该方法时为了减少不确定因素对评估价值带来的影响，尽可能缩小投资项目价值评估的差异，成立了由公司董事长牵头、市场部、发展计划部、财务部等部门及业务骨干组成的专业的调研团队赴日本、我国“珠三角”“长三角”地区开展广泛的和技术和市场调研，对收集的大量基础数据进行综合分析，进一步提高预测数据的准确性。

2. 在计算股权资本成本时，因成都光明为非上市公司，β系数无法直接获得，只能通过综合分析同行业相关上市公司数据，采用加权平均的办法确定。

四、取得成效

（一）应用贴现现金流法前后情况对比

通过贴现现金流法管理会计工具的应用，成都光明对非球面光学玻璃投资进行了充分的论证与分析，为公司开展项目投资决策提供了充分的数据支持，提升了公司项目投资决策的科学性，打破了应用前对该项目投资犹豫不决的困局，坚定了项目投资的信心。项目运行期间，市场开拓顺利，通过光玻销售事业部推广、项目组自行开发，一共联系到30家国内外企业，发出报价单60份。项目组接到打样订单9份，量产订单1份，委托技术合作方AT-MG接单5份。

（二）对解决单位管理问题情况的评价

在项目投资决策中应用贴现现金流法需要大量收集、统计相关基础数据，充分考虑社会环境、终端市场、宏观政策等多方因素的影响。运用贴现现金流模型的计算过程可以充分反映项目投资后营业收入、营业成本、经营风险等各项数据。该方法的应用为项目投资决策提供了充分论证，进一步提升了成都光明项目投资决策的科学性，也为公司后期开展项目投资决策积累了丰富的经验。

五、经验总结

（一）贴现现金流法的基本应用条件

1. 企业应用贴现现金流法进行项目投资决策，需要充分考虑并分析项目的资本结构、经营状况、历史业绩、发展前景，以及影响项目运行的市场行业因素和宏观经济因素，并要明确区分项目的预测现金流，同时要合理区分标的项目与其他项目，或者作为企业的组成部分所获得的收益和所受到的影响，尤其要注意可能存在的关联交易，包括关联交易性质及定价原则等对预测现金流的影响。

2. 在应用贴现现金流法进行项目投资决策时要建立完善的组织结构并明确主要参与部门及人员，务必做到主要参与部门及人员之间工作的协调到位，明确信息提供的责任主体、基本程序和方式，确保信息提供的充分性和可靠性。

3. 贴现现金流法在应用过程中程序较为复杂，需要的各类支撑财务数据较多，对评估人员的专业水平要求也较高，因此在应用贴现现金流法进行项目投资决策时要需要加强对财务数据的收集、统计和综合分析，调配具备较强专业水平和综合能力的评估人员。

（二）贴现现金流法成功应用的关键因素

1. 配备具有专业水平的评估人员。贴现现金流法在国外的应用虽然十分广泛，但是国内对该方法的应用案例仍然较少，由于该方法的应用程序较为复杂，在计算股权资本成本和债券资本成本等因素时需要选择、确定的参数较多，对评估人员的综合能力要求较高，因此配备具有高水平的评估人员不仅能提高工作效率，还能在一定程度上提高评估价值的准确性，进而为开展项目投资决策提供完整的、科学的支撑数据。

2. 广泛开展市场调研。贴现现金流法在应用过程中需要基于一系列假设条件并对未来的收益、宏观环境进行预判。开展技术调研和市场调研能掌握未来该项技术的发展方向和终端市场的需求，避免在价值评估中出现盲点，为科学、合理开展价值评估奠定基础。

3. 拥有强有力的组织机构。在应用贴现现金流法进行价值评估时建立一个强有力的组织机构是开展投资项目价值评估的重要保障，领导高度重视，参与部门及人员各司其职，上下通力合作有助于制定科学的评估方案，确保评估工作的有序开展。

（三）贴现现金流法在应用中的优缺点

1. 比其他常用的评价方法在运用模型上更具备完整性，价值评估的框架结构和应用步骤也最为严谨，能引导企业在开展项目投资前对未来可能获得的现金流量予以充分的、战略性的、严谨的建设与规划。运用贴现现金流法开展投资项目的价值评估能够比较充分地体现投资项目未来的发展空间，能够具体体现投资项目的整体价值，提高项目投资决策的科学性，实现企业资产保值增值，助推企业做大、做优、做强。

2. 贴现现金流法的主要缺点是在开展及预测未来销售收入和确定折现率时很容易受到主观因素的影响。使用该方法，结果的准确性在很大程度上取决于所使用的基本假设条件，在实际操作过程中如果对投资项目的整体情况、宏观环境等因素不能做出充分的分析，在选择、确定相关参数时不能做到专业谨慎、科学合理，那么评估结果将会出现较大的偏差。

（四）对发展和完善贴现现金流法的建议

贴现现金流法比较适用于企业项目投资的价值评估，但该方法也存在一定的缺点，如条件假设不完整、不全面，在选择相关参数时很难避免主观因素带来的影响等，因此针对该方法在存在的不足，提出以下几点建议：

1. 条件假设应当具备合理性、完整性和可行性。假设内容的合理性、完整性和可行性会直接影响价值评估的结果。如果假设过于乐观，将造成高估投资项目的价值；反之，则会造成低估投资项目的价值。鉴于此，价值评估者对项目技术、发展空间、宏观环境因素等情况应具备相当程度的认知能力，以便在开展价值评估时做出合理的假设，得出合理的项目投资价值评估结果。

2. 参数的选择、确定应当谨慎。评估人员在开展项目投资价值评估时应当坚持谨慎性原则，特别是在折现率的选取上，不要简单停留在平均值概念上，而是要充分利用相关财务数据进行多维度的置信分析，从而提高选择参数的准确性。

3. 强化人才队伍建设。在我国，贴现现金流法作为企业投资决策一项重要的工具的运用与国外相比起步较晚，理论与实践结合的程度有待进一步提高。因此，无论从国家层面还是企业自身未来发展来讲，都需要加强对人才的教育与培养，进而推动我国评估事业向前发展。

（五）对推广贴现现金流法的建议

1. 强化政府的指引作用。一方面，政府相关部门要顺应社会经济发展的潮流及时更新观念，因时制宜，不断完善相关法律法规，加强评估职业指导和监管；另一方面，政府要加大对企业在投资、并购等行为中开展价值评估重要性的宣贯力度，让广大企业充分认识到它的重要性，在日常经营活动中自觉使用该方法。

2. 加大对评估人员的培训力度，提升其专业技术水平。运用贴现现金流法进行投资项目价值评估最重要的就是合理确定相关参数，这就要求评估人员具备较高的专业水平和业务素质，同时还必须具备较强的综合统计能力和分析能力。因此，对推广和发展贴现现金流法，加大对评估人员的培训提升其专业技术水平和综合业务能力是十分重要的一项工作。

3. 建立专业的财务数据库。我国对贴现现金流法的应用研究与国外相比起步较晚，可供分析的案例较少，尚未建立专用的参数查询财务数据库，这无疑增加了企业选择和确定相关参数的难度。因此，加强信息技术服务基础建设，建立专业的财务数据库不仅减轻评估人员收集、统计和分析相关参数的工作量，提升工作效率，还能在一定程度上提高参数选择的合理性，进而保证价值评估的准确性。

第七类

风险管理类

20 企业风险管理

第一章　管理会计工具——企业风险管理

企业风险管理工具是兵器装备集团结合自身实践开发的管理会计工具之一，在集团内企业应用广泛，且形成一套规范化、可复制的方法模型。该工具以企业风险管理为基础和前提，围绕企业风险管理开展，内容包括总则、应用环境、应用程序、工具方法评价等，重点介绍企业如何有效评估、预警、应对各类风险，为管控风险提供合理保证。

第一节　总　　则

一、定义

企业风险，是指不确定事项对企业实现战略与经营目标产生的影响。企业风险一般可分为战略风险、财务风险、市场风险、运营风险、法律风险等；以能否为企业带来盈利等机会为标志，将风险分为纯粹风险（只有带来损失一种可能性）和机会风险（带来损失和盈利的可能性并存）。

企业风险管理，是指企业对风险进行有效评估、预警、应对，为企业风险管理目标的实现提供合理保证的过程和方法。企业风险管理并不能替代内部控制，企业应当建立健全内部控制制度，并作为风险管理的工作基础。

二、功能目标

企业开展全面风险管理要努力实现以下风险管理总体目标：

1. 将风险控制在与总体目标相适应并可承受的范围内。

2. 保障内外部，尤其是企业与股东之间实现真实、可靠的信息沟通，包括编制和提供真实、可靠的财务报告。

3. 确保遵守有关法律法规。

4. 保障企业有关规章制度和为实现经营目标而采取重大措施的贯彻执行，保障经营管理的有效性，提高经营活动的效率和效果，降低实现经营目标的不确定性。

5. 保障企业建立针对各项重大风险发生后的危机处理计划，保护企业不因灾害性风险或人为失误而遭受重大损失。

三、适用范围与注意事项

（一）适用范围

企业风险管理通常适用于管理制度比较完善、管理水平相对较高的企业。

（二）注意事项

应注重防范和控制风险可能给企业造成的损失和危害，也应把机会风险视为企业的特殊资源，通过对其进行管理，为企业创造价值，促进经营目标的实现。此外，企业的内部控制体系是风险管理的核心部分，关系到风险管理的具体实施。对内部控制与企业全面风险管理应进行区别和联系。

二者的区别：一是两者目标不同。风险管理的目标相较于内部控制增加了一个战略目标，这表明风险管理属于治理层次，而内部控制属于企业管理层次。二是两者的范畴不一致。内部控制仅仅是管理的一项职能，主要通过事后和过程的控制来实现其自身目标，全面风险管理则贯穿于管理过程的各个方面，尤其是在事前制定目标时就充分考虑了风险的存在。三是两者的活动不一致。内部控制不负责企业经营目标的具体设立，而只是对目标的制定过程进行评价。风险管理包含了风险管理目标和战略的设定、风险评估方法的选择等一系列活动。

二者的联系：内部控制是企业风险管理的必要环节，在全面风险管理中扮演关键角色，是范围更广的风险管理的必要组成部分；二者的根本作用都是维护投资者利益、保全企业资产，并创造新的价值。

第二节 应用环境

一、组织架构

一般情况下，组织架构为业务单位、风险管理部门和董事会。风险管理组织机构见图20－1－2－1。

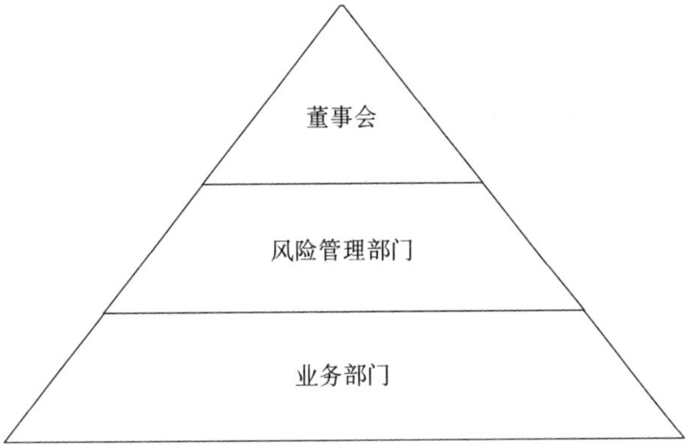

图 20－1－2－1 风险管理组织机构图

二、管理制度

企业应建立健全能够涵盖风险管理主要环节的风险管理制度体系，一般应包括风险管理决策制度、风险识别与评估制度、风险监测预警制度、应急处理制度、风险管理考核制度、风险管理评价制度。

三、信息化

风险管理需进行信息收集、分析和加工，涉及公司部门较多，范围也较广，因此需要将风险管理人员从手工制作和加工中解脱出来，将信息技术应用于风险管理的主要环节，并建立与财务信息系统和业务信息系统的信息共享机制与方式。这样既能满足单项业务风险管理的要求，也能满足企业整体和跨职能部门、业务单位的风险管理综合要求，能够进行对各种风险的计量和定量分析、定量测试。

四、应用基础

(一) 风险分级管理责任机制

企业可建立风险分级管理机制，逐级落实风险管理职责，保障风险管理主体明确，权责清晰。管理组织及其主要工作职责见表 20－1－2－1。

(二) 风险信息传递机制

风险管理部门负责对企业风险信息进行收集、分析、汇报。

1. 建立各单位兼职风险控制专员机制。建立兼职风险控制专员机制，企业各职能部门、二级单位等经营层面设立专兼职风险控制专员，负责本单位（业务领域）的风险信息收集、报送、联络。

2. 建立风险信息定期报送机制。建立风险信息定期报送机制，定期对年度重大风险的变化情况、指标监控情况、应对措施落实等情况进行报送，对新增风险信息、风险事件进行

表 20－1－2－1　　管理组织及其主要工作职责一览

风险级次	管理组织	工作职责	备注
重大风险级	公司领导	负责公司风险统筹决策	
	风险管理部门	负责公司级风险管理： ①重大风险牵头评估、应对策略及应对措施的制定； ②推动风险管理体系的搭建和完善； ③重大风险的跟踪、监督及改进	
专业风险级	专项风险归口部门	专业领域级风险归口管理，如安全环保风险由安全环保部门负责、信息系统安全风险由 IT 部门负责	
一般风险	各业务单位、部门	部门级内部风险管理：负责内部业务风险管理	

报送。风险信息报送流程见图 20－1－2－2、风险信息报送模版见表 20－1－2－2。

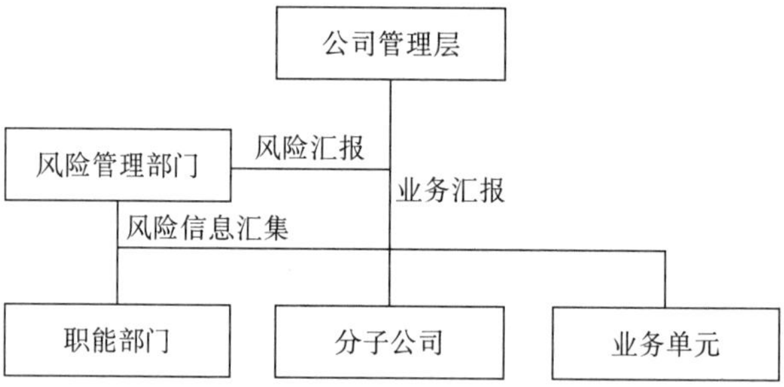

图 20－1－2－2　风险信息报送流程

表 20－1－2－2　　风险信息报送模版

风险事件描述	可能产生影响	建议的措施	报送时间	单位	重要程度	风险类	风险项	与重大风险相关性
示例： 20××年零部件量价规划未发布： 无法指导供应商提前规划产能以适应企业产量增加，且 20××年预测计划在 9～10 月 1 个月内连续变动 3 次，风险梳理工作不断重复，各工厂、基地以及供应商均对 20××年计划的准确性存有疑虑	供应商产能不能满足，20××年生产计划导致保供风险	要求制造物流部 10 月 31 日前确定并发布供应商 20××年量价规划	20××年	采购部	一般	运营	采购与供应管理	直接相关
……	……	……	……	……	……	……	……	……

第三节 应用程序

风险管理可主要从风险信息收集与评估、风险管理应对、风险跟踪管理、风险报告4个方面进行。

一、风险信息收集与评估

（一）风险信息收集

持续关注并收集所辖业务领域相关的各类风险信息，包括但不限于战略、市场、财务、法律、运营5方面。

1. 在战略风险方面应关注并收集下列重要信息。

（1）国内外宏观经济政策及经济运行情况，相关行业状况、国家产业政策。

（2）科技进步、技术创新的有关内容。

（3）市场需求情况。

（4）战略合作伙伴关系，未来寻求战略合作的可能性。

（5）主要客户、供应商及竞争对手的有关情况。

（6）与主要竞争对手相比，企业的实力与差距。

（7）潜在竞争者、竞争者及其主要产品、替代品情况。

（8）发展战略和规划、投融资计划、年度经营目标、经营战略，以及编制这些战略、规划、计划、目标的有关依据。

（9）对外投融资过程中曾发生或易发生错误的业务流程或环节。

2. 在市场风险方面应关注并收集下列重要信息。

（1）产品或服务的价格及供需变化。

（2）能源、原材料、配件等物资供应的充足性、稳定性和价格变化。

（3）主要客户、主要供应商的信用情况。

（4）税收政策和利率、汇率、股票价格指数的变化。

（5）潜在竞争者、竞争者及其主要产品、替代品情况。

3. 在财务风险方面应该关注并收集下列重要信息。

（1）负债、或有负债、负债率、偿债能力。

（2）现金流、应收账款及其占销售收入的比重、资金周转率。

（3）存货及其占销售成本的比重、应付账款及其占购货额的比重。

（4）制造成本、管理费用、财务费用和销售费用。

（5）盈利能力。

（6）成本核算、资金结算和现金管理业务中曾发生或易发生错误的业务流程或环节。

（7）与企业相关的行业会计政策、会计估算、与国际会计准则的差异与调节（如递延税项等）等信息。

4. 在法律风险方面应该关注并收集下列重要信息。

（1）国内外与企业相关的政治、法律环境。

（2）影响企业的新法律法规和政策。

（3）员工道德操守的遵从性。

（4）签订的重大协议和有关贸易合同。

（5）发生重大法律纠纷案件的情况。

（6）自身和竞争对手的知识产权情况。

5. 在运营风险方面应该关注并收集下列重要信息。

（1）价格及供需变化。

（2）原材料、配件等物资供应的充足性、稳定性和价格变化。

（3）主要客户、主要供应商的信用情况。

（4）税收政策和利率、汇率、股票价格指数的变化。

（5）产品结构、新产品研发。

（6）新市场开发，市场营销策略，包括产品或服务定价与销售渠道，市场营销环境状况等。

（7）组织效能、管理现状、企业文化，高、中层管理人员和重要业务流程中专业人员的知识结构、专业经验。

（8）质量、安全、环保、信息安全等管理中曾发生或易发生失误的业务流程或环节。

（9）内、外部人员的道德风险致使企业遭受损失或业务控制系统失灵。

（10）对现有业务流程和信息系统操作运行情况的监管、运行评价及持续改进能力。

（11）风险管理的现状和能力①。

企业在日常工作中，指定风险控制专员对风险信息进行收集并于每季度末报送。风险管理部门对风险信息进行分类整理，对于可能造成较大影响的风险事件进行分析与警示，并将重要风险信息传递至企业高级管理层。

各企业根据实际情况，按照风险分类，构建风险事件库，每年对风险事件库进行更新。风险事件库内容见表 20－1－3－1。

表 20－1－3－1　　风险事件库

风险分类	序号	风险事件描述
战略管理风险	1	战略定位有待进一步清晰，尚未与同行业企业形成差异，限制了发展空间
	2	主业定位在产业链中优势不明显，没有形成核心竞争力
	3	行业定位与市场定位不准确，导致制定战略目标难以实现

① 中国华电集团公司：《中国华电集团公司工程建设项目法人管理手册（火电篇）编制依据》，中国电力出版社 2007 年版。

续表

风险分类	序号	风险事件描述
价格风险	4	对客户议价能力较弱，下游市场需求降低，导致产品价格不得不下降
	5	国家政策、产业政策的调整导致原材料价格上涨
	6	行业集中度比较低，竞争无序，为了维系客户占领市场而进行“价格战”
行业竞争风险	7	市场及行业壁垒识别不准确、识别不及时
	8	市场开拓不足或失败风险
	9	被同类、创新型产品替代风险
宏观经济风险	10	经济、行业政策变化风险
	11	产业结构发展方向和多元化布局不合理
	12	行业发展趋势与发展周期变动风险
客户需求与产品定位风险	13	消费者个性化需求变化风险
	14	市场需求监控，研究分析和预测能力不足，产品定位不明确，导致市场竞争力不足
	15	消费者关系维护缺失或不合理导致品牌忠诚度降低风险
采购与供应风险	16	供应商不稳定，导致物资供应不稳定，影响正常生产经营活动
	17	原材料采购成本高导致竞争力不足的风险
	18	运输、仓储过程由于管理及验收不到位，出现货物丢失的风险
产品研发风险	19	产品研发的硬件、软件投入不足，导致开发过程受到影响的风险
	20	研发人员能力方面的原因导致研发进度受阻风险
	21	缺乏对研发项目的跟踪、评价，导致研发投入大大超出预算的风险
人力资源风险	22	人力资源规划缺失或不充分，无法支持企业战略发展的风险
	23	人力资源专业人才招聘，储备、梯队建设不到位风险
	24	人力资源薪酬与福利缺乏竞争力风险
海外业务与汇率风险	25	对境外投资环境分析、判断不足
	26	投资项目管理经验不足，风险预估不足
	27	汇率变动分析缺失，汇率损失对冲准备措施缺失、不足
新业务拓展风险	28	新业务发展方向不明确、思路不清晰的风险
	29	新业务没有尽快建立制度体系，运营不规范的风险
	30	新业务投入产出不成正比，没有利润增长点的风险

（二）风险评估

1. 定义。风险评估主要指企业年度重大风险评估，即年底进行的对企业未来一年中可能对战略目标实现、经营管理活动等产生重大影响的风险的评估，为战略决策、管理持续改进提供支持。

2. 原则。要做好风险评估，必须遵循以下几方面的原则：

（1）整体性原则。风险造成的损失往往是多方面，因此风险评估时必须从整体出发，全面、系统地考虑造成损失的各种因素及损失的各个方面，并考虑这些因素之间的作用和联系。

（2）统一性原则。风险评估是针对某一风险事件进行的，因此风险评估要保持统一性。与风险因素和企业无关的资料不能作为风险评估的依据。

（3）客观性原则。风险评估的方式和方法多种多样，采用不同的方式衡量、评价风险可获得不同的结果，因此风险评估应尽可能地使风险预测、风险评估的结果与实际发生的损失相一致，尽可能反映客观存在的风险。偏差过大会造成不必要的损失。

（4）可操作性原则。风险评估是涉及面广、管理难度大的项目，这就要求企业灵活运用具有可操作性和通用性的风险评估方法，尽量避免使用高深、烦琐的评估方法。这不仅可以减少风险评估的工作量，还可以提高风险评估的质量。

3. 评估方法及程序。风险管理部门牵头组织，一般采取线上和线下相结合的方式进行风险评估，各部门根据业务情况，按照风险评估标准进行填报，最后由风险管理部门通过风险发生可能性和影响程度，对风险信息进行评估。风险评估得分 = 风险发生可能性 × 风险影响程度。企业根据风险评估得分进行排序，作为企业重大风险评估的依据。

在风险评估中，可考虑评估者在企业中的层级，及评估者对风险业务的相关性，对评估分数进行加权汇总计算。风险可能性量化定义见表 20－1－3－2 和表 20－1－3－3。

表 20－1－3－2　　风险发生可能性量化定义表

因素名称	发生可能性
描述	在企业当前的风险管理水平下，风险事件发生的概率或发生的频度
非常高（5 分）	风险事件发生的可能性非常高。每 10 次可能会发生该风险事件的企业行为中，该风险事件会发生 8 次以上（含 8 次）
高（4 分）	风险事件发生的可能性很高。每 10 次可能会发生该风险事件的企业行为中，该风险事件发生 5 次以上 8 次以下
中（3 分）	风险事件发生的可能性一般。每 10 次可能会发生该风险事件的企业行为中，该风险事件发生 2 次以上 5 次以下
低（2 分）	风险事件发生的可能性较低。每 10 次可能会发生该风险事件的企业行为中，该风险事件发生 2 次以下
微小（1 分）	风险事件基本不会发生，仅在例外情况下可能发生

表 20－1－3－3　　风险影响程度量化定义

因素名称	影响程度
描述	如果风险发生，对企业的战略目标或财务指标等产生影响的大小
非常高（5 分）	持续健康发展：企业经营发生严重亏损，企业整体目标完全无法实现； 经济价值：对企业资产/净利润/成本/资金的影响在 20% 以上； 商誉：对企业商誉、地位、形象造成严重不良影响，很难甚至无法恢复
高（4 分）	持续健康发展：企业正常持续经营受到很大影响，企业整体战略目标很难实现； 经济价值：对企业资产/净利润/成本资金的影响在 10% 至 20% 之间； 商誉：对企业商誉、地位、形象造成严重不良影响，要消除这种影响需要很长的时间或要付出很高的代价

续表

因素名称	影响程度
中（3分）	持续健康发展：企业某些部门功能或子公司受到影响，阶段性目标或某些业务板块目标实现发生困难，影响到整体战略目标的顺利实现； 经济价值：对企业资产/净利润/成本/资金的影响在5%至10%之间； 商誉：在子公司当地造成严重影响，需要总公司出面协调，或对企业商誉、地位、形象造成一定的负面影响，这种影响可能持续较长时间
低（2分）	持续健康发展：局部工作受到阻碍，对整体战略目标的影响较小； 经济价值：对企业资产/净利润/成本/资金的影响在1%至5%之间； 商誉：在公司当地造成较大影响，在当地消除这种影响需要较长时间，或对企业商誉、地位、形象只是有较小的负面影响，且影响程度较低
微小（1分）	持续健康发展：对整体战略目标的影响较小； 经济价值：对企业资产/净利润/成本/资金的影响在1%以下； 商誉：对子公司造成一些影响或对企业商誉、地位、形象没有影响，或影响很小，这种影响可以在短期内自行消除

4. 风险等级的最终确定。风险评估结果计算后，将评估的风险进行总体排序，结合企业的实际情况，对风险情况进行分级，确定年度重大、重要风险（见图20－1－3－1）。

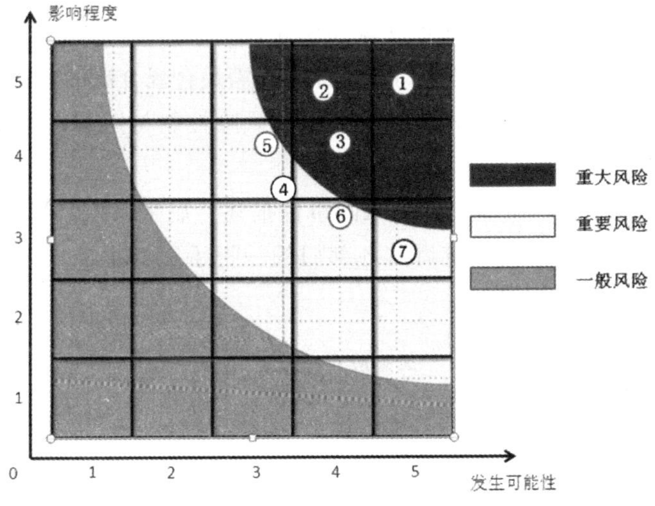

图20－1－3－1 风险评估矩阵示意

（1）结合企业战略目标、年度经营目标对排名靠前风险进行再次审视，评估风险对经营目标的影响。

（2）结合企业年度经营策略（激进、稳健、保守），综合考虑对风险的容忍度，选取排名靠前风险，确定年度重大、重要风险。

（3）重大、重要风险的确定可参照TOP管理工具，确定5～10个风险作为重点管控对象，开展后续风险管理。

（4）重大、重要风险的确定可经公司管理层会议集体讨论确定。

二、风险管理应对

（一）风险管理策略

风险管理策略指企业根据自身条件与外部环境，围绕企业发展战略、风险偏好、风险承受度、风险管理有效性标准，选择风险承担、风险规避、风险转移、风险控制等合适的风险管理工具的总体策略，并确定风险管理所需人力和财力资源的配置原则。

风险承担，指企业自己承担风险损失。当某种风险不能避免，或因预期收益超过管理成本时，则选择接受风险带来的影响与损失。

风险规避，指选择放弃、停止或拒绝等方式处理面临的风险。

风险转移，指企业通过契约、合同、经济、金融工具等形式将损失的财务和法律责任转嫁给他人，达到降低风险发生频率、缩小损失幅度的目的。

风险控制，指企业对既不愿放弃也不愿转移的风险，通过查找风险因素借助风险事故形成损失的源头，降低损失发生的可能性、频率，缩小损失程度，达到风险控制目的的控制措施与方法。

企业应阶段性总结和分析已制定的风险管理策略的有效性和合理性，结合实际不断修订和完善。

（二）风险应对措施

1. 制定措施。风险管理部门根据年度重大风险评估结果，在广泛征求意见的基础上将年度重大风险管理任务分解落实到各部门。各部门在满足合规合法的前提下，结合实际情况与年度工作计划，坚持经营战略与风险策略一致、风险控制与运营效率及效果相平衡的原则，制定具体的风险应对措施。

风险应对措施主要包括风险项、主要风险事件描述、制定单位、风险动因、预警指标、风险应对措施等，风险应对措施制定后需各部门的一把手审核批准，再由风险管理部门汇总。风险应对措施见表 20 - 1 - 3 - 4。

表 20 - 1 - 3 - 4　　风险应对措施表

序号	风险项	主要风险事件描述	制定单位	风险动因	监控指标	风险应对措施

2. 重大风险决策。企业的风险评估结果与风险应对措施，将通过公司高级管理层或审计委员会进行决策，明确年度风险关注点，同时也让企业高层了解企业的风险所在。

经决策后的重大风险管理策略及应对措施将以管理任务形式下发至各相关单位，风险管理部门持续进行风险跟踪。

三、风险跟踪管理

（一）风险跟踪管理

风险跟踪管理是指对风险的发展情况进行跟踪观察，督促风险规避措施的实施，同时及时发现和处理尚未辨识到的风险。它是风险动态管理的重要组成部分。

风险跟踪过程的活动包括监控指标分析、应对措施回顾、对新增风险事件采取应对行动。对年度评估出的重大、重要风险的跟踪由风险管理部门完成。

（二）监控指标分析

1. 定期收集风险监控指标完成情况。各业务部门应对本单位负责管理的风险变化情况进行跟踪。对于年度评估出的年度重大、重要风险，风险管理部门应持续跟踪，定期收集相关业务数据、财务数据，掌握监控指标的运行情况。

2. 及时了解与重大、重要风险相关的外部信息。针对重大、重要风险相关信息，风险管理部门应通过与业务部门沟通、外部交流、互联网等多种形式及时了解，并分析其对风险的影响程度，预测后期风险变化趋势。

（三）应对措施

1. 应对措施的实施。对年度评估出的重大、重要风险，风险管理部门与相关业务管理部门共同制定了应对措施。应对措施应落实责任单位负责实施。

责任单位在实施风险应对措施的过程中，应根据风险变化情况及时调整，并记录实施情况，定期向风险管理部门报告。

2. 风险管理情况调研。风险管理部门应对重大、重要风险的应对实施情况定期开展调研，至少每半年调研一次。调研主要采取实地观察、访谈、数据分析等形式。风险管理调研的主要内容包括：

（1）风险责任单位是否制定了风险应对的行动计划。

（2）是否对风险应对情况进行跟踪和记录。

（3）是否对风险的变化趋势进行分析。

（4）是否根据风险的变化情况及时调整应对措施。

风险管理部门应将风险应对措施的回顾情况在表 20－1－3－5 中进行记录。

表 20－1－3－5　　重大风险跟踪表

序号	重大风险事件名称	事件简述	发生原因	造成的影响及损失	控制措施	事件进展情况	后续方案措施	预计解决时间
1								
2								
3								
4								

3. 新增风险事件。通过对风险监控指标的分析和对风险应对措施的回顾，风险管理部门在跟踪风险的过程中，由于内外部环境、条件的变化，会面临新的风险，风险管理部门在持续监控风险时，应及时识别新增风险事件，并组织相关业务部门进行风险评估，制定风险应对措施，并将其纳入下期风险跟踪内容进行监控。

四、风险报告

（一）风险报告内容

风险报告是企业风险管理信息和企业管理控制状态在一定时期内的总结表述，是企业风险监控的独特工具。可靠的报告为管理层提供适合其既定目标的准确而完整的信息，它支持管理层的决策并对企业活动和业绩进行监控。

企业应建立重大重要风险定期汇报机制，编制风险报告，及时向管理层汇报。

风险报告按报告内容分类，有风险信息报告、风险分析报告、风险评估报告、风险管理报告。在实际工作中，可以对一种内容单独进行报告，也可以根据管理的需要，将几种内容结合在一起报告。下面主要介绍年度全面风险管理报告、季度专项汇报、风险信息定期报告3种风险报告的编制方法。

（二）风险报告编制

1. 年度全面风险管理报告。年度全面风险管理报告是反映企业上一年度风险管理工作情况和本年度风险状况、重大风险管理应对措施以及风险管理体系建设情况的综合性报告。每年年末，企业应按照报告模板、评估方法，开展年度风险评估工作，编制全面风险管理报告。

年度全面风险管理报告由风险管理部门编制，并经过企业高级管理层审核通过后发布。

2. 季度专项汇报。季度专项汇报主要有两个方面的内容：一是年度重大重要风险的回顾，包括监控指标表现情况、重要风险因素变化情况以及对下一季度新增风险的应对建议；二是对当前重点风险的专项调查汇报，包括风险管理现状分析、风险评估情况和风险管理建议。

季度专项汇报由风险管理部门负责编制。对年度重大重要风险的回顾主要根据“重大风险跟踪表”记录的内容编制。编制重点风险的专项调查报告按以下步骤进行：

（1）收集相关风险信息和数据。

（2）对风险进行分析和评估。

（3）将评估结果与相关业务部门进行沟通，并讨论相应的风险应对措施。

（4）形成报告并报风险管理部门负责人审核。

（5）进行季度专项汇报。

3. 风险信息定期报告。广泛、持续不断地收集与识别影响经营目标实现的各种有利因素及不利因素是风险管理的基础。风险信息的报告分为两种形式，一是重大、紧急风险信息由业务部门即时向其主管领导及风险管理部门报告；二是风险管理部门定期将收集到的各种风险信息进行归类整理，报告给管理层，以支持其决策。下面主要介绍风险信息定期报告。

风险信息定期报告的主要内容：一是反映风险信息收集报送工作的整体情况，让管理层了解各单位对风险管理工作的重视程度；二是报告重点风险信息；三是提出对风险管理工作的建议。

风险管理部门定期收集风险信息，主要步骤是：

（1）制作“风险信息清单”（见表20－1－3－6），向各单位发放。

（2）各单位在规定时间内上报“风险信息清单”。

（3）风险管理部门对“风险信息清单”进行统计、整理。

（4）形成报告并报风险管理部门负责人审核。

（5）发出报告。

表20－1－3－6　风险信息清单

20××年第×季度风险信息收集表

序号	风险事件描述	可能产生影响	建议措施	报送期间	部门	备注

第四节　工具方法评价

一、优点

企业风险管理通过风险收集、风险评估、风险应对、风险跟踪及报告，对企业重大、重要风险进行闭环管理，对于风险管理过程中的偏差，不断地报告、修正和完善，通过系统处置和控制风险保障企业经营目标的顺利实现，使企业的决策科学化和合理化，减少决策风险，有利于企业做出正确的决策、保护企业资产的安全和完整、帮助实现企业的经营活动目标，对企业来说具有重要的意义。

二、缺点

风险管理需要投入的人力物力较大，是持续不断的过程，也是持续改进和提升的过程，因此需要风险管理小组熟知企业和本行业内外部环境，需要企业和个人投入较高的成本和精力。此外，企业风险管理也需要各个部门密切配合，对企业的管理水平要求较高。

第二章 管理会计案例——企业风险管理

案例一 红宇公司——推进内控体系建设，提升全面风险管控能力

2008 年，财政部、中国证监会、审计署、中国银监会、中国保监会联合印发《企业内部控制基本规范》，国内上市公司及大中型企业开始探索内控体系建设，拉开了我国内控体系建设的序幕。

2012 年，重庆红宇精密工业有限责任公司（以下简称“红宇公司”）作为兵装集团确定的内控体系建设试点单位，坚持以兵装集团构建价值创造型财务管理体系的总体部署和工作要求为指导，以实现规范、稳健、高效发展，完善企业内部控制体系为契机，以提升企业资源配置效率和防范经营风险为目标，严格按照《企业内部控制基本规范》和《企业内部控制应用指引》有关要求，顺利完成了内部控制体系建设项目。

在推进过程中，红宇公司成立了由总经理任组长的内控体系建设领导小组，由财务部门、企业管理部门、审计部门等联合组成内控体系建设工作小组，采取“内部为主，外部为辅，借助外脑、培养人才”的项目实施方式，分阶段制定了详细的实施方案。按照“重大关键权力集中、部门权力制衡、成本效益兼顾”的原则，梳理出各业务板块具体业务职责及权限；建立分业务单元的核算体系；通过风险识别、风险控制，确保公司风险全面受控等，同时培养了专业化的团队，为公司内控建设持续改进储备了人才。

一、背景描述

（一）基本情况

红宇公司始建于 1969 年，隶属于兵装集团，是国家统一规划建设的集科研和制造为一体的国家重点大型企业。红宇公司拥有资产总额 15 亿余元，有从业人员 2 000 余人、专业技术人员 500 余人，其中硕士、博士 150 余人，高级职称专业技术人员 150 余人，享受政府津贴专家 10 余人。红宇公司建有博士后科研工作站，拥有一个国家级、两个省部级研发中

心，先后荣获“全国五一劳动奖状”“全国文明单位”“重庆工业企业五十强”“中央企业先进集体”等数十项荣誉称号。

红宇公司坚持“保军报国、强企富民”的神圣使命，坚持军民融合的经营方针，大力推进科技创新，积极引进高端人才、加大科技投入，先后荣获国家级科技成果奖10余项、部级科技成果奖50余项，填补了10余项国内技术空白。

红宇公司经过近50年的发展，已具备特种装备、制动部件、传动部件三大支柱产业板块，保持了连续30多年盈利的良好业绩。

（二）管理状况分析和存在的主要问题

在实施内控体系建设以前，红宇公司规定了部门职责，根据部门职责编制了各项管理制度，公司各单位按照部门职责及各项管理制度开展业务。在实际工作中，存在以下主要问题：一是授权管理不清晰，公司“三重一大”等授权体系不清晰；二是管理制度多而杂，无主次之分，没有形成体系；三是缺乏风险识别，风险管理无轻重，控制无主次之分；四是很多流程设计过长，造成在实际执行中效率较低；五是管理制度以文字形式描述，不易理解，造成工作流程不清晰。

（三）建立内控体系的主要原因

近年来，红宇公司在企业转型升级的过程中致力于打造国内领先、世界先进的科技创新先导性企业，肩负着增强国防建设地位和民品创业的双重重任，公司特种装备和传动部件两大主导产业均具有高投入、高科技、高风险的“三高”特点。为此，红宇公司始终保持强烈的风险意识，高度重视以全面风险管理为导向的内部控制体系建设，将全面风险管理融入内控体系建设，实现全员参与、全过程控制、全方位监督，通过完善的内部控制体系来管理和防范公司的战略风险、财务风险、市场风险、运营风险、投资风险、法律风险，确保企业内控体系完善，重大风险受控。

二、总体设计

（一）内控体系的目标

红宇公司内控体系的目标是：以公司现有管理体系为基础，通过在内控制度修编过程中融入风险管理理念，将风险识别、风险评估和风险管控纳入内控制度，将风险管理融入日常生产经营活动，构建基于全面风险管理的内部控制体系，促进公司管理效率和质量效益的提升。

（二）内控体系的总体思路

红宇公司遵循全面性、重要性、制衡性、适应性、成本效益原则，建设以全面风险管理为导向的内部控制体系。全面性即应当贯彻决策、执行和监督全过程，覆盖公司各项业务活动，消除空白点和盲区。重要性即以风险为导向，关注重要业务事项和高风险领域。制衡性即在治理结构、权责分配、业务流程等方面形成相互制约、相互监督，且要求履行内部控制监督职责的机构或人员有良好的独立性。适应性即内部控制体系应当与公司经营规模、业务范围、竞争状况相适应，并动态调整，保证体系的有效性。成本效益即以适当的成本实施有效控制，统筹考虑投入成本与产出效益之比，使之符合公司整体利益。

红宇公司采取以“内部为主，外部为辅，借助外脑、培养人才”的项目实施方式，分4个阶段制定了详细的实施方案，明确了各个阶段的任务目标。具体实施步骤：一是梳理部门职责、制定流程目录；二是按照管理职能完善、优化业务流程；三是识别业务风险，确定风险点和控制点，形成风险控制矩阵、风险数据库，绘制风险图谱；四是编制内部控制手册，形成内部控制体系规范；五是编制授权体系手册，清晰内部职责权限。

（三）内控体系建设的内容

内部控制由五大要素组成，即内部环境、风险评估、控制活动、信息与沟通和内部监督。内部环境包括企业的组织架构及企业文化，是内部控制组成要素的基础，具体包括企业的组织机构、权责的分配、授权管理、员工价值观及人力资源政策等。风险评估是企业及时识别、系统分析经营中与实现目标相关的风险，合理确定风险的应对策略。控制活动是企业根据风险评估的结果，采取各项措施，使风险控制在可承受的范围内。信息与沟通是企业能够准确、及时地收集和传递信息，确保各项信息在企业内外部之间有效沟通。内部监督是企业对内部控制建立与实施情况进行监督检查，评价内部控制是否有效，及时发现内部控制的缺陷并采取措施加以改进。

红宇公司作为兵装集团第一批内控体系建设试点单位，坚持以兵装集团构建价值创造型财务管理体系的总体部署和工作要求为指导，以实现规范、稳健、高效发展，完善企业内部控制体系为契机，以提升企业资源配置效率和防范经营风险为目标，严格按照《企业内部控制基本规范》和配套指引的有关要求，以公司本身为主、外部咨询为辅，顺利完成了以全面风险管理为导向的内部控制体系建设。

1. 内控体系建设实施前的准备。

（1）优选专业咨询机构，认真筹划实施方案。红宇公司经过多方调研选定国内知名、实力较强、内控咨询经验丰富的中天恒会计师事务所，并确定了以公司自己为主、外部咨询为辅的推进模式，一方面兼顾成本与效益，另一方面巧借外力，培养和锻炼自己的内控专业队伍。

红宇公司内控体系建设实施方案中要设定内控制度建设目标和原则，进而细化、分解任务。建设实施方案中应包括各阶段详细的工作内容、完成成果和时间节点等。红宇公司将内控体系建设分为项目启动、业务流程梳理和风险评估、风险应对、项目验收四大阶段，共细分20项具体工作内容，均以项目推进表、业务通知单的形式下发，各相关部门和人员职责、分工、任务清晰明了。

（2）合理设置组织机构，提供人力资源保障。内控体系的实施实质上是一次经营管理上的变革，而变革的成功取决于有力的实施团队保障。红宇公司成立了以总经理为领导小组组长、总会计师为副组长及其他副总为成员的领导小组，成立了以财务部牵头，审计监察部和战略管理部专人配合的工作小组以及包括所有二级部门领导和内控联络员的内控建设网络。在具体人员选择上，红宇公司内控工作小组由熟悉公司情况并在企业管理、财务管理、风险管理等各方面有着丰富经验的内部人员组成，这样有利于内控制度设计的规划，有利于收集足够的信息，有利于提出内控具体目标、风险识别和控制措施，有利于信息的沟通等。

（3）加强宣传培训，提高认识和重视程度。项目启动后，兵装集团财务部领导在红宇公司召开了内控体系建设动员会，传达了国资委及兵装集团对国有企业开展内控体系建设的工作要求，红宇公司领导做了相应动员讲话和具体工作部署。随后，咨询公司专家对内控体系建设相关部门领导和人员进行了首次培训，让大家认识了什么是内控，内控体系建设的目的和意义，使中层管理人员和普通员工对内部控制和风险管理有了清晰的认识，员工的风险意识、内控意识增强，从而在思想上高度重视内控体系建设工作。

2. 内控体系建设实施步骤。

（1）内控体系的设计和框架搭建：对公司内部控制管理现状进行诊断，即基于公司业务进行分析，对现有制度流程进行梳理，编制流程目录，通过与《企业内控规范及配套指引》进行对标并结合公司运营实际不断增补、修改、优化整合流程，完成内控体系初步框架的搭建。

红宇公司共有制度269个（包含3个层次文件），涉及流程452个。通过对标和结合公司实际，对现有制度流程中仍然适用的予以保留，否则予以修订、整合或淘汰；对新的业务流程及时增补了管理制度。例如，公司在梳理过程中发现“工程项目管理——工程大修项目管理”流程与“生产管理——大修改造实施”流程雷同，对其进行了合并；“资金管理——零星付现”流程缺少对零星付现范围及额度的规定，对其进行了增补；“采购管理——采购申请管理”流程采购申请的审批权限未明确具体金额，对其进行了修订，规定物资计划部门领导根据金额大小在其权限内进行审批，否则只能交上一级审批。

通过制度梳理、整合、修编，最终新增制度17个，废除制度3个，优化整合流程355个，确定业务流程目录450个，初步完成了流程目录框架（见表19－2－1－1）。

表19－2－1－1　　红宇公司流程目录框架

流程编号	一级流程	二级流程	三级流程	四级流程
1	战略规划管理			
1.01		战略规划编制		
1.02		战略规划实施与监控		
1.03		战略规划调整		
2	决策议事管理			
2.01		三会议事管理		
02.01.01			股东会议事管理	
02.01.01.01				临时股东大会召开
02.01.01.02				股东大会议事管理
02.01.02			董事会议事管理	
02.01.03			监事会议事管理	
2.02		三重一大事项管理		
3	财务与产权事务管理			

续表

流程编号	一级流程	二级流程	三级流程	四级流程
3.01		预算管理		
03.01.01			预算编制	
03.01.02			预算执行与分析	
03.01.03			预算调整	
03.01.04			预算考核	
3.02		筹融资管理	贷款管理流程	

（2）内控体系建设的推进落实。

①完成流程图绘制和业务层面风险数据库及风险控制矩阵的编制，首先按照《企业内部控制应用指引》，红宇公司将全部业务流程分为24大项，包括决策议事管理、战略规划管理、采购管理、业务外包管理、物资管理、投资管理、财务管理、审计与内控管理、人力资源管理等。其次，由内控工作小组牵头，各部门领导和内控联络员配合完成相关业务流程图的绘制。完成后，在专业机构的辅导下各责任人对流程图进行风险点和控制点的识别，最后汇总形成风险数据库和风险控制矩阵。

该项工作要求实施人员具备相当的业务素质及风险意识，实施人员要清楚某项业务流程的控制目标，要能很准确地发现业务处理过程中发挥作用大、影响范围广、容易出现风险、对保证整个业务活动的控制目标至关重要的关键点，并能准确描述相应的控制措施和控制证据等要素。例如，在“采购管理——外购工装”流程中，最初风险点被认为在外购工装验收入库环节，通过工作小组的调研，了解到由于公司拥有自制工装能力，而采购外部工装是在内部产能不足或技术不能满足的情况下发生的，认为风险点应前移到判断“是否确定工装纳入外购计划”环节。工作小组最终绘制出368个流程图，识别业务风险点462个，制定出对应关键内部控制措施1 865项（见图19－2－1－1、表19－2－1－2）。

②形成风险清单，组织风险评估。内控工作小组牵头，组织各职能部门按照管理职责广泛、持续地收集本部门风险管理相关内外部信息，包括历史数据和未来预测，运用各种风险评估方法认真梳理查找本部门职责范围内各项业务流程是否存在风险，存在哪些风险。根据业务层面风险清单识别出公司层面风险清单76个，设计成风险评估表格后，选取一定比例的各层人员进行评估调查。风险评估共发放调查表67份，回收63份，通过标准公式计算得到公司风险排序结果，经总经理办公会审议确定公司前十大风险（产业政策风险、投资决策风险、技术风险、安全生产风险等），形成风险图谱（见图19－2－1－2）。内控工作组组织前十大风险涉及的部门，对前十大风险的成因、影响风险变化的因素及风险走势进行了分析，并结合内外部环境和公司实际情况制定了风险应对策略和应对方案，同时明确了各风险度量指标，综合运用风险承担、风险规避、风险转移、风险控制等管理工具，形成公司战略层面的全面风险管理报告。

单位：重庆红宇精密工业有限公司	流程名称：物资管理
流程主管部门：制造部	流程编号：HY05
流程参与部门：相关业务部门	最后更新时间：2015年11月
编制人：	版本：2015

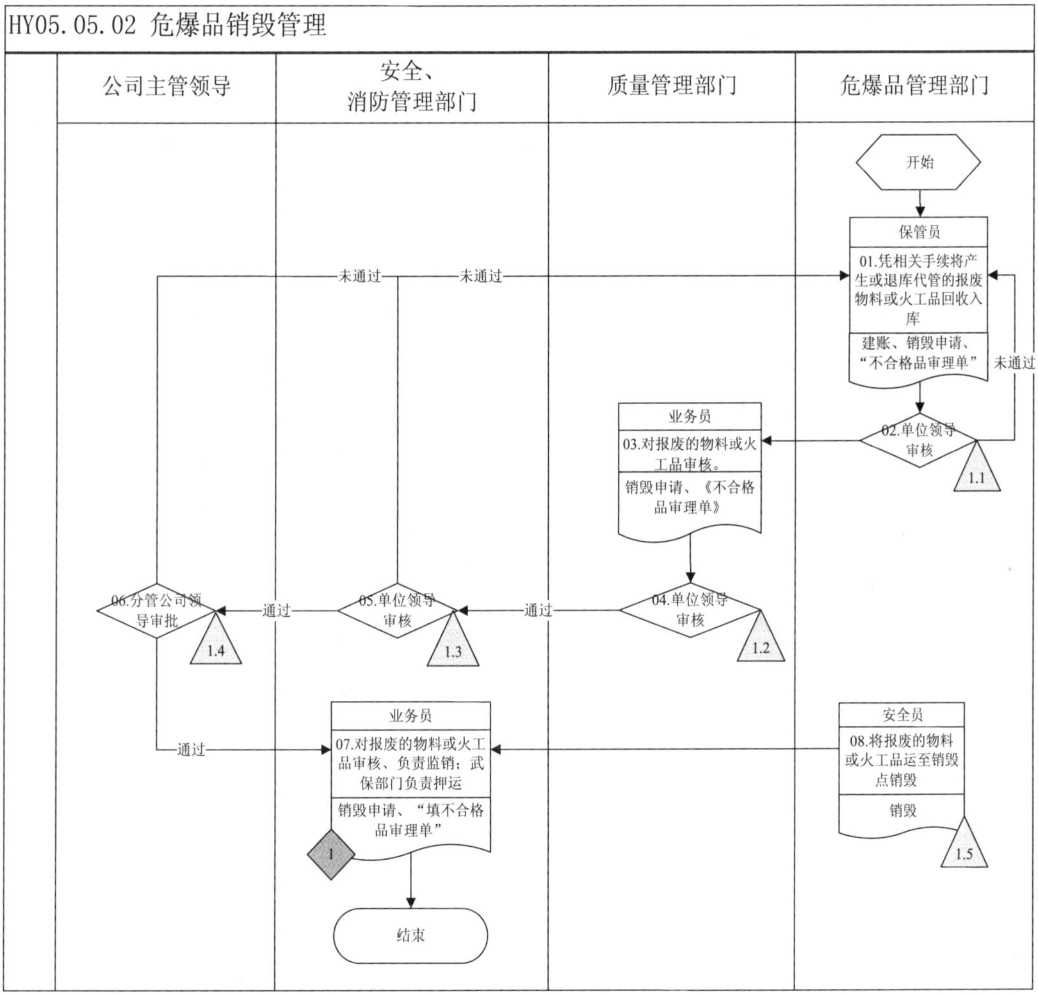

◆代表风险点　　▲代表控制点

图 19－2－1－1　红宇公司物资管理流程

③完善授权体系，明确职责权限。按照“重大关键权力集中、部门权力制衡、成本效益兼顾”的原则，红宇公司对各业务板块涉及的权限、职责进行全面、详细的梳理，共梳理出 24 个业务板块 213 项具体业务职责及权限，按部门级、公司领导级、总经理办公会、董事会四级逐级进行授权，形成了部门之间、上下级之间相互制衡，相互监督的职责权限体系，有效控制了风险（见表 19－2－1－3）。

表 19－2－1－2 红宇公司控制矩阵表

流程编号及名称	控制目标	风险描述	风险归类	控制点编号	控制指标	措施类型			控制证据	控制制度
						防范	控制	补救		
HY01.01 董事会议事管理	保证召开的董事会按议事规则行使职权，保证董事会在职权范围内对所议事项形成审议意见	由于未按议事规则进行审议，造成该审议事项未能充分体现全体董事的意见	法律风险	1.1	董事会办公室负责人对召开董事会提议进行初步审核	√			相关提议资料、审核记录	董事会条例
				1.2	董事长审核提案内容是否明确、具体或者有关材料是否充分	√			相关资料、审核记录	
				1.3	董事会秘书负责或组织安排与所有董事的沟通和联络，获得董事关于有关议案的意见或建议	√			董事会议案	
				1.4	董事阅读有关会议材料，并发表明确意见	√			表决票	
HY01.02 监事会议事管理	保证召开的监事会按议事规则行使职权，保证董事会在职权范围内对所议事项形成审议意见	由于未按议事规则进行审议，造成该审议事项未能充分体现全体监事的意志	法律风险	1.1	监事会秘书及时发出召开会议通知	√			会议通知	《中国兵器装备集团公司监事会工作实施办法》
				1.2	全体监事表决，形成会议决议，监事签章	√			表决票、会议记录	

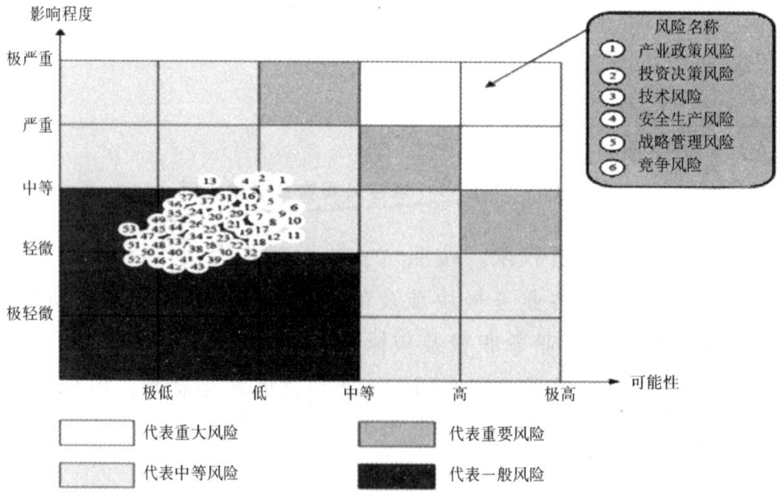

图 19－2－1－2 红宇公司风险图谱

表 19-2-1-3　　红宇公司授权体系

编号	业务类别	组织机构 业务活动	集团	董事会	总经理	总会计师	分管领导	财务部	相关部门
一	财务管理								
1	—	预算管理		审批	审核	审核	审核	组织预算草案	编制
2	—	银行开户	审批			审核		提出申请	
3	—	对外捐赠（预算内）	备案		审批				提出对外捐赠
4	—	对外捐赠（预算外）	审批	审议	审核				提出对外捐赠

④编制体系手册，推动制度执行。汇总以上基础资料后，红宇公司发布《内部控制管理手册》和《授权体系手册》。手册的下发只是建立控制活动的标准，而整个建设的最终目的还是让内部控制能嵌入公司生产经营活动，并能与企业经营发展变化有效联动。为了保证内控体系有效运行和达到控制效果，红宇公司充分借助 ERP 和 OA 系统等平台，强制植入部分关键审批流程，如采购管理、预算调整、合同审批、物流管理、挂账与付款、公文发布等，通过信息化手段提高管理效率和内控制度执行的刚性。

（3）内控体系的测试与评价。根据内控体系建设总体要求，红宇公司内控体系实施后，首先由公司进行自评，初步评价自身内控体系水平。其次向兵装集团申请验收并由兵装集团组织包括中介机构专家在内的项目验收组。最后验收组综合采用访谈、询问、观察、检查、穿行测试、分析复核和重新执行等方法对公司的内控体系进行检查验收。

①建立内控评价标准，完成自评工作。2013 年，红宇公司按照《企业内部控制基本规范》要求，从内部环境、风险评估、控制活动、信息与沟通和内部监督 5 个方面，以各级流程建立的规范的内部控制活动为基础，确定内部控制自我评价标准 2 019 条，汇编完成《内部控制自我评价手册》。手册对各评价标准进行了量化，明确了评价的方法和程序，为后续的内控自我评价测试及日后的内部审计工作提供了清晰的指导。红宇公司本部完成内部控制自我评价报告，对发现的内控缺陷进行分类分析，提出内控缺陷整改方案。

②借助外力查找差距，夯实内控基础。2013～2014 年，红宇公司两次聘请外部中介机构对内控体系进行评价。中介机构通过走访调查、穿行测试和符合性测试等方法核实控制证据和效果，对红宇公司内控体系累计提出 27 项重要或一般缺陷，其中设计缺陷 12 个，执行缺陷 15 个。中介机构未提出有重大缺陷。根据缺陷影响程度大小，评价结果为内控体系建设和执行基本有效。红宇公司针对中介机构提出的问题，已全部完成整改，并且修订完善内控制度 6 个，夯实了内控基础，强化了内部控制。

三、应用过程

（一）组织机构及方式

内控体系的实施实质上是一次经营管理上的变革，而变革的成功取决于实施团队的有力保障。红宇公司成立了以总经理为领导小组组长、总会计师为副组长及其他副总为成员的领导小组，成立了以财务部牵头、审计部门和企业管理部门专人配合的工作小组以及包括所有二级部门领导和内控联络员的内控建设网络。

（二）参与部门和人员

内控领导小组由熟悉公司情况并在企业管理、财务管理、风险管理等各方面有着丰富经验的内部人员组成，这样有利于内控制度设计的规划，有利于收集足够的信息，有利于提出内控的具体目标、风险识别和控制措施，有利于信息的沟通等。

（三）资源、环境、信息化条件等部署要求

1. 制度保障。红宇公司从公司层面建立《内控体系实施办法》《内控体系评价管理办法》等制度文件，各级管理部门就内控体系建设项目制定考核细则，明确内控体系建设的工作目标、职责分工、工具方法，实现内控体系建设的制度化。

2. 信息化保障。红宇公司借助 ERP 系统、PDM 系统、OA 系统等先进的信息化手段，将部分核心业务内部控制流程植入其中进行固化，加强信息化与内控体系建设融合，提高内控体系的运用水平。

3. 人员保障。财务部门、审计部门和企业管理等部门各抽调一名从事管理的资深管理人员，专职开展内控体系建设，为内控体系建设提供了人员保障。

（四）内控体系应用模式和应用流程

红宇公司基于全面风险管理的内控体系建设成果，满足了《中央企业全面风险管理指引》《企业内部控制基本规范》及其配套指引的要求，使风险管理理念、内部控制要求得以落地，实现了业务流程全覆盖。

下面通过 2017 年红宇公司全面风险管理工作回顾，以投资风险管理为典型案例介绍公司风险管理及内控体系持续建设完善情况。

1. 2017 年公司全面风险管理工作。

（1）风险评估工作开展情况。

风险评估范围：2017 年度风险评估工作在红宇公司本部各单位全面开展，覆盖所有业务部门。

风险评估方式：以兵装集团下发的全面风险调查问卷为模板，以问卷调查方式对风险进行评估。

参与人员：风险评估工作由红宇公司风险管理委员会统一指导，分别有公司总经理、党委书记、副总经理、各二级部门负责人及关键岗位人员等共计 80 人参与，其中公司中高层领导共 60 人参与，占总人数的 75%；关键岗位员工共 20 人参与，占总人数的 25%。

（2）风险评估结果。经过对风险信息的收集汇总、统计分析和评估，红宇公司风险管理委员会审议确定 2017 年度公司排在前十项的风险为：投资风险、安全生产风险、产品质量风险、竞争风险、维稳风险、环保风险、泄密风险、技术风险、存货管理风险、价格风险。其中，前 5 项风险被识别为重大风险，具体风险评估情况见表 19－2－1－4。

表 19-2-1-4　　红宇公司风险评估情况

风险项名称	发生概率得分	影响得分	综合得分	排名
投资风险	2.3879	2.6984	2.6053	1
安全生产风险	1.0232	3.2473	2.5801	2
产品质量风险	1.8924	2.8269	2.5466	3
竞争风险	2.1468	2.6912	2.5279	4
维稳风险	3.1613	2.1315	2.4404	5
环保风险	1.9264	2.6279	2.4175	6
泄密风险	1.3258	2.8752	2.4104	7
技术风险	1.3646	2.6257	2.2474	8
存货管理风险	2.8587	1.9423	2.2172	9
价格风险	2.1028	2.2357	2.1958	10

图 19-2-1-3 展示了风险坐标。

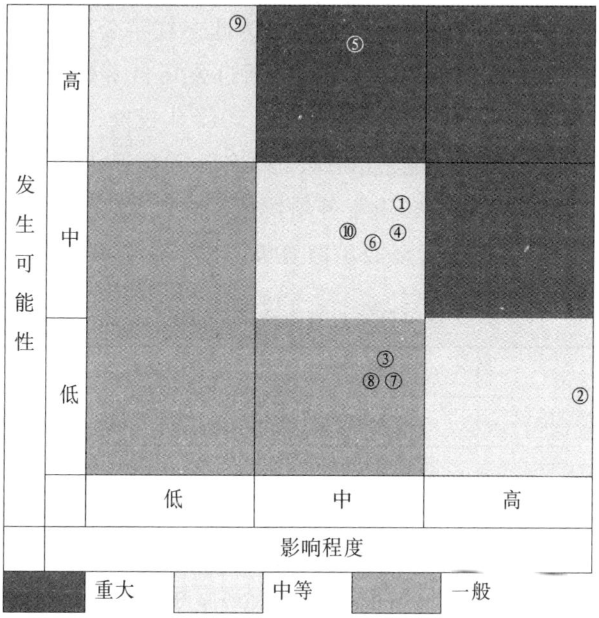

图 19-2-1-3　红宇公司风险坐标

（3）风险管理策略。根据2017年红宇公司风险评估结果，以风险等级排名第一的投资风险为例，介绍红宇公司风险管理策略（以红宇公司民品工业园B区（一期）建设项目为例）。

红宇公司民品投资项目为红宇工业园B区（一期）建设项目主要建设内容为：在璧山工业园区新增土地180亩，新建传动部件工房、库房、职工食堂、倒班房、门岗等建筑物，形成年产油泵50万件、液力变矩器20万件产能。项目总投资9 350万元，一期建设周期为2年（2015年9月~2017年8月）。

在该项目风险管理中，首先进行风险原因分析。一是由于该项目投资较大，主要为新民品传动部件建设产业园，而传动部件液力变矩器和油泵产品尚处于培育期，受到技术和市场双重制约，一旦产品无法实现批产和销售，将可能发生资产闲置，投资回收期过长，难以实现投资收益的情况，投资存在较大风险。二是在生产线建设和工艺布局过程中，如果公司投资决策制度执行不到位，对投资过程管控不细、论证不实，对新产业、新产品缺乏充分的市场调研和可行性论证，投资行为可能出现偏差，导致红宇工业园 B 区（一期）项目不能按期建成投产。三是由于项目投资大，建设周期短，需要在 2 年的时间内投融资近亿元用于项目建设。红宇公司近 3 年受经营形势制约，现金流情况不容乐观，可能产生建设资金短缺，严重时可能产生资金链断裂的风险。

其次，对风险造成的影响或损失进行分析。如果发生投资决策失误及过程管控不严，会导致投资效果降低或投资失败，不能实现预期建设目标，从而影响生产经营的顺利进行，甚至因不能及时收回投资，公司资金紧张，经营陷入困境。此外，因投资导致的固定资产原值增大使固定资产折旧增加，与公司现有产业规模、营业收入不匹配，将影响各年度经营指标的完成，公司持续发展受到阻碍。

最后，制定风险管理方案。一是建设资金筹措风险。项目预计一期总投资 9 350 万元，其中企业自筹 3 350 万元，银行贷款 6 000 万元。为此，红宇公司详细分析筹融资能力，周密安排投资计划。2015 年计划投资 1 850 万元，通过公司自筹资金进行投资；2016 年投资 4 500 万元，其中借款 3 000 万元，自筹 1 500 万元；2017 年投资 3 000 万元，全部为银行借款。建设期的资金筹集，根据公司经营状况，结合公司 3 年滚动预算，公司自筹资金依靠公司的利润及折旧产生的现金支撑该项目投资，由于各项偿债风险较低，银行信用较好，无不良记录，经营状况平稳，红宇公司能够保证资金的足额筹集。投资资金筹集情况见表 19-2-1-5。

表 19-2-1-5 红宇公司投资资金筹集情况 单位：万元

项目	2015 年	2016 年	2017 年
折旧	4 299	4 561	5 742
净利润	2 057	1 975	2 115
合计	6 356	6 536	7 857

为了严控财务风险，红宇公司根据该项目投资测算并结合 3 年滚动预算对财务风险指标进行评估，风险指标的变化趋势见表 19-2-1-6。红宇公司资产负债率控制在 50% 以下，带息负债率控制在 10% 以下，在行业内处于优秀水平，风险可控。

表 19-2-1-6 红宇公司财务风险情况 单位：%

项目	2015 年	2016 年	2017 年
资产负债率	32.18	34.27	34.51
带息负债率	5.24	5.81	5.67

二是项目建设进度风险。按照“工业项目投资合同”约定的动工日期和竣工日期完成项目建设，时间相对较紧张，各种报批手续的办理、协调周期较长。一方面红宇公司组织抽

调各方精干人员成立指挥部，由公司总经理任指挥长，分管投资的公司领导任副指挥长，投资管理部、工程设备部、民品技术中心、财务部等抽调各方面专业人员成立指挥小组，专门负责红宇工业园建设工作，使内部运转机制灵活高效、协调畅通，确保项目建设进度。另一方面，认真开展传动部件液力变矩器、油泵市场调研及论证工作，充分评估市场风险和公司现有能力水平，并借助设计院等专业机构，优化投资方案，确保投资方向正确、效益最大化，确保建设进度。

三是投资管理风险。严格履行重大投资报批制度，及时完成向董事会及兵装集团的上报工作。严格执行“三重一大”决策制度要求，构建更加科学合理的投资决策和管理程序。加强投资可行性论证分析，对投资项目及其子项进行认真调研、分析，确保技术、经济、安全、保密、进度等方面均符合要求。合理控制资产规模和资产负债率，严格财务管控。强化内部管控机制，严格执行投资预算管理，合理安排投资计划、掌控投资进度；严格招投标管理，强化对实施过程的监管，杜绝投资领域围标、串标、索贿、受贿等违法违纪行为发生。红宇公司修订了《投资管理制度》《固定资产投资项目招标管理办法》，增补了《委托招标代理机构比选办法》《固定资产投资管理制度实施细则》制度，进一步强化了投资内控管理，投资管理体系做到权责分明、有效制衡、合理高效。

四是投资效益风险。为控制投资风险，提高投资效益，红宇公司通过统筹规划，分步实施的方式进行建设，确保第一期建设目标实现的前提下，根据市场需要，严密论证后，适时启动后期扩能建设，通过分期建设，最大限度控制投资规模。

红宇公司在新民品发展过程中不断开发优质市场，提升研发能力和产业化能力，液力变矩器和油泵总成市场前景较好。从国内市场看，红宇公司已经获取长安、奇瑞、江淮、吉利、长城、一汽、上汽、东安等优质市场的产品开发权，还获取了 DSI6AT 油泵和邦奇 CVT 油泵等外资及合资市场的产品开发权。截至 2017 年末，红宇公司已基本建成油泵 80 万套和液力变矩器 5 万套的年产能，产品销售突破 80 万套，发展势头迅猛，在市场和工艺技术方面具有坚实的保障，能有效防范投资效益风险。

四、取得成效

（一）形成体系，权责更加清晰

通过制度流程梳理，红宇公司建立了分级的制度体系，通过梳理业务，绘制了各项业务流程，流程更加清晰、易于理解；通过风险识别，绘制风险图谱，风险管理做到有的放矢；通过授权体系建设，权限管理更清晰。

（二）借助先进信息手段，保障内控刚性运行

红宇公司依托 ERP 系统、PDM 系统、OA 系统等先进的信息化手段，将部分核心业务内控活动控制流程植入其中进行固化，如合同审批、预算调整、物资请购、挂账付款等，对核心业务从源头、过程到结果开展全过程控制，提升了内部控制的效率和刚性。

（三）设计思路体现牵制，内控体系形成制衡

内部相互牵制是以业务分管为核心的自检系统，通过职责分工和业务程序的合理安排，

使各项业务活动能自动地被其他业务人员查证核对。红宇公司在内部控制设计过程中，一项业务在横向关系设置上至少要经过独立的两个及以上的部门或人员经办，以使该部门或人员的工作能够接受另一部门或人员的检查和制约；在纵向关系上，一项业务至少经过两个及以上的岗位，以便上下级互相监督，形成制衡，防范权力滥用和管理失控。

（四）提升基础管理水平，内控制度更趋完善

内控制度是企业依法合规经营、有效防范风险的重要保障，是企业基础管理水平的反映。红宇公司以全面风险管理为导向的内控体系建设，将现代企业管理方法和公司多年管理经验结合，全面系统地提升了公司管理制度的规划化、体系化、先进性和适用性，极大提升了公司基础管理水平。

（五）融入风险管理理念、风险管理文化深入人心

红宇公司在内控体系建设中融入风险管理理念，在风险识别、风险评估、风险策略制定的全过程宣传贯彻、培训和研讨，公司全员风险管理的意识和理念已深入人心，逐步培养起具有红宇特色的风险管理文化，风险管理和内控体系建设的专业人才队伍日趋成熟、专业化水平稳步提升。

（六）营造良好内控环境，促进战略有效执行

红宇公司内控体系建设符合《中央企业全面风险管理指引》《企业内部控制基本规范》及配套指引的要求，与兵装集团宏观战略、公司战略规划和生产经营相适应。以关键重要风险点的内部控制为重点以点带面，延伸至生产经营各业务流程，做到全员参与、全业务覆盖、全流程贯穿。在良好的内控环境下，红宇公司发展战略有效执行，实现了稳健经营，发展后劲十足。

五、经验总结

通过内控体系建设，红宇公司管理层能够更全面、更系统地了解到企业面对的风险、风险的程度和应设计的控制措施和控制目标，每一位员工也清楚地认识到岗位具体业务中存在的风险，以及如何去关注它、控制它。

（一）内控体系应用的基本条件

内控体系适用于企业环境相对稳定、治理结构完善、授权体系规范、部门职责清晰、管理制度健全的公司，运用内控体系能够有效改善公司内部治理结构，有效防范风险。同时需根据企业经营环境的变化不断做出调整，提升公司风险管控能力。

（二）内控体系成功应用的关键因素

内控体系建设关键是转变管理理念，红宇公司各管理层特别是高层管理者一是树立现代公司治理理念及风险管理理念，为内控体系建设提供良好的管理环境；二是成立专业的项目推进小组，严格制定推进节点并进行严格控制；三是强化培训，提升实施人员的专业水平；四是强化内控评价、内外部评价相结合，夯实内控体系基础；五是项目推进应以公司为主，咨询单位为辅，培养公司内部人才，能够将内控体系建设成果融入日常工作，确保取得实效。

（三）内控体系应用的优缺点

1. 优点。一是授权管理更加规范，授权体系清晰；二是通过内控体系建设，红宇公司分级建立了各项管理制度，形成分级的制度体系；三是通过风险识别和风险控制，公司风险管理更具针对性，提升了风险管控能力；四是各项制度流程绘制了“泳道图”，易于记忆和理解，工作流程清晰。

2. 缺点。内控体系建设并不能解决公司所有的风险，对因越权造成的风险管理无法掌控，加上我国的法人治理结构尚不完善，各项管理或多或少存在“人治”的影子，内控体系尚不能有效规避这些风险。

（四）对发展和完善内控体系的建议

需要不断完善我国的法人治理环境和治理结构，内控体系建设只是内控管理体系的第一步，后续要定期开展内控体系评价，开展符合性测试，并将结果应用于考评，同时加大内控体系问责机制，提升内控的执行效果，使内控文化根植于心。

（五）推广应用内控体系的建议

当前，我国经济发展迅速，现代企业法人治理结构不断完善，企业所有权和经营权分离程度不断加大。全面梳理业务流程、修订和完善各种管理制度和业务流程、规范授权、识别风险，强化事前防范、事中监控和事后管理，明确操作流程各个环节、有关岗位的衔接方式和操作标准，形成完善的内控体系，能够有效提升公司管理效率和质量效益，对确保公司战略目标的实现具有很强的应用价值。

案例二　建设空调——空调器基于全面风险管理的履约监督体系建设

2013年以来，重庆建设车用空调器有限责任公司（以下简称“建设空调”）在“231”战略的指引下，汽车零部件制造业务得到高速发展。但是，受摩托车生产业务断崖式下滑的影响，各种债权债务纠纷频发，合同纠纷及诉讼案件剧增，个别配套企业欲将公司列为失信被执行人，给公司正常生产经营带来严重隐患，存在引发群体性事件的安全稳定风险。

针对以上情况，建设空调以《中央企业全面风险管理指引》《中国兵器装备集团有限公司全面风险管理办法》为指引，遵循全面性、重要性、时效性、适应性、成本效益原则的思路，加快建立健全基于全面风险管理的履约监督体系，即在导入全面风险管理的基础上联系公司合同履约过程中风险集中、突出的实际情况，重点建设合同履约监督体系，通过在管理的各个环节和经营过程中防控风险发生的基本思路，培育风险管理文化，建设风险管理队伍，制定风险管理制度。建设空调特别注重合同签订过程中的风险防控，通过合同订立前、中、后全过程监督，有效防范了合同管理的碎片化，切实提高了合同管理水平，促进全面风险管理的实施。

整个合同履约监督体系建设由履约监督小组牵头，各职能部门参与，联合外部专业中介机构，通过动员、宣传、培训、分步实施等步骤，逐步搭建起包括合同评审、合同签订授权、合同履约统计、合同风险矩阵分析、合同风险应对策略、合同履约评价与改进等多环节在内的监督评价体系。

2016 年，建设空调按照合同履约监督体系的要求，对重点合同，尤其是标的金额较大合同的履约情况进行了专项检查和清理。检查结果显示，公司研发中心专机设备，公司采购部配套零部件、工辅备件等采购合同存在延迟交货 120 余起，发现建筑维修、配套件质量问题 60 余起，发现应收超期债权 20 余起。部门联动和及时止损为公司挽回经济损失 1 000 余万元。

履约监督管理体系的建设极大提高了合同履约监督管理效率和精度，提升了合同执行度，使公司合同管理水平上了一个新台阶。同时，履约监督管理体系的建设有效地从整体上推动了质量管理体系的修订和编写，为促进公司全面风险管理，推动公司各项经营活动目标落地起到较好的促进作用。

一、背景描述

（一）应用单位基本情况

建设空调成立于 2004 年 2 月，隶属于 B 股上市公司重庆建设摩托车股份有限公司，系汽车空调压缩机专业制造供应商。公司质量体系完善，研发实力雄厚，产品体系丰富，先后通过了 ISO9001 及 ISO/TS16949 国际质量体系认证，建设有压缩机性能、耐久、NVH 等多个实验室，具备整体空调系统试验能力和先进的设计、分析、模拟、样机试制和检测能力。

建设空调产品横跨旋叶式铁质和铝质压缩机、活塞斜盘式定排量压缩机、活塞斜盘式变排量压缩机和电动压缩机的技术平台，具备年生产车用空调压缩机 250 万台的能力，曾获中国著名品牌、法国科技质量监督评价委员会高质量产品荣誉，产品销量一直处于行业前三甲，被重庆长安、长安铃木、长安福特、PSA、奇瑞汽车、长城汽车、哈飞集团、昌河铃木、一汽集团、东风日产、东南汽车、众泰汽车、吉奥汽车、丹东曙光、江淮汽车等知名主机厂家采用。建设空调致力于生产创造性价比最优的产品和服务，为推动中国汽车空调压缩机行业发展不懈努力。

（二）风险管理状况分析和存在的问题

2013 年以来，建设空调在“231”战略的指引下，汽车零部件制造得到高速发展，但受摩托车产业断崖式下滑的影响，各种债权债务纠纷频发，特别是 2015 年 7 月 30 日开始实施重大资产重组后，资产负债匹配等因素导致公司合同纠纷及诉讼案件剧增。据统计，实施重大资产重组后，建设空调新增买卖合同被起诉案件 28 起，涉案金额 2 800 余万元，潜在诉讼案件 16 件，涉案金额 1 400 余万元。个别配套企业欲将建设空调列为失信被执行人，给公司正常生产经营带来严重威胁，存在引发群体性事件的不安全不稳定风险，反映出公司在管理上的一些不足。

1. 风险管理的质量偏好过度。作为制造业企业，建设空调始终把质量作为风险管理的重点来抓。严控质量为导向的风险防控，在公司业务稳步发展期间是合理有效的。但是，随着业务板块的变化，特别是在摩托车产业急剧下滑和汽车空调业务快速发展的大背景下，公司资产重组的实施和战略方向的转变，经营风险、合规风险及战略风险逐步凸显，过度的质量防控导致体系风险特别是合同风险暴露异常。

2. 风险管理的碎片化与被动化特征明显。建设空调的风险管理相对分散，没有进行全面的把控，未能严格按照风险管理的识别、评估、分析应对等程序执行。很多情况是风险出现后一对一的紧急应对。特别是缺乏有效的串联和全域的监督，未能真正变“被动”为“主动”，做到“预防为主、防控前移”。

3. 合同履约风险最为集中和突出。契约是市场经济的灵魂。合同作为契约的载体，是风险管理的重要内容，建设空调当前的风险集中体现在合同的有效履行上。合同风险涵盖了销售、采购、工程建设、技术开发以及劳动合同等方方面面。加强合同履约行为的全面管理和监督迫在眉睫。

4. 人员素质与文化氛围有待提升。建设空调各职能部门未能对职责范围内的风险引起高度重视，未能及时进行分析识别和应对。公司整体上对风险的重视程度不够、教育培训不够，缺乏自上而下，全员防控的风险管理氛围与风险管理文化。

（三）选择基于全面风险管理的履约监督体系建设的主要原因

为适应改革发展的需要，提高风险防范能力，保证公司安全、稳健运行，减少合同履约风险，建设空调以《中央企业全面风险管理指引》《中国兵器装备集团有限公司全面风险管理办法》为指引，加快建立基于全面风险管理的履约监督体系建设，即在导入全面风险管理的基础上，根据公司合同履约风险集中、事发突然的实际情况，重点建设合同履约监督体系，以此串联整个风险管理的各个环节和部门，减少合同管理的碎片化，提高合同执行的有效性，促进全面风险防控体系的建立。

二、总体设计

（一）履约监督体系建设的目标

建设空调以现有管理体系为基础，导入全面风险管理，在合同履约监督制度修订、编写过程中融入风险管理理念，将风险识别、风险评估和风险管控纳入合同履约监督制度，将履约监督融入日常生产经营活动，通过在企业采购、生产、销售及管理的各个环节贯穿风险管理基本流程，逐步培育企业风险管理文化，建设风险管理队伍，健全风险管理制度，构建基于全面风险管理的履约监督体系，促进公司管理效率和质量效益整体提升。

（二）履约监督体系建设的总体思路

履约监督管理体系的建设遵循全面性、重要性、时效性、适应性、成本效益的原则，建设以全面风险管理为导向的合同履约监督体系。

1. 全面性原则：风险防控贯穿于合同起草、审批、签署、履行全过程，覆盖公司各项业务活动，消除风险空白点和风险盲区。

2. 重要性原则：以风险为导向，重点关注公司重要业务事项和高风险业务领域。

3. 时效性原则：以国家法律为准绳，以合同为载体，严格合同签订、履约的时效管理，确保公司权益不受侵害。

4. 适应性原则：应当适应公司经营环境、经营规模、业务范围、上下游供应商、客户竞争状况，并动态调整，确保系统的有效性。

5. 成本效益原则：以适当的成本实施有效监督，统筹考虑诉讼成本、协调成本、监督成本与产出效益之间的关系，使其符合公司整体利益最大化的原则。

（三）履约监督体系建设的主要内容

1. 组织机构建设，建立与目标要求和企业实际情况相匹配的履约监督机构与人员。

2. 规章制度建设，制定《全面风险管理制度》《合同管理制度》《履约监督制度》及教育培训等各项制度。

3. 控制流程建设，与风险管理控制程序同步，在识别、评估、应对等各个环节进行信息传递，开展履约监督，并进行管理评审与持续改进工作。

4. 企业文化建设，建立以合同履约监督为核心的全面风险管理的企业文化宣传，充分利用公司报纸、宣传栏、OA 办公平台等手段，营造适时识风险、人人控风险的企业文化氛围。

（四）履约监督体系建设的创新

1. 与全面风险管理的深入融合。在管理机构与职能设置，制度建设与流程控制，风险识别、评估与应对等各方面，均深入结合、融入全面风险管理体系，将之作为全面风险管理的核心部分，既防止两者的割裂，又有利于体系的构建。

2. 与企业实际情况的深度贴合。紧密结合当前企业合同履约风险集中的实际情况，以履约监督体系作为主线，串联整个合同管理责任部门和管理流程，达到重要性、适应性的原则要求，有利于解决当前较为集中的风险问题。

三、履约监督体系的应用过程

（一）组织机构

合同履约监督体系的实施，实质上是一次经验管理的创新，创新的成败取决于执行团队的执行力。

建设空调成立了以总经理为领导小组组长、书记为副组长以及其他副总经理为成员的合同履约监督小组，小组成员由熟悉公司情况并在企业管理、财务管理、风险管理等各方面有着丰富经验的人员组成，为合同履约监督提供人力资源保障。

（二）参与部门及人员

合同履约监督体系由合同管理部门具体牵头，包括计划部、销售部、采购部、研发中心、技术安全部、生产物流部、售后服务部、人力资源部、财务部等部门，外聘律师事务所专业律师作为支持，形成内外结合的格局。

（三）部署资源要求与计划

1. 资源要求与实施准备。

（1）选择法律咨询机构，认真筹划实施方案。一是选择经验丰富、业绩突出的法律咨询机构。建设空调经过多方面调研和比较，最终选定了常年为公司服务的法律顾问单位——重庆索通律师事务所，并确定了以公司自身为主、外部咨询机构为辅的推进模式。一方面兼顾了成本与效益的匹配，另一方面也能巧借外力，培养和锻炼自己的合同履约监督专业队伍。二是确定履约监督体系建设实施方案。方案中设定了履约监督制度建设目标、原则，并对任务进行分解细化。建设实施方案中包括各阶段详细的工作内容、完成时间节点及最终达成成果等。建设空调将履约监督体系建设分为项目启动阶段、履约风险识别阶段、风险应对阶段、项目验收阶段四大部分，共细分了16项具体工作内容，并以项目推进表、督办通知书的形式下发，各相关部门和人员职责、分工、任务清晰明了。

（2）加强动员与宣传培训。项目启动后，建设空调召开了合同履约监督动员小组，提出了合同履约监督的具体要求。随后，咨询机构委派专职律师对公司采购、销售、研发等业务对口部门的人员进行培训，提高全员风险防范意识和合同履约风险识别能力。各风险防控部门从思想上高度重视合同履约监督建设工作的重要性。

2. 具体工作计划。

（1）通过履约监督体系建设试点工作，基本完成履约监督体系建设。强化合同履约监督执行力度，确保体系落地。

（2）运用履约监督体系建设成果，对照现有制度和流程进行重要业务领域的符合性测试，不断优化流程，完善履约监督体系。

（3）总结试点经验，全面开展合同履约监督检查，建立履约监督网络并开展自我评价。

（4）加强合同履约风险识别与处置流程培训，强化全员合同履约风险管理意识，培养全员风险管理文化，提高全员重大风险识别能力和防控水平，有效降低公司合同履约风险。

（5）持续开展履约监督评价，完善评价标准。根据公司不同发展阶段和公司内外部经营环境的变化，不断对制度体系进行更新完善，推动建立持续改进的长效机制。

（四）履约监督体系建设的具体做法

建设空调作为开展履约监督体系建设的试点单位，坚持“231”发展战略，以实现规范、稳健、高效的履约监督体系为目标，严格按照上市公司规范运作的要求，以公司自身为主、外部咨询为辅，顺利完成了以全面风险管理为导向的合同履约监督体系建设。履约监督体系建设实施步骤是：

（1）履约监督体系的设计和框架搭建：根据公司现有业务流程、合同履行实际情况，对标公司《合同履约监督管理办法》，对公司履约监督管理现状进行分析。综合考虑合同起草与评审、签订、履行等情况，建立编制预防为主、全程介入、权责明确、强化考评的履约监督体系设计框架。

①合同评审流程化控制。秉承预防为主的理念，通过公司OA办公系统，在合同起草与评审之初即进行监控介入，严格履行公司合同评审流程（见图19-2-2-1）。

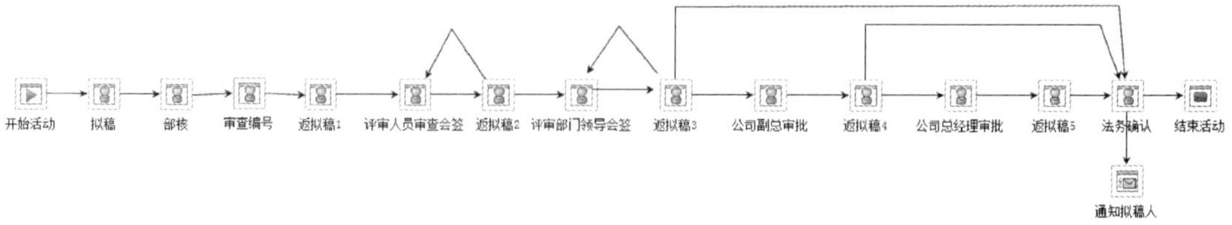

图 19－2－2－1 合同评审流程

②合同签订合理化授权：在公司经理层合同签订分工授权基础上，明确部门负责人为该部门合同履约的第一责任人，并根据各部门职责分工，在每年年初对部门合同签订权限进行授权，签署“授权委托书”（见图 19－2－2－2），将风险管控落实到基层节点。

授权委托书

兹授权________职务：________，代表我签署________类（A. 配套采购合同；B. 零星采购合同；C. 销售合同；D. 仓储合同；E. 建筑工程合同；F. 生产生活维修合同；G. 技术开发合同；H. 外贸代理合同；I. 服务外包合同；J. 质量检测合同；K. 其他合同，合同金额________万元以下。

授权期限：自 2017 年 1 月 1 日—2017 年 12 月 31 日。

被授权人无转委托权。

图 19－2－2－2 授权委托书

③合同履约常态化统计。公司经营规划部法务人员总体协调，对每季度合同经办履行情况进行统计汇总，根据汇总情况形成综合分析报告。具体统计内容见合同经办、履行情况汇总表（见表 19－2－2－1）。

表 19－2－2－1 合同经办、履约情况汇总表

______部门 2017 年第______季度合同经办、履行情况汇总表

序号	合同名称	合同价款	对方单位	履行期限	履行情况	目前有无法律纠纷	经办人	风险评分
1								
2								

备注：履行情况包括对到货（开工）、付款、验收、使用、质保等合同义务履行情况的描述。

（2）履约监督体系建设的推进落实。按照合同履约监督体系的安排，形成合同履约风险清单，组织风险评估。合同履约监督小组牵头，组织各业务部门按照管理职责，广泛、持续地收集本部门合同履行过程中的信息，运用各种合同履行风险评估方法，认真查找梳理本业务范围内的合同履行风险，如交货时间、交货质量、付款时间、违约责任等，其中根据合同主体与性质不同分析设定了不同的风险节点和履约监督策略，如公司销售合同的履行监督侧重于客户生产经营状况与应收款项的回收周期；采购合同的履行监督体系侧重于按期保质保量交付零部件。

下面是公司销售合同履约的分析应对流程：

①建立履约风险分析矩阵（见图 19－2－2－3）。对每项合同履约风险进行矩阵分析，结合主机厂商的经营情况、销售数据、回款情况、诉讼情况等建立分析矩阵，其中风险综合指数＝风险严重性× 风险发生的可能性。“得分≤10”时为一般风险；“11≤得分≤20”时为重要风险；“21≤得分≤25”时为重大风险。同时，对每项识别风险进行评估提出应对策略，建立履约风险评估应对策略表（见表 19－2－2－2）。

风险的严重性：

级别	严重性	分值
1	可忽略	1
2	微小	2
3	中等	3
4	严重	4
5	非常严重	5

发生的可能性：

级别	发生可能性	分值
1	不太可能发生（发生频率为每 5 到 10 年 1 次）	1
2	可能发生（发生频率为每 1 到 5 年 1 次）	2
3	很可能发生（发生频率为每年 1 次）	3
4	较常发生（发生频率为每 2～3 个月 1 次）	4
5	经常发生（几乎每次都可能发生）	5

根据风险发生的可能性和严重性，用风险指数矩阵图来综合评价风险的等级：

严重＼可能	1	2	3	4	5
1	1	2	3	4	5
2	2	4	6	8	10
3	3	6	9	12	15
4	4	8	12	16	20
5	5	10	15	20	25

图 19－2－2－3 履约风险分析矩阵

表 19－2－2－2　　履约风险评估应对策略表

<table>
<tr><th rowspan="2">合同名称</th><th rowspan="2">合同价款</th><th rowspan="2">对方单位</th><th rowspan="2">主要风险</th><th colspan="3">风险评价</th><th rowspan="2">对应措施</th></tr>
<tr><th>重要度</th><th>可能性</th><th>级别</th></tr>
<tr><td></td><td></td><td></td><td></td><td></td><td></td><td></td><td></td></tr>
<tr><td></td><td></td><td></td><td></td><td></td><td></td><td></td><td></td></tr>
</table>

②责任部门启动应对程序。各责任部门对履约风险评分在 15 分以上的，原则上应启动应对程序，联合公司经营规划部、财务部、售后服务部等相关部门，以法务人员为主研究撰写专项风险分析与应对策略报告（见表 19－2－2－3），提交履约监督委员会讨论审批。

表 19－2－2－3　　风险分析与应对策略报告

编制部门/人员：　　编制日期：　　部门负责人：

<table>
<tr><td>内容</td><td colspan="4">__________（企业名称）______（事项）风险分析与应对策略报告</td></tr>
<tr><td>事由</td><td colspan="2"></td><td>责任部门</td><td></td></tr>
<tr><td colspan="5">风险大小与应对策略简述：</td></tr>
<tr><td colspan="5">具体分析情况</td></tr>
<tr><td rowspan="3">相对方简介</td><td>成立时间</td><td></td><td>注册资本</td><td></td></tr>
<tr><td>股东及实控人</td><td></td><td>主要客户</td><td></td></tr>
<tr><td>其他情况介绍</td><td colspan="3"></td></tr>
<tr><td rowspan="2">合同履行情况</td><td>核心条款约定</td><td colspan="3"></td></tr>
<tr><td>履行情况</td><td colspan="3"></td></tr>
<tr><td rowspan="5">各风险点初查</td><td>抵押质押信息</td><td colspan="3"></td></tr>
<tr><td>对外投资信息</td><td colspan="3"></td></tr>
<tr><td>涉案涉诉信息</td><td colspan="3"></td></tr>
<tr><td>经营情况信息</td><td colspan="3"></td></tr>
<tr><td>其他风险信息</td><td colspan="3"></td></tr>
<tr><td colspan="5">总体风险分析（含是否具备偿债能力、短期偿债风险等）：</td></tr>
<tr><td colspan="5">风险应对策略与建议（含是否采取民诉、公诉等）：</td></tr>
<tr><td>审批意见</td><td colspan="4"></td></tr>
<tr><td>备注</td><td colspan="4"></td></tr>
</table>

对于采取诉讼应对策略的，同步提交诉讼案件分析与应诉方案审批表（见表 19－2－2－4）。

（3）履约监督体系的测试与评价。一是建立履约监督体系评价标准，完成自评工作。建设空调按照事先拟定评价标准，从合同起草、评审、签订、履行等方面进行自我评价。评价标准明确了评价的方法和程序，为后续的履约监督自我评价测试及日后的履约监督工作提供了清晰指导。

表 19－2－2－4　　诉讼案件分析与应诉方案审批表

编制部门/人员：　　编制日期：　　部门负责人：

案由	________（原告）诉________（被告） ________案	
诉讼请求		
诉状简述（含事实和理由）：		
案件分析及应诉方案		
案件基本情况		
答辩意见	答辩要点及依据	
	拟准备证据及配合事项	
上级沟通情况		
风险提示		
审批意见		
备注		

下面是建设空调采购合同履约的评价体系。

①建立定期评价机制。采购部根据各相关部门汇总相关数据，按照供应商评价考核依据，每月组织供应商管理室、采购室人员等定期对供应商进行评价。

②填报供应商业绩评价表（见表 19－2－2－5）。

表 19－2－2－5　　供应商业绩评价表

________年　　月供应商业绩评价表

填表单位：　　填表日期：

供应商名称：

主供零部件：

评价项目	编码	名称	评分标准及计算方法	数据来源	主要问题描述	得分
质量 Q（45 分）	Q1	一次交验合格率 （15 分）	设 X＝实际/指标×100%； X≥96%，不扣分；90%≤X＜96%，扣 2 分；85%≤X＜90%，扣 4 分；80%≤X＜85%，扣 6 分；75%≤X＜80%，扣 8 分；X＜75%，0 分	采购部		

续表

供应商名称：						
质量 Q（45分）	Q2	生产现场 PPM （15分）	设 X = 实际/指标 × 100%： X≤100，不扣分；100 < X≤150，扣 3 分；150 < X≤200，扣 5 分；200 < X ≤250，扣 7 分；250 < X≤300，扣 10 分；X > 300，0 分	采购部		
	Q3	客户及现场质量问题 （9分）	客户处质量问题出现1次扣3分，建设现场质量问题出现1次扣1分	品质 保证部		
	Q4	质量问题拒收或退货 （6分）	出现1次扣3分	采购部		
供货 D（35分）	D1	准时交付率（25分）	设 X = 准时交付率： X≥98%，不扣分；95% ≤X <98%，扣 2 分；90% ≤X < 95%，扣 5 分；85% ≤X < 90%，扣 10 分；80% ≤ X < 85%，扣 15 分；X < 80%，0 分	采购部		
	D2	停工停线时间 （10分）	设 X = 停工停线（含换型、延时、甩机）时间： X≥60，不得分；30≤X <60，一次扣2分；X < 30，一次扣1分	生产 物流部		
	D3	异常交运	该项为负分制，出现一次扣2分	采购部		
成本 C（5分）	C		①多家供货，价高者零部件一个扣1分，最多扣3分； ②报价不按要求、不及时，一次扣1分； ③降价未达到目标的，一次扣1分	财务部		
管理 M（15分 +5分）	M1	物流管理（5分）	①按账目管理要求办理交付，并按期对账； ②呆滞品、空装具及时清退； ③遵守物流区域现场作业规范； ④包装标示明确； ⑤安全、环保要求； 上述条款，违反一次扣1分	生产 物流部		
	M2	服务支持（10分）	①质量信息回复不完整、不及时； ②质量信息整改不及时、不到位； ③二方审核整改不及时、不到位； ④业绩不良整改不及时、不到位； ⑤未按试制协议进度达成的； ⑥当月无新品开发； ⑦其他； 上述条款，出现一次扣2分	采购部		
	M + 1	二方审核（5分，此项评审为加分制，当月无审核不得分）	设 X = 过程审核得分： X≥90，5 分；85≤X < 90，扣 1 分；80≤X < 85，扣 2 分；7≤5X < 80，扣 3 分；70≤X < 75，扣 4 分；X < 70 分，0 分	采购部		

③编制供应商业绩评价处置标准（见表 19－2－2－6）。

表 19－2－2－6　　供应商业绩评价处置标准

序号	处置对策	处置依据	处置频率	得分			
				≥90	80～89	70～79	<70
				A 级	B 级	C 级	D 级
1	提交改善对策	1 次/月	月		是	是	是
2	过程审核	大于等于 2 次/季度	季度			是	是
3	供应商总经理陈诉	大于等于 2 次/季度	季度				是
4	新品开发	大于等于 2 次/季度	季度	优先		不允许	不允许
5	供货份额	大于等于 2 次/半年	季度			减少	减少
6	付款期	大于等于 2 次/季度	季度				延后一月
7	暂停供货	大于等于 2 次/季度	季度				是

根据以上评价标准进行分类处置，并进一步加强履约惩戒措施：对业绩排名为最后 5 名的，按当前得分降一档处理；对排名 A 级的给予免检和增加供货份额的激励政策；当供应商业绩连续 3 个月处于同一类别的最后一名时，即使业绩评价符合要求，仍需向其发出改善提升要求。

通过以上各项程序的实施，基本形成了供应商履约评价体系闭环。

（4）履约监督体系建设的应用案例概述。下面通过对 2016 年建设空调上半年合同履约监督管理工作的回顾，以广汽吉奥汽车有限责任公司货物买卖合同履约监督为典型案例，介绍公司风险管理及合同履约监督体系建设执行情况。

①履约监督管理工作开展情况。

履约监督范围：2016 年建设空调合同履约监督管理工作在公司各单位全面实施，覆盖公司所有业务部门。

合同履约监督的方法：清查合同，特别是采购、销售、建筑、维修项目和公司其他重大投资项目合同的起草、审批、签署和履行的时间节点，查看是否存在签署不规范、履行时间滞后、履行标准不符合要求等问题。

参与人员：本次合同履约监督管理工作，在公司合同履约监督小组的统一指挥下，分别由公司总经理、党委书记、副总经理、各二级部门负责人及关键岗位人员等共计 38 人参与，其中中高层领导 8 人，占比 21%，关键岗位员工共计 30 人，占比 79%。

②合同履约风险评估。经过合同履约风险信息的收集汇总、统计分析和评估，建设空调合同履行监督小组审议确定了 2016 年公司排名前 10 位的合同履约风险：广汽吉奥汽车有限责任公司货物买卖合同应收账款逾期的坏账风险、北方公司货物委托出口买卖合同应收账款逾期的坏账风险、公司科技楼建筑施工合同超期履行致科技楼不能按期进行验收的风险、宏荣建设集团账户被法院冻结致公司与其签订的生产生活维护合同无法继续履行的风险、公司控股股东股权被法院强制执行致公司股东结构发生变化的风险等。

③履约监督管理策略。根据2016年公司合同履约风险评估结果，以风险等级排名第一的广汽吉奥汽车有限责任公司货物买卖合同应收账款逾期的坏账风险为例，介绍公司合同履约监督管理策略。

2011年以来，建设空调一直向广汽吉奥汽车有限责任公司、广汽吉奥汽车有限责任公司东营分公司、广汽吉奥汽车有限责任公司路桥分公司（以下简称“广汽吉奥”）供应车用空调压缩机，前期客户付款记录良好，基本按照合同约定付款周期进行货款结算及支付。2014年1月开始，广汽吉奥开始出现货款延期支付情况。截至2016年1月，广汽吉奥累计拖欠建设空调到期应付货款261万元，并且广汽吉奥生产经营情况持续恶化，存在破产风险。

风险成因分析。一是汽车行业竞争加剧，规模小、技术含量低的汽车厂家生存空间被挤压，生产经营情况恶化加剧。二是广汽吉奥汽车有限公司自身研发能力有限，不能及时推出满足市场需求的产品，竞争力减弱。三是没有大的资金来源支撑广汽吉奥汽车有限公司继续向前发展。

风险造成的影响或损失。一是货款无法收回的风险，直接影响公司对上游公司产品零部件配套单位货款的支付能力，影响公司经营现金流。二是建设空调与广汽吉奥为货物买卖关系，无抵押物，时间越长，货款回收的概率越低，发生坏账的可能性越大。三是公司控股股东经营持续恶化，需要大量资金支付辞退人员、自谋职业人员的经济补偿和奖励费用，以期尽快完成改革调整、转型升级的公司改造。

合同履约监督管理方案。一是收集整理建设空调与广汽吉奥的全部货物买卖合同、发货记录、销货发票、收款记录、往来对账函证等证据资料。明确应收货款金额、时间及风险点。二是积极催收应收超期货款。三是多方收集客户生产经营及公司改革调整信息。四是在协调失败后启动诉讼程序，进行司法追债。五是在诉讼阶段与广汽吉奥协商，收回应收超期货款。

④履约监督结果。通过诉讼、调解，公司与广汽吉奥最终达成调解协议。并通过法院裁定，赋予调解协议强制执行力。截至2016年10月15日，公司收回广汽吉奥全部应收超期货款。

（五）实施过程中遇到的主要问题和解决办法

1. 履约监督的部门联动与信息传递问题。在实施过程中我们发现，部门联动性不够、信息传递滞后的问题比较明显，在一定程度上造成对风险评估的应对不全面、不及时。为解决这个问题，建设空调进一步加强风险管理队伍建设，在明确各部门（专兼职人员）风险管理员的基础上建立共同的实时交流平台，并定期召开会议，开展教育培训，持续动态跟踪通报风险状况。通过改善，信息沟通及时有效方面的工作收到了很好的效果。

2. 履约监督的评价与持续改进问题。在实施过程中，不少责任部门提出了风险应对策略缺乏相应的评价与改进手段的问题。经过研究，建设空调决定在管理评审会议上定期对履约监督情况进行评审，并提出后续改进意见。

四、取得的成效

2016年，通过基于全面风险管理的合同履约监督体系建设，建设空调对重点合同特别是配套合同履约情况进行了专项检查和清理，发现研发中心专机设备、配套零部件等延迟交货120余起，建筑维修、配套件质量问题60余起，应收超期债权20余起，挽回直接经济损失1 000余万元；未发生重大合同纠纷，合同评审节点完成率保持在100%。对供应商合同履约的监督处置推动了近两年年均采购成本逐年下降，年均降幅在2%左右。同时，合同履约监督体系的建设有力促进了公司管理水平的提升。

（一）借助公司信息化手段，提高了合同履约监督管理效率和精度

建设空调依托ERP系统、OA办公平台等先进的信息化手段，将合同履约监督的各个关键重要节点纳入信息化管理，如合同审批、交货时间、付款时间等关键重要信息。在业务发生过程中，如果业务未按合同约定执行，系统会自动记录并提示相关人员处理。合同履约监督管理的效率和精度得以提升。

（二）全面提升了合同管理水平，减少了合同风险的暴露

合同履约监督是建设空调依法合规经营、有效防范风险的重要保障，是基础管理水平的反映。建设空调以全面风险管理为导向的合同履约监督体系建设，集成现代企业管理方法和公司多年管理经验，全面系统地提升了公司管理制度的规范化、体系化、先进性和适用性，提升了生产经营活动的执行力和公司基础管理水平，保证了公司资产的安全。

（三）履约监督体系的建设推动了质量管理体系的编修

建设空调在新版质量管理体系编修过程汇总中，将履约监督管理体系建设纳入其中，全面融入风险管理理念，通过在合同履约风险识别、风险评估、风险策略制定的全过程中贯彻宣传、培训和研讨，公司全员风险管理意识和能力逐步提升，风险管理和合同履约监督体系建设的专业人才队伍日趋成熟。

（四）营造了良好履约监督环境，促进公司生产经营活动落地生根、执行到位

建设空调的合同履约监督体系建设符合公司当期生产经营需要，与公司“231”战略相适应。以合同履行过程中的关键重要节点为控制点，以点带面，延伸到合同履行的全过程，公司上下做到全员参与、全流程覆盖，公司各项生产经营活动成果的落地得到促进。

五、经验总结

履约监督体系全面梳理、识别了建设空调在生产经营业务发生中潜在的合同风险，强化事前防范、事中监控和事后及时处置的理念，明确了风险各个环节的衔接方式、标准，是企业管理的重要内容，是依法治企、依法经营的重要抓手。

通过履约监督体系的建设和实施，建设空调能够更全面、更系统地了解公司面临的风险，推动经营决策的安全有效，强化经营目标的实现，有效防范企业经营中的不规范行为，防止不按合同约定履行相关业务给企业造成的不良影响，对企业全面风险管理起到巨大的推动作用。

（一）全面风险管理是履约监督体系建设的基本条件

没有全面风险管理的导入和实施，履约监督管理体系在制度建设、流程控制、目标设计、风险识别等各个方面都会存在“先天不足”，最终会弱化为单一的合同管理手段，无法达到对公司整个管理体系建设的推动作用。

（二）制度建设、流程控制与机构人员配置是履约监督体系建设的关键所在

整个履约监督体系就是在各项风险管理制度的框架下，通过流程控制具体的责任人员来推动落实的，体系构建、流程控制、人员队伍建设 3 个环节环环相扣，缺一不可。

（三）对战略风险控制的促进作用较弱是其缺点

由于战略决策的权限在于公司治理层，且很多情况下不是以合同的形式体现，建设空调战略决策层面履约监督体系的参与度不高，推动力不强。

（四）发展和完善履约监督体系的措施

针对履约监督体系对战略风险应对不够的先天不足，我们建议从公司治理结构上下功夫，加强股东大会、董事会、监事会的职能建设，对高管、董事会履职等情况进行定期的评价分析，进一步完善履约监督体系，防止公司战略出现偏差。

（五）对推广履约监督体系的有关建议

在推广履约监督体系建设中，选择体系适用类型时，建议以主业明显的制造业监督体系为主。此类企业主要涉及销售、采购、工程建设等合同，合同能够涵盖公司生产经营领域的绝大部分风险。建议公司建设全面风险管理基础，培养相应的内控风险管理机构及人员队伍，只有这样，履约监督体系才能较好地建立并贯彻实施。

除了上述合同履行过程中的风险以外，合同签订内容中各条款的严谨与否也会直接决定公司合同约定内容能否有效执行。有时一份不够严谨的合同可能直接导致公司巨额经济损失，特别是在重大资产重组、资本运作合同中，公司管理层对法律、税收等规定不够了解或者理解有偏差都会导致在运营过程中背负巨额税收负担或者支付高额运作成本。因此，在合同履约监督方面除了关注合同内容按时执行外，合同签订前的字斟句酌也是合同监督的重点。

后　　记

兵器装备集团自1999年成立以来，持续推进管理会计体系建设，特别是2011年以来，兵器装备集团财务团队紧紧围绕企业战略，结合企业生产经营实践，推进以管理会计为核心内容的价值创造型财务管理体系建设，分阶段、系统性导入23个管理会计工具方法，深入推进管理会计工具在成员企业的推广和运用，搭建了体系完善、内容丰富的集团管理会计体系，有力支撑了集团不同时期发展战略的实现以及核心竞争力和价值创造能力的提升。

兵器装备集团价值创造型财务管理体系已基本建成。本着深入总结实践经验、广泛听取各界意见、不断巩固提升工作成果的目的，我们将近年来兵器装备集团价值创造型财务管理体系建设中，在推进管理会计应用方面的主要做法和实践经验进行总结提炼。在2015年出版的《管理会计实战工具》和《管理会计实战案例》和2016年出版的《管理会计工具手册》（第一册、第二册）、《管理会计案例（第二版）》的基础上，结合兵器装备集团最新管理会计探索，根据财政部下发的《管理会计基本指引》和各项《管理会计应用指引》重新修订的《管理会计工具与案例》，具体分为《战略与预算管理》《成本管理》《营运管理》《绩效管理》《投融资与风险管理》《报告、信息化与其他》共6册。希望能够借本套丛书的出版丰富兵器装备集团内部管理会计应用理论和实践，同时为其他企业推动管理会计的应用提供借鉴。

兵器装备集团价值创造型财务管理体系建设和《管理会计工具与案例》的成功出版得到了财政部、国务院国资委领导及有关司局领导的关心关注与大力支持。兵器装备集团董事长徐平、总经理龚艳德，原董事长唐登杰、徐斌，原总经理徐留平同志始终高度重视管理会计体系建设工作，均曾亲自担任价值创造型财务管理体系建设领导小组组长，直接领导并鼎力支持推进管理会计应用相关工作。在兵器装备集团，管理会计体系的建设与应用推广始终是“一把手”工程。兵器装备集团价值创造型财务管理体系建设和本套丛书的成功出版还得益于兵器装备集团价值创造型财务管理体系建设团队和参与丛书编写的全体同志的共同努力和无私奉献，得益于价值创造型财务管理体系建设之初和建设过程中清华大学夏冬林、于增彪，北京大学王立彦、陆正飞，厦门大学傅元略，中央财经大学孟焰、刘俊勇，北京工商大学谢志华、王斌，对外经济贸易大学汤谷良，上海财经大学潘飞，南京大学杨雄胜等高等学校著名教授、学者，浪潮集团执行总裁王兴山、元年科技股份有限公司总裁韩向东等管理会计信息化专家，以及中国会计学会、中国总会计师协会、美国管理会计师协会等专业机构知名专家的悉心指导，得益于中国财政经济出版社及本套丛书编辑出版发行团队的辛勤工作。

《管理会计工具与案例》是兵器装备集团财务管理团队集体智慧的结晶。《管理会计工具与案例》由兵器装备集团副总经理、总会计师李守武同志负责总体策划并主持编著，财务部主任王晓翔，副主任张博，主任助理武文杰负责组织编写，财务部原副主任冯长军、江红，副巡视员郭菲，陈景峰、王腊梅、冯凯、谢华、沈远鹏、蔡运隆、宋雪也先后参加了相关组织工作，兵器装备集团价值创造管理办公室李懋劼、王宇珍、廖倩文负责全书的具体编撰和统稿工作。原财务部负责同志邓腾江、黄埔、张德勇为早期管理会计推进及典型案例编选做了大量组织工作。书稿编纂完成后，又由吕来升、崔云江、李红源、王锟、叶宇昕、张东军、张德勇、顾长仁、万华、王家兴、王春阳、潘锡睿、石尧祥、张诗红、滕峰、薛刚毅、龚振宇、张德兵、吕志明、刘亮等组成专家组进行了认真负责的评审。徐海燕、宋龙龙、王泳欢、陈琦、杜理玢、王靖宇、郑兴涛、朱莹负责各分册的审核校订工作。

《战略与预算管理》分册中的战略地图工具由张德勇、陈剑锋、赵非、赵春艳、张小全、牟睿负责编写；长安汽车“深化运用管理会计工具，全面提升战略管理能力”案例由张宝林、朱华荣、张德勇、陈剑锋、赵非、赵春艳、张小全、牟睿负责编写；青山公司“增强战略指导，确保战略落地”案例由刘波、李培军、王春阳、马玲负责编写。全面预算工具由车连夫、叶文华、潘锡睿、张诗红、余晖、尹勤、陈晶负责编写；长江电工“运用五步法推进全面预算”案例由张能、胥明全、张德勇、龚华萍、潘锡睿、李进城负责编写；东安汽发“战略导向、基于作业、面向价值链的全面预算管理”案例由贾葆荣、严长云、张德兵、任纪刚、陆翔宇、李艳葡、宋俊丽负责编写。滚动预算工具由黄明东、曹亚洲、张贻孝负责编写；建设工业“月度滚动预算及弹性预算在企业管理提升中的应用”由车连夫、叶文华、潘锡睿、张诗红、余晖、尹勤、陈晶负责编写；东安汽发“以经营预测为起点的月度滚动预算”案例由贾葆荣、严长云、张德兵、任纪刚、陆翔宇、李艳葡、宋俊丽负责编写；南方天合“做好以经营预测为基础的滚动预算，助力企业运营管理”案例由高军、唐泽文、万莉负责编写；南方佛吉亚“滚动预算保障经营目标实现”案例由谢光、罗俊杰、黄明东、曹亚洲负责编写。

《成本管理》分册中的目标成本法工具由顾长仁、彭荣、李鑫、龙浩文负责编写；长安汽车“面向成本设计的成本管理工具的实践和推广”案例由张宝林、朱华荣、王锟、陈剑锋、莫方辉、杜剑勇、陈娜、梁华容、吴林、王宁、赵宇浩负责编写；长江电工“目标成本法助建企业竞价体系”案例由张能、胥明全、顾长仁、彭荣、李鑫、冉燕负责编写；嘉陵股份“目标成本法在新品开发上的运用与拓展”案例由李华光、张钊、周鸿彦、朱丹负责编写。标准成本管理工具由车连夫、叶文华、潘锡睿、张诗红、余晖、尹勤、文艳负责编写；长安工业“特种产品制造业标准成本体系的建立及应用”案例由张健、鲜志刚、张德勇、吕敏、张春艳负责编写；长江电工“机械加工企业的标准成本体系建设”案例由张能、胥明全、张德勇、蒋梅、龚华萍、刘颖负责编写；云箭公司“复杂装备系统标准成本体系的构建尝试”案例由岳曾敬、张琼、肖江波、刘长香、朱斌负责编写；华庆公司“标准成本法在华庆公司的应用”案例由向家云、王彦东、汤宗海、李兵、费明江负责编写；长江化工“推行标准成本助力企业精细化管理”案例由詹明哲、熊志杰、陈卫星、龚振宇、韦吉利、余燕、蒋文平、刘子成负责编写。变动成本法工具由顾长仁、马丹玲、涂强、印存明负责编写；长安工业“基于变动成本法在企业经营决策中的应用”案例由张健、鲜志刚、张德勇、沈江、廖伟负责编写；长江电工“变动成本法服务于企业短期决策”案例由张能、胥明全、顾长仁、马丹玲、涂强、霍敏怡负责编写。作业成本管理工具由李懋劼、王瑛玮、武文杰、中南财经政法大学王华教授负责编写；长安汽车“作业成本法在长安汽车的实践与运用”案例由张宝林、朱华荣、王锟、陈剑锋、何勇、吴丁、詹悦、周亚君、杨晓燕、康静梅、王宁、赵宇浩负责编写；建设空调“基于价值链成本管理，推行企业班组精益化改善提升”案例由李华光、吕红献、范爱军、薛刚毅、吴俊红、王安华负责编写；万友汽车“作业成本法在汽车服务业的应用”案例由吴雪松、蒲星川、任飞、赵传勇、许鹏程负责编写。

《营运管理》分册中的经营预测工具由龚振宇、王宇珍负责编写；云箭公司“构建以战略为导向的经营预测模型”案例由岳曾敬、张琼、徐夏薇、魏艳负责编写；长江化工“全面开展经营预测，促进企业健康发展”案例由詹明哲、熊志杰、陈卫星、龚振宇、韦吉利、郑红、刘子成负责编写。本量利分析工具由车连夫、叶文华、潘锡睿、张诗红、余晖、尹勤、郭小丽负责编写；大江工业“本量利分析的应用”案例由贾立山、董文波、单俊、叶泠、陶应娟、邹瑶负责编写；华中药业“运用本量利工具支撑企业经营决策”案例由刘玉婷、王勇、刘久斌、申军、张丽负责编写。敏感性分析工具由车连夫、叶文华、潘锡睿、张诗红、余晖、尹勤、姜云凤负责编写；建设工业“敏感性分析在投资决策中的应用”案例由车连夫、叶文华、潘锡睿、张诗红、余晖、尹勤、张豪奇、姜云凤负责编写；万友汽车“敏感性分析在汽车服务业利润预测中的应用研究”案例由吴雪松、蒲星川、任飞、胡勇、许鹏程负责编写。边际分析工具由车连夫、叶文华、潘锡睿、张诗红、余晖、尹勤、张力苹负责编写；望江工业“基于价格决策和产品结构调整的边际分析应用”案例由耿志勇、李光福、张博、陈文毅、陈玲、刘翔负责编写；建设工业“边际贡献在企业经营决策中的分析与应用”案例由车连夫、叶文华、潘锡睿、张诗红、余晖、尹勤、张力苹负责编写。现金流管理工具由万华、谢俊杰负责编写；望江工业“构建动态资金管控体系，提升企业资金抗压能力”案例由耿志勇、李光福、张博、彭杰、曾小俐、戴俊负责编写；嘉陵股份“完善企业现金流管理”案例由李华光、张钊、周鸿彦、周秋莲、陈亚群负责编写。客户盈利能力管理工具由王锟、陈剑锋、赵宏鹏、唐涵林、何琳佳、王浩、魏恺负责编写；长安汽车“基于共赢理念的客户盈利能力管理”案例由张宝林、朱华荣、王锟、陈剑锋、赵宏鹏、唐涵林、何琳佳、王浩、魏恺负责编写；南山公司“客户盈利能力管理提升公司营运质量”案例由张能、胥明全、张德勇、彭荣、马丹玲、刘大碧负责编写；长江化工“运用客户盈利能力分析，精耕客户差异化管理”案例由詹明哲、熊志杰、陈卫星、黄永梅、谢阳负责编写；财务公司“利率市场化推动下财务公司盈利能力分析工具的应用探索”案例由崔云江、江红、马洪、荆琼、张静负责编写。

《绩效管理》分册中的企业绩效管理工具由高培正、赵将、杨立负责编写；长安工业“变革基于BSC的绩效管理体系”案例由张健、鲜志刚、高培正、赵将、杨立负责编写；建设工业“应用管理会计工具实施‘建设特色’经营绩效管理”案例由车连夫、叶文华、潘锡睿、张诗红、李岩、尹作琴、程燕负责编写；成都光明“基于管理标准、价值创造的绩效管理变革”案例由李小春、刘晓东、万华、宋龙龙、王刚、杨军负责编写；北方工具“资产经营绩效考评体系的构建与应用”案例由张跃华、边玉生、孙岩、王光伟、张英波、闫迎久、王宇珍、孙刚负责编写。关键绩效指标法工具由潘凯负责编写；嘉陵特装“关键绩效指标在企业的应用”案例由黄艳、简然、鞠轶梅、陈挺负责编写；青山公司“切实运用关键绩效指标，提高管理针对性、有效性，保障战略落地”案例由刘波、李培军、王春阳、陈海伶负责编写。EVA提升工具由石尧祥、王华娇负责编写；望江工业“风电齿轮箱EVA中心建设与探索”案例由耿志勇、李光福、刘翔、戴俊、曾小俐负责编写；长江特装“EVA提升引领企业价值创造方向”案例由王绍慧、刘启光、唐志春、李浩渝负责编写。平衡计分卡工具由王锟、陈剑锋、赵非、赵春艳、张小全、牟睿负责编写；长安汽车“深化运用管理会计工具，全面提升价值创造能力”案例由张宝林、朱华荣、王锟、陈剑锋、赵非、赵春艳、张小全、牟睿负责编写；青山公司“深入推进平衡计分卡，确保战略执行落地”案例由刘波、李培军、王春阳、马玲负责编写。

《投融资与风险管理》分册中项目财务管理工具由龚振宇、韩艺负责编写；秦变公司“±1 100千伏特高压变压器基地建设项目投资决策分析”案例由薛桓、刘淑娟、王立伟、何光盛、肖春华、苏宏涛负责编写；昆仑公司“强化项目财务管理，提升项目管控水平”案例由刘亚北、陈智强、刁立社、师爱萍、赵力负责编写；云箭公司“特种产品生产线综合技术改造项目管理”案例由岳曾敬、张琼、乔国安、肖大旺、曾丹负责编写；光明派特“TFT加工制作技术项目财务管理”案例由李小春、刘晓东、万华、宋龙龙、王刚、李霞负责编写。贴现现金流法工具由张德勇、陈军、王泳欢负责编写；B公司“贴现现金流法在企业价值评估中的运用”案例由张健、鲜志刚、张德勇、陈军、王泳欢负责编写；成都光明“贴现现金流法在非球面项目投资中的运用”案例由李小春、刘晓东、万华、谢俊杰、庞跃负责编写。企业风险管理工具由朱华荣、华驫骉、陈剑锋、范朝东、蔡建峰、王雪冰、周永玲、杜琴、张晶、张小全负责编写；红宇公司“推进内控体系建设，提升全面风险管控能力”案例由王绍慧、刘启光、唐志春、徐陆伟负责编写；建设空调“空调器基于全面风险管理的履约监督体系建设”案例由李华光、吕红献、叶宇昕、薛刚毅、宋伟、牛艳丽负责编写。

《报告、信息化与其他》分册中的企业管理会计报告工具由薛刚毅负责编写；望江工业“基于精益化决策的管理会计报告体系建设”案例由耿志勇、李光福、张博、陈玲、罗江铭负责编写；兵器装备集团摩托车部“管理会计报告的深度应用与实践”案例由李华光、宋乐刚、王国强负责编写。管理会计信息化工具由浪潮集团执行总裁王兴山和谢华、张东场、李皓负责编写；长江电工“信息化系统助推管理会计落地”案例由张能、胥明全、顾长仁、马丹玲、李进城、王纲负责编写；建设工业“管理会计信息系统建设实践”案例由车连夫、叶文华、潘锡睿、张诗红、余晖、尹勤、陈琦负责编写；华川工业“管理系统建设实践”案例由邓国栋、万德平、石尧祥、郇鑫、任飞负责编写。价值链成本管理工具由石尧祥、罗金成负责编写；长安汽车“基于平台建设的汽车全价值链精细化成本管理”案例由张宝林、朱华荣、王锟、陈剑锋、张小全、王宁、赵宇浩、李元玥、罗茜欠负责编写；长安工业“基于精益生产方式的特种产品企业计划与物流管理变革”案例由张健、鲜志刚、李毅、黄庆新、梁隆、王德昆负责编写；青山公司“产品全生命周期的全价值链成本管理”案例由刘波、李培军、王春阳、邓梦欢负责编写；华川电装“基于信息化的质量成本推进探索”案例由耿辉雄、张小兵、吕志明、范建光负责编写。小微案例集中的北企集团“降低注塑产品制造成本主要做法”案例由张宏、陈光、黄峥嵘、安永清负责编写；轻骑铃木“强化对标和盈利能力分析，推动效益效率提升和双品牌战略制定”案例由宋乐刚、刘利、黄欣、郝克智负责编写；西南公司“万友滤机产品包装方式优化案例”案例由周开荃、牟焰辉、卢凯、刘红艳负责编写；东安动力“优化价值链管理，提升成本管理水平”案例由陈笠宝、宋志强、任纪刚、孙岩、李伟、肖云芳负责编写；江滨公司“工艺技术改进、产品质量提升、价值创造”案例由金铭、邹晓丽、朱鸿斐、罗文珍、贺彬彬、胡纵负责编写；宁江山川“价值链成本在宁江山川的运用”案例由唐旭东、邓杰、吕凤静、刘武川、赵国斌、李煜遐负责编写。

衷心感谢清华大学于增彪教授、北京大学王立彦教授、厦门大学傅元略教授、上海财经大学潘飞教授、北京工商大学谢志华教授、对外经济贸易大学汤谷良教授在本套丛书付梓出版之际拨冗作序，热诚推介。谨向在兵器装备集团价值创造型财务管理体系建设和本书的成功出版过程中给予关心支持的各位领导、专家学者，以及付出辛勤劳动的工作团队、编写团队和出版团队表示由衷的敬意，并致以最诚挚的谢意。

由于时间和水平所限，书中难免存在许多不足甚至错漏之处，恳请读者批评指正。

编　者

2018年5月